Karl Jordan:
Investiturstreit und frühe Stauferzeit
1056–1197

Deutscher
Taschenbuch
Verlag

dtv

Band 4 der Taschenbuchausgabe enthält den ungekürzten Text des HANDBUCHS DER DEUTSCHEN GESCHICHTE, Band 1: Frühzeit und Mittelalter, Teil IV.
Unsere Zählung Kapitel 1–49 entspricht den §§ 79–127 im Band 1 des Originalwerkes.

1. Auflage März 1973
5. Auflage April 1979: 34. bis 39. Tausend
Deutscher Taschenbuch Verlag GmbH & Co. KG, München

Umschlaggestaltung: Celestino Piatti
Gesamtherstellung: C. H. Beck'sche Buchdruckerei, Nördlingen
Printed in Germany · ISBN 3-423-04204-4

Inhalt

Abkürzungsverzeichnis

Abh. Ak.	Abhandlung(en) der Akademie der Wissenschaften ..., phil.-hist. Klasse (wenn nicht anders angegeben)
ADB	Allgemeine Deutsche Biographie (56 Bde. München 1875–1912)
AHR	The American Historical Review (New York 1895 ff.)
AKG	Archiv für Kulturgeschichte (1903 ff.)
Anal. Boll.	Analecta Bollandiana (Zeitschr. der Acta Sanctorum, 1882 ff.)
AnnHVNiederrh.	Annalen des Historischen Vereins für den Niederrhein (Köln 1855 ff.)
AÖG	Archiv für österreichische Geschichte (Wien 1848 ff.)
AUF	Archiv für Urkundenforschung (18 Bde. 1908–1939), fortgesetzt im Archiv für Diplomatik (1955 ff. = Arch. f. Dipl.)
B.	Bischof; Bt. = Bistum
BECh	Bibliothèque de l'Ecole des Chartes (Paris 1839 ff.)
BFW	J. Fr. Böhmer, Regesta Imperii, 5. Aufl., neu bearbeitet von J. Ficker u. E. Winkelmann (4 Bde. 1881–1901)
BIStIAM	Bulletino dell'Istituto Storico Italiano per il medio avo e archivio Muratoriano
Bll.	Blätter
Const.	Constitutiones (Abteilung der MGH)
DA	Deutsches Archiv für Geschichte des Mittelalters (1937 ff., seit Bd. 8: für Erforschung des Mittelalters; Zeitschrift der MGH, Fortsetzung des NA)
DALVF	Deutsches Archiv für Landes- und Volksforschung (8 Bde. 1937 bis 1944)
DD	Diplomata (Hauptabteilung der MGH); DD H. I. = Urkunde Heinrichs I. usw.
Diss.	Dissertation; Diss. Ms. = ungedruckte Dissertation in Maschinenschrift
DLZ	Deutsche Literaturzeitung (1880 ff.)
Dt., dt.	deutsch; Dtld. = Deutschland
Dt. O.	Deutscher Orden
DVLG	Deutsche Vierteljahrsschrift für Literaturwissenschaft und Geistesgeschichte (1923 ff.)
DW^{9}	Dahlmann-Waitz, Quellenkunde der deutschen Geschichte, 9. Aufl., hg. v. H. Haering (1931, Registerband 1932)
DW^{10}	dasselbe, 10. Aufl., hg. v. H. Heimpel u. H. Geuss (seit 1965 im Erscheinen)
DZG	Deutsche Zeitschrift für Geschichtswissenschaft (14 Bde. 1890 bis 1898), fortgesetzt in HV
Eb.	Erzbischof; Ebt. = Erzbistum
EHR	The English Historical Review (London 1886 ff.)
ELJb.	Elsaß-Lothringisches Jahrbuch (21 Bde. 1922–1943)
Epp.	Epistolae (Hauptabteilung der MGH)
FBPG	Forschungen zur brandenburgischen und preußischen Geschichte (55 Bde. 1888–1944)
FDG	Forschungen zur deutschen Geschichte (26 Bde. 1862–1886)
FRA	Fontes rerum Austriacarum
GBll.	Geschichtsblätter

GdV	Geschichtschreiber der deutschen Vorzeit
Gf.	Graf; Gfsch. = Grafschaft
GGA	Göttingische Gelehrte Anzeigen (1739 ff.)
GV	Geschichtsverein
GWU	Geschichte in Wissenschaft und Unterricht, Zeitschrift des Verbandes der Geschichtslehrer Deutschlands (1950 ff.)
Hdb.	Handbuch
Hdwb.	Handwörterbuch
hg. v.	herausgegeben von; (Hg.) = Herausgeber
Hg.	Herzog; Hgt. = Herzogtum
HJb	Historisches Jahrbuch der Görresgesellschaft (1880 ff.)
HM	Hochmeister
HV	Historische Vierteljahrschrift (Fortsetzung der DZG, 31 Bde. 1898–1938). – In anderen Zeitschriften-Titeln HV = Historischer Verein
HZ	Historische Zeitschrift (1859 ff.)
Jb.	Jahrbuch; Jbb. = Jahrbücher
JE, JK, JL	Ph. Jaffé, Regesta pontificum Romanorum, 2. Aufl. bearb. von P. Ewald, F. Kaltenbrunner, S. Löwenfeld (2 Bde. 1885/88)
K.	Kaiser
Kf.	Kurfürst; Kft. = Kurfürstentum
Kg.	König; Kgr. = Königreich
KiG	Kirchengeschichte
KiR	Kirchenrecht
LG	Landesgeschichte
Lgf.	Landgraf
LL	Leges (Hauptabteilung der MGH)
LThK	Lexikon für Theologie und Kirche, hg. v. M. Buchberger (10 Bde. 1930 bis 1938); 2. Aufl. hg. v. J. Höfer u. K. Rahner (11 Bde. 1957–1967)
MA	Mittelalter; mal. = mittelalterlich
MG, MGH	Monumenta Germaniae Historica (s. im Anhang unter Quellensammlungen
Mgf.	Markgraf; Mgfsch. = Marktgrafschaft
Migne, PL	Abbé J. P. Migne, Patrologiae cursus latinus (221 Bde. 1844–64)
MIÖG	Mitteilungen des Instituts für österreichische Geschichtsforschung (Wien 1880 ff.); Bd. 39–55 (1923–1944): MÖIG = Mitteilungen des österreich. Inst. f. Geschichtsforschung
N	Neu, News
NA	Neues Archiv der Gesellschaft für ältere deutsche Geschichtskunde (50 Bde. 1876–1935; Zeitschrift der MGH, fortgesetzt im DA)
NDB	Neue Deutsche Biographie (1953 ff.)
Ndr.	Neudruck, Nachdruck
NF	Neue Folge
NS, n. s.	Nova series
NZ	Neuzeit
PBB	Beiträge zur Gesch. der deutschen Sprache und Literatur, begründet von H. Paul und W. Braune (1874 ff.)
Pfgf.	Pfalzgraf
PRE	Realenzyklopädie für protestantische Theologie und Kirche, begr. v. J. J. Herzog, 3. Aufl. hg. v. A. Hauck (24Bde. 1896 bis 1913)

QFItA	Quellen und Forschungen aus italienischen Archiven und Bibliotheken (1897 ff., Zeitschrift des Preußischen bzw. Deutschen Historischen Instituts in Rom)
RG	Rechtsgeschichte
RGG	Die Religion in Geschichte und Gegenwart, 3. Aufl. hg. v. K. Galling (6 Bde. 1957–1962)
RGK	Römisch-German. Kommission
RH	Revue historique (Paris 1876 ff.)
RHE	Revue d'histoire ecclésiastique (Louvain 1900 ff.)
Rhein. Vjbll.	Rheinische Vierteljahrsblätter, Mitteilungen des Instituts für geschichtl. Landeskunde der Rheinlande an der Universität Bonn (1931 ff.)
RI	Regesta Imperii, begründet von J. Fr. Böhmer
RNI	Regestum super negotio Romani imperii
RQH	Revue des questions historiques (134 Bde. Paris 1866–1939)
RQs	Römische Quartalschrift für christliche Altertumskunde und für Kirchengeschichte (1887 ff.)
RT	Reichstag
RTA	Dt. Reichstagsakten
Sa(chsen) u. Anh.	Sachsen und Anhalt, Jahrbuch der landesgeschichtlichen Forschungsstelle für die Provinz Sachsen und Anhalt (17 Bde. 1925 bis 1943)
SB	Sitzungsberichte der Akad. d. Wiss. . . ., phil.-hist. Klasse
SS	Scriptores (Hauptabteilung der MGH)
SSCI	Settimane di Studio del Centro Italiano di Studi sull'Alto Medioevo (Spoleto 1954 ff.)
Tb.	Taschenbuch
UB	Urkundenbuch
V	Verein
Vfg.	Verfassung
VG	Verfassungsgeschichte
Vjh.	Vierteljahrshefte
VSWG	Vierteljahrsschrift für Sozial- und Wirtschaftsgeschichte (1903 ff.)
VuG	Vergangenheit und Gegenwart, Zeitschrift für den Geschichtsunterricht und für staatsbürgerliche Erziehung (34 Bde. Leipzig 1911–1944)
WaG	Die Welt als Geschichte, Zeitschrift für universalgeschichtliche Forschung (23 Bde. 1935–1963)
WB	Wörterbuch
WG	Wirtschaftsgeschichte
ZA	Zeitalter
ZdA	Zeitschrift für deutsches Altertum und deutsche Literatur (1841 ff.)
ZGORh	Zeitschrift für die Geschichte des Oberrheins (1850 ff., NF seit 1886)
ZKiG	Zeitschrift für Kirchengeschichte (1876 ff.)
ZRG	Zeitschrift für Rechtsgeschichte (13 Bde. 1861–1878)
ZRG GA	Zeitschrift der Savigny-Stiftung für Rechtsgeschichte, Germanistische Abteilung (1880 ff.)
ZRG KA	dasselbe, Kanonistische Abteilung; bei Sonderzählung ihrer Bände entspricht Bd. 1 (1911) dem Jahrgang 32 der gesamten Zeitschrift

Abkürzungsverzeichnis

ZRG RA	dasselbe, Romanistische Abteilung
Zs.	Zeitschrift

Quellen- und Literaturverweise innerhalb des Handbuchs wurden auf die neue Einteilung in Taschenbücher umgestellt. So entspricht z. B. Bd. 2, Kap. 4 dem § 27 im Band 1 der Originalausgabe.
Bei Verweisen innerhalb eines Bandes wurde auf die Angabe des Bandes verzichtet und nur das Kapitel angegeben.

A. Das Zeitalter des Investiturstreites

Quellen: Die erzählenden Quellen sind fast vollständig gesammelt in MG SS 5–12, Nachträge in 13–15 u. 30,2; teilweise Neuausgaben in den SS rer. Germ. in us. schol. Die wichtigsten Geschichtswerke verdeutscht in den Geschichtsschreibern der dt. Vorzeit. In der zweisprachigen Freiherr vom Stein-Gedächtnisausgabe ›Ausgewählte Quellen zur dt. Gesch. des MA‹ liegen bisher folgende Quellen mit dt. Übersetzung vor: Lampert von Hersfeld, Annales, hg. v. W. D. FRITZ u. A. SCHMIDT (1957); Adam von Bremen, Gesta Hammaburgenses ecclesiae pontificum, hg. v. W. TRILLMICH, in: Quellen des 9. und 11. Jh. zur Gesch. der hamburgischen Kirche und des Reiches (1961); Carmen de bello Saxonico, Bruno, Saxonicum bellum und Vita Heinrici IV., hg. v. F. J. SCHMALE u. I. SCHMALE-OTT, in: Quellen z. Gesch. K. Heinrichs IV. (1963); Frutolfs und Ekkehards Chroniken und die anonyme Kaiserchronik, hg. v. F. J. SCHMALE u. I. SCHMALE-OTT (1972). – Die starke Erregung der Zeit und die Erschütterung vieler Lebensbeziehungen spiegelt sich auch in der Geschichtsschreibung und der teilweise recht tendenziösen Darstellung der Autoren deutlich wider, wobei die Zahl der Gegner des Königtums die seiner Anhänger überwiegt. Auch die bisher rein faktisch berichtende Annalistik erhält durch diese Parteinahme – etwa bei Lampert von Hersfeld oder dem sog. »Schwäbischen Annalisten« – ein anderes Gepräge, wie überhaupt neue Gattungen der Geschichtsschreibung entstehen. Die zahlreichen Streitschriften (gesammelt in MG Libelli de lite 1–2) bilden eine wichtige, mit besonderer Kritik zu benutzende Quelle.

Die Neubearbeitung der Reg. Imp. steht für diese Zeit noch aus. Die geringe Reichsgesetzgebung dieser Jahrzehnte in MG Const. 1. Von den Kaiser- und Königsurkunden liegt bisher nur die Ausgabe der Urkunden Heinrichs IV. vor, hg. v. D. v. GLADISS, MG DD 6, 1–2 (1941/59, Heft 3 mit Registern in Vorbereitung); für Heinrich V. ist noch das Verzeichnis bei STUMPF, Die Reichskanzler 2, zu benutzen. Die Papsturkunden, soweit nicht KEHR, Italia pontificia 1–9, und BRACKMANN, Germania pontificia 1–3, in Betracht kommen, bei JAFFÉ, Reg. Pont. Rom. ²1. Für Gregor VII.: L. SANTIFALLER, Quell. und Forsch. zum Urkunden- und Kanzleiwesen Gregors VII. Bd. 1, Quellen: Urkunden, Regesten, Facsimilia (1957).

Seit der Mitte des 11. Jh. gewinnen Briefe und Briefsammlungen als Quellengattung wachsende Bedeutung: Die Briefe Heinrichs IV., hg. v. C. ERDMANN, Dt. MA 1 (1937), dt. Übersetzung: GdV 98 (1954), neue Ausg. mit Übersetzung von F.-J. SCHMALE in: Quellen z. Gesch. K. Heinrichs IV. (1963); Das Register Gregors VII., hg. v. E. CASPAR, MG Epp. sel. 2, 1–2 (1920/23, Ndr. 1967, Lit. dazu s. Kap. 7); Briefsammlungen der Zeit Heinrichs IV., hg. v. C. ERDMANN u. N. FICKERMANN, MG Briefe der dt. Kaiserzeit 5 (1950). Das Briefbuch des Udalrich von Bamberg (›Codex Udalrici‹) ist noch in der Ausgabe von JAFFÉ, Bibl. rer. Germ. 5, zu benutzen.

Quellenkunde: WATTENBACH-HOLTZMANN 1, H. 3–4 (1940/43, Ndr. in zwei Teilen 1967). Teil 3 mit Nachträgen hg. v. F. J. SCHMALE (1971); kürzer K. JACOB u. H. HOHENLEUTNER, Quellenkunde d. dt. Gesch. im MA 2 (⁶1968).

Literatur: Grundlegend in der kritischen Bearbeitung des Quellenmaterials G. MEYER VON KNONAU, Jbb. des dt. Reiches unter Heinrich IV. u. V. (7 Bde. 1890–1909, Ndr. 1964–1966). – Neuere zusammenfassende Darstellungen: A. HAUCK, KiG 3 (³/⁴1906, Ndr. 1954); K. HAMPE, Dt. Kaisergesch. (¹²1968) und HochMA (⁵1963); H. GRUNDMANN, TH. SCHIEFFER, G. TELLENBACH, A. NITSCHKE s. o. Band 3, S. 11; ferner E. MASCHKE, Der Kampf zwischen Kaisertum und Papsttum, mit Bibliographie von K. JORDAN, in: Hdb. d. dt. Gesch., neu hg. v. L. JUST 1 (²1954); J. HALLER, Das Papsttum 2, 1–2 (1937/39), neu hg. v. H. Dannenbauer 2–3 (1951/52; Tb 1965); A. Fliche, La réforme grégorienne et la reconquête chiennerét (Hist. de l'église 8, 1940, Ndr. 1950); F. X. Seppelt, Gesch. der Päpste 3 (1956); C. Violante, L'età della riforma della chiesa in Italia, in: Storia d'Italia, coordinata da N. Valeri 1 (^{2}1965); F. Kempf, Die Kirche im Zeitalter der gregorianischen Reform, Hdb. d. KiG 3, 1 (1966).

Zur Problematik des Investiturstreites außerdem besonders: C. Erdmann, Die Entstehung des Kreuzzugsgedankens (1935, Ndr. 1955); G. Tellenbach, Libertas. Kirche und Weltordnung im Zeitalter des Investiturstreites (1936); A. Fliche, La réforme grégorienne (3 Bde. 1924–1937); ders., La querelle des investitures (1946). Einzelne Aufsätze in: Studi Gregoriani 1–9 (1947–1972), zu Bd. 1–5 P. E. Schramm, GGA 207 u. 211 (1953 u. 1957); W. Ullmann, The Growth of Papal Government in Middle-Ages (^{3}1970), dt.: Die Machtstellung des Papsttums im MA (1960); dazu F. Kempf, Die päpstl. Gewalt in der mal. Welt, in: Saggi storici al papato (1959); Th. Schieffer, Cluny et la querelle des investitures, RH 225 (1961); P. H. Jansen, Nieuw licht op de Investituurstrijd, in: Tijdschr. v. Geschiedenis 74 (1961), Lit.-Bericht; J. Balling, Studier over Investiturstrids periodens Embestaenkning (1963), mit deutscher Zusammenfassung; K. F. Morrison, Tradition and Authority in the Western Church 300–1140 (1969); K. Jordan, Das Zeitalter des Investiturstreites als politische und geistige Wende des abendländischen Hochmittelalters, GWU 23 (1972).

Kapitel 1
Das Reich beim Tod Heinrichs III. Die Regentschaft der Kaiserin Agnes

Mit dem Begriff *Investiturstreit*, der für die Bezeichnung der Zeit vom Tod Heinrichs III. bis zum Wormser Konkordat üblich geworden ist, wird die geschichtliche Bedeutung dieses Zeitalters nur unvollkommen umschrieben. Der Streit um die Besetzung geistlicher Ämter weitet sich bald zu einer grundsätzlichen Auseinandersetzung über das Verhältnis von Regnum und Sacerdotium und über die Stellung der Kirche in der Welt aus. Darüber hinaus lassen sich im Ausgang des 11. und zu Beginn des 12. Jh. in vielen Bereichen des abendländischen Geschehens, in Politik, Verfassung, Wirtschaft und Kultur neue wichtige Entwicklungen erkennen, die diesen Jahrzehnten als einer Epoche tiefgreifenden Wandels ihre besondere Signatur geben.

Die Regierung Heinrichs III. bildet den Höhepunkt, zugleich aber auch den Abschluß einer Epoche des Aufstiegs in der deutschen Geschichte. Im Inneren hat er die politische Ordnung des Reichskirchensystems vollendet, nach außen dem Reich eine Machtfülle gegeben, wie sie vorher nicht erreicht war. In der gleichen Weise, wie er auf den traditionellen

Bahnen der deutschen Königspolitik voranschritt, fühlte er sich den neuen religiösen Kräften seiner Zeit verbunden und wollte sie dem Reich fruchtbar machen. Wohl hatten die letzten Jahre Heinrichs manche schwere Kämpfe gebracht. Im Ringen mit den Stammesgewalten konnte der Herrscher aber noch fest auf die Hilfe der Kirche rechnen. Erst die Entwicklung nach seinem Tod hat dazu geführt, daß diese beiden Mächte, bis dahin oft scharfe Gegner, sich in gemeinsamem Kampf gegen das Königtum zusammenfanden.

Die Sorge um die Nachfolge seines damals noch nicht sechsjährigen Sohnes hatte die letzten Tage des Kaisers erfüllt. Er ließ deshalb den jungen Heinrich, der bereits 1053 zum König gewählt worden war (Bd. 3, Kap. 31), noch einmal von den Fürsten als König anerkennen und empfahl ihn und das Reich dem Schutz Papst Viktors II. Die Vormundschaft für den jungen König übernahm die Kaiserin *Agnes*. Die erste Aufgabe der *Regentschaft* mußte es sein, den Ausgleich in Lothringen, den noch Heinrich III. begonnen hatte, zu Ende zu führen. Die Ansprüche Gottfrieds auf das Herzogtum wurden anerkannt.

Mit Viktor II., der bald nach seiner Rückkehr nach Italien im Juli 1057 starb, verlor die Kaiserin ihren besten Berater. Agnes war eine tief religiöse und pflichtbewußte Persönlichkeit; in ihrer unpolitischen Art war sie aber der schweren Aufgabe, allein die Regentschaft zu führen, nicht gewachsen. Sie war zwar bemüht, die bisherige Politik weiter zu verfolgen, hatte aber bei vielen Maßnahmen keine glückliche Hand. Im Jahre 1057 übertrug sie nach dem Tod Ottos III. von Schwaben dessen Herzogtum Rudolf von Rheinfelden, dem mächtigsten Fürsten Südwestdeutschlands, dem sie auch die Verwaltung Burgunds übergab und der sich bald darauf mit Mathilde, einer Tochter der Kaiserin, vermählte. Folgenreicher war es, daß sie 1061 das wichtige Herzogtum Bayern, das seit 1053 bei der Krone geblieben war, aus der Hand gab und hier den sächsischen Grafen Otto von Northeim einsetzte. Im gleichen Jahr wurde das Herzogtum Kärnten an Berthold von Zähringen übertragen. In Sachsen war bereits 1059 nach dem Tod Bernhards II. dessen Sohn Ordulf kraft Erbrecht gefolgt. Es gelang Agnes jedoch nicht, die neuen Herzöge für sich zu gewinnen. Auch der deutsche Episkopat sah sich vom Reichsregiment weitgehend ausgeschaltet; lediglich Bischof Heinrich von Augsburg hat einen stärkeren Einfluß auf die Kaiserin ausgeübt.

Ebensowenig war die auswärtige Politik der Regentin erfolgreich. Als sich in Ungarn gegen König Andreas, der mit deutscher Unterstützung regierte, dessen Bruder Bela erhob, sollte ihm 1060 ein deutsches Heer zu Hilfe kommen. Der Feldzug schlug aber fehl. Andreas selbst fiel im Kampf, sein Sohn Salomo mußte nach Deutschland flüchten.

Führer der im Laufe der Jahre immer stärker werdenden Opposition wurde Erzbischof Anno von Köln, dem es gelang, auch den neuen Mainzer Erzbischof Siegfried zu gewinnen. Auch Otto von Northeim und andere sächsische Große standen mit ihm im Einvernehmen. So konnte es Anno wagen, im April 1062 den zwölfjährigen Heinrich IV. in *Kaiserswerth* durch die Entführung auf einem Rheinschiff gewaltsam in seine Hand zu bringen und durch diesen *Staatsstreich* der Regentschaft der Kaiserin ein Ende zu bereiten. Agnes, die schon im Herbst 1061 den Schleier genommen hatte, zog nach Italien, wo sie in der Folgezeit in enge Beziehungen zur römischen Kurie trat.

M. L. Bulst(-Thiele), Kaiserin Agnes (1933), S. 33 ff. Über die Vorgänge beim Tod Heinrichs III. auch W. Berges, Gregor VII. und das deutsche Designationsrecht, in: Studi Gregoriani 2 (1947), und H. Gericke, Die Wahl Heinrichs IV. zum dt. König, Zs. f. Gesch.wiss. 3 (1955); zu Heinrich IV. jetzt auch Th. Schieffer, NDB 8.

Kapitel 2
Fortschritte und Wandlungen der Kirchenreform seit dem Tode Leos IX.

Mit Leo IX. hatte die *Kirchenreform*, wie sie sich auf dem Boden Lothringens ausgebildet hatte, ihren Einzug in Rom gehalten. Im Gefolge Leos waren jene Männer wie Humbert von Moyenmoutier, Hugo Candidus aus Remiremont, Friedrich von Lothringen und Udo von Toul nach Rom gekommen, die nach dem Tod des Papstes sein Werk fortsetzten. Dabei war für Leo der Gedanke bestimmend gewesen, daß das Reformwerk gemeinsam von Kaiser und Papst durchgeführt werden müßte. Auch sein Nachfolger Viktor II. hat die Arbeit an der Reform der Kirche im Geiste seines Vorgängers fortgesetzt.

Nach dem Tod Viktors II. (28. VII. 1057) bahnt sich ein Wandel in der Geschichte des Reformpapsttums an. Bereits wenige Tage später wurde der Kardinal Friedrich von Lothringen unter dem Einfluß seines Bruders Gottfried, der jetzt in Mittelitalien wieder die Herrschaft des Hauses Canossa ausübte, als Stephan IX. zum Papst gewählt, ohne daß man mit dem deutschen Königshof in Verbindung trat. Erst nach seiner Erhebung hat Stephan den Subdiakon Hildebrand und Bischof Anselm von Lucca nach Deutschland gesandt, wohl um die nachträgliche Genehmigung der Regentin einzuholen. Noch vor ihrer Rückkehr ist Stephan nach einem Pontifikat von nur acht Monaten im März 1058 gestorben. Sein kurzer Pontifikat kam über erste Ansätze nicht hinaus. Unter ihm wurden die ersten Fäden zwischen der päpstlichen Reformpartei und jener Volksbewegung in Mailand angeknüpft, die später von ihren Gegnern – wohl nach dem Mailänder Trödlermarkt – verächtlich als *Pataria* bezeichnet wurde. Diese aus dem sozialen Gegensatz der unteren Volksschichten zu dem Adel und der ihrem Wesen nach ebenfalls adligen Mailänder Reichskirche erwachsene Bewegung griff mit dem Ruf nach Reinigung der Kirche Forderungen der Kirchenreform auf. Seit 1057 begann sie den offenen Kampf gegen den reichen, simonistischen und verheirateten Klerus der Stadt und gegen Erzbischof Wido. Die Führer dieser Bewegung, der Diakon Ariald und der Subdiakon Landulf, wurden noch von Stephan in den päpstlichen Schutz genommen[1].

Während Stephans Regierung oder bald nach seinem Tod hat *Humbert* seine Schrift ›Adversus simoniacos libri tres‹ (Lib. de lite 1, S. 100 ff.) abgeschlossen. Hatten sich die bisherigen kirchenpolitischen Traktate darauf beschränkt, einzelne Mißstände in der Kirche zu geißeln, so geht Humbert einen Schritt weiter und fragt nach der Wurzel dieser Übel. Er sieht sie in der Verfügungsgewalt der Laien über die Kirchen. Für Humbert ist jeder Empfang geistlicher Ämter aus Laienhand Simonie. Er fordert deshalb die kanonische Wahl des Bischofs durch Klerus und Volk und will dem König, der für ihn ebenfalls ein Laie ist, nur ein Konsensrecht zugestehen. Damit war nicht nur das historisch gewordene Eigenkirchenrecht, sondern die bisherige religiös-politische Ordnung, die auf der Idee des theokratischen Königtums beruhte, in Frage gestellt. Durch Humberts Schrift wurde das Programm der Kirchenreform wesentlich erweitert. Zu den Forderungen nach Abschaffung der Simonie und Durchführung des Zölibats kommt jetzt der Kampf gegen die Laieninvestitur als entscheidender

Punkt hinzu. Man darf jedoch Humberts Werk nicht als eine offizielle Programmschrift betrachten, zumal es keine Verbreitung fand[2].

Die Vorgänge in Rom nach Stephans Tod zeigten, wie unsicher die Lage der Reformpartei noch war. Von den römischen Adelsgeschlechtern wurde Bischof Johannes von Velletri, ein Neffe Benedikts IX., als Benedikt X. auf den Stuhl Petri erhoben. Demgegenüber entschlossen sich die Reformer auf Veranlassung Hildebrands, mit Zustimmung der Kaiserin Agnes den aus dem französischen Burgund stammenden Bischof Gerhard von Florenz zum Papst zu wählen. In Siena wurde Nikolaus II., wie er sich als Papst nannte – wohl unter Mitwirkung von Cluniazensern –, gewählt, Gottfried von Lothringen führte ihn nach Rom, wo Benedikt seine Sache bald verloren gab; 1060 wurde er abgesetzt[3].

Der kurze Pontifikat *Nikolaus' II.* (1058–1061) ist für die römische Kirche in mehrfacher Hinsicht epochemachend geworden, vor allem durch die Beschlüsse der Lateransynode vom April 1059. Deren erste Aufgabe war es, das Verfahren bei der Wahl Nikolaus' II. zu legalisieren und für die Zukunft die Papstwahl zu regeln. Das von der Synode beschlossene *Papstwahldekret* bestimmte deshalb, daß dabei zunächst die Kardinalbischöfe ein Vorstimmrecht ausüben und dann die übrigen Kardinäle zur Wahlhandlung hinzuziehen sollten, während der übrige Klerus und das Volk von Rom als Letztwähler nur ein Akklamationsrecht besitzen sollten. Wenn eine unverfälschte Wahl in Rom nicht durchführbar sei, sollten die Kardinalbischöfe das Recht haben, zusammen mit einigen anderen Kardinälen eine Wahl auch an einem anderen Ort vorzunehmen. Falls sich innerhalb der römischen Kirche keine geeignete Persönlichkeit fände, dürfte auch ein nichtrömischer Geistlicher gewählt werden. Bei der Auswahl des Kandidaten sollten der »honor« und die »reverentia«, die dem König gebührten, gewahrt bleiben. Das Papstwahldekret richtete sich gegen den römischen Adel, dessen Einfluß auf die Papstwahl endgültig ausgeschaltet werden sollte. Ihm fehlte jedoch jede Spitze gegen das deutsche Königtum. In der Praxis ist es später kaum beachtet worden; es bedeutete vor allem einen wichtigen Schritt auf dem Weg der Ausbildung des Kardinalkollegiums[4].

Die Synode faßte weiter entschiedene Beschlüsse gegen die Priesterehe; den Laien wurde verboten, bei beweibten Geistlichen die Messe zu hören. Besonders wichtig aber war der Kanon 6 des Synodaldekrets (Const. 1 n. 384), der zum erstenmal ein allgemeines Verbot der Laieninvestitur aussprach, während die Fragen der Simonie erst auf späteren Synoden behandelt wurden[5].

Bald darauf vollzog das Papsttum eine Wende in seiner Italienpolitik. Unter dem Einfluß Hildebrands, der noch im gleichen Jahr das wichtige Amt des Archidiakons erhielt, und durch Vermittlung des Abtes Desiderius von Montecassino kam es im Sommer 1059 zur Aussöhnung mit den *Normannen*. Richard von Aversa, der inzwischen Capua erobert, und Robert Guiskard, der mit der Besetzung Kalabriens begonnen hatte, wurden in ihren Eroberungen anerkannt und traten in ein Lehnsverhältnis zur Kurie. Nikolaus II. empfing, wahrscheinlich in Capua, die Huldigung Richards, während ihm Robert Guiskard in Melfi den Lehnseid leistete und Apulien, Kalabrien und das noch zu erobernde Sizilien zu Lehen nahm. Beide Fürsten mußten nicht nur die herkömmlichen Vasallenpflichten auf sich nehmen und einen Lehnszins versprechen, sondern sich auch zur Unterstützung jedes rechtmäßig gewählten Papstes verpflichten. Für die Normannen brachte diese Lehnsnahme die Anerkennung ihrer bisher illegitimen Eroberungen durch die höchste geistliche Autorität des Abendlandes. Die Kurie gewann in den Normannenfürsten für die Zukunft wichtige Bundesgenossen, die ihr allerdings auch gefährlich werden konnten. Da die Rechte des Reiches in Süditalien bei dieser Belehnung nicht beachtet worden waren, konnten sich aus diesem Bündnis Spannungen zwischen dem Papsttum und dem deutschen Königshof ergeben[6].

[1] C. Violante, La Pataria milanese e la riforma ecclesiastica, 1: Le premesse, 1045–1057 (1955); E. Werner, Pauperes Christi (1956); G. Miccoli, Per la storia della Pataria milanese, Bull. dell'Ist. stor. ital. 70 (1958), auch in dess. Chiesa gregoriana (1966), S. 101 ff.; H. E. J. Cowdrey, The Papacy, the Patarenes and the Church of Milan, Transactions Hist. Soc. 18 (1968).

[2] Lit. zu Humbert s. Bd. 3, Kap. 31, Anm. 7.

[3] H. Zimmermann, Papstabsetzungen des MA (1968), S. 144 ff.; J. Wollasch, Die Wahl des Papstes Nikolaus II., in: Adel und Kirche (Festschrift f. G. Tellenbach, 1968); dazu D. Hägermann, Zur Vorgeschichte des Pontifikats Nikolaus' II., ZKiG 81 (1970).

[4] P. Scheffer-Boichorst, Die Neuordnung der Papstwahl durch Nikolaus II. (1879), hat den Nachweis erbracht, daß die sog. päpstliche Fassung (Const. 1 n. 392) im Kern echt, die sog. kaiserliche Fassung (ib. 383) eine Fälschung ist. Der Versuch von A. Michel, Papstwahl und Königsrecht oder das Papstwahlkonkordat von 1059 (1936), Humbert als Verfasser des Dekrets nachzuweisen und dieses als ein zwischen der

Kurie und dem Königshof vereinbartes Konkordat zu betrachten, ist nicht geglückt; dazu und zur zeitgesch. Einordnung des Dekrets jetzt H. G. KRAUSE, Das Papstwahldekret von 1059 und seine Rolle im Investiturstreit (1960), mit weiterer Lit. Zur kirchenrechtlichen Bedeutung F. KEMPF, Pier Damiani und das Papstwahldekret von 1059, Arch. Hist. Pontif. 2 (1964); zum Königsparagraphen W. STÜRNER, »Salvo debito honore et reverentia«, ZRG KA 54 (1968); dazu H. GRUNDMANN, DA 25 (1969); D. HÄGERMANN, Untersuchungen zum Papstwahldekret von 1059, ZRGKA 56 (1970); zuletzt W. STÜRNER, Der Königsparagraph im Papstwahldekret von 1059, Studi Gregoriani 9 (1972). Die sog. kaiserliche Fassung ist wohl in der Mitte der 80er Jahre im Kreis der damals von Gregor VII. abgefallenen Kardinäle entstanden.

[5] G. MICCOLI, Il problema delle ordinazioni simoniache e le sinodi Lateranensi del 1060 e 1061, in: Studi Gregoriani 5 (1956), und in dess. Chiesa gregoriana, S. 169 ff.

[6] Das Quellenmaterial zur Lehnsnahme der Normannen bei KEHR, Italia pontificia 8 (1935), S. 11 ff., vgl. auch KEHR, Die Belehnungen der südital. Normannenfürsten durch die Päpste, Abh. Ak. Berlin 1934, und KL. VERHEIN, Lehen und Feudalemphyteuse. Eine Untersuchung über Abhängigkeitsformen weltlicher Staaten vom Hl. Stuhle von der Mitte des 11. bis zur Mitte des 14. Jh. (Diss. Ms. Hamburg 1951); J. DEÉR, Papsttum und Normannen, Untersuchungen zu ihren lehnsrechtlichen und kirchenpolitischen Beziehungen (1973). – Über die Anfänge von Hildebrands Archidiakonat G. B. BORINO, L'arcidiaconato di Ildebrando, in: Studi Gregoriani 3 (1948).

Kapitel 3
Das Schisma des Cadalus

Die Gründe für die Spannungen, zu denen es noch zwischen Nikolaus II. und dem Königshof kam, sind nicht mit Sicherheit zu erkennen; vielleicht sind sie in disziplinarischen Maßnahmen des Papstes gegen den deutschen Episkopat zu suchen. Ein päpstlicher Legat, der Anfang 1061 nach Deutschland kam, wurde am Hof abgewiesen; die Maßregeln des Papstes waren schon vorher für ungültig erklärt worden.

Als Nikolaus im Juli 1061 starb, brach ein offener Konflikt aus. Der römische Adel übersandte dem jungen König die Abzeichen der Patriziuswürde und bat um die Ernennung eines Papstes; doch zögerte Kaiserin Agnes mit der Entscheidung. Inzwischen ergriff Hildebrand, nach dem Tod Humberts (Mai 1061) unbestritten der Führer der Reformpartei, die Initiative. Unter dem Schutz Richards von Capua ließ er Bischof Anselm von Lucca, einen gebürtigen Mailänder, zum Papst wählen und in Rom als *Alexander II.* inthronisieren (1. X. 1061). Erst dieses eigenmächtige Vorgehen der Reformer veranlaßte den Königshof zum Handeln. Unter dem Einfluß des italienischen Kanzlers Wibert und des lombardischen Episkopats wurde Bischof *Cadalus* von Parma im Oktober in Basel als Honorius II. zum Papst erhoben. Damit war es zum Schisma gekommen. Es fragte sich, ob es gelang, Honorius zum Sieg zu verhelfen und ihn nach Rom zu führen. Dazu geschah aber seitens der Regentschaft nichts; Agnes zeigte in der Folgezeit eine unentschlossene Haltung. Cadalus selbst versuchte von Oberitalien aus mit einem Heer nach Rom vorzustoßen und konnte im Frühjahr 1062 einen Teil der Stadt erobern. Da griff Gottfried von Lothringen ein und gebot beiden Päpsten Waffenstillstand und Rückkehr in ihre Bistümer bis zu endgültiger Entscheidung durch die deutsche Regierung. In Deutschland waren inzwischen durch den Staatsstreich von Kaiserswerth (Kap. 1) mit Anno von Köln jene Kräfte an die Macht gekommen, die der Reform nahestanden. Eine Augsburger Synode Ende Oktober, für die Damiani seine ›Disceptatio synodalis‹ verfaßte, beschloß, eine Gesandtschaft nach Italien zu schicken, um den Streit zwischen beiden Päpsten zu prüfen. Diese Aufgabe wurde dem Neffen Annos, dem Bischof Burchard von Halberstadt, anvertraut. Sein Auftrag, Alexander nach Rom zurückzuführen, falls bei seiner Wahl keine allzu großen Unregelmäßigkeiten vorgekommen wären, bedeutete schon weitgehend eine Anerkennung Alexanders, der mit Hilfe Gottfrieds jetzt nach Rom zurückkehrte. Cadalus gab seine Sache jedoch nicht verloren. Er sammelte ein neues Heer und stieß 1063 wieder nach Rom vor, mußte aber vor dem gemeinsamen Widerstand Gottfrieds und der Normannenfürsten in sein Bistum zurückkehren. Eine *Synode* zu Pfingsten 1064 in *Mantua* brachte die endgültige Entscheidung. Alexander führte den Vorsitz, während sich Honorius II. geweigert hatte zu erscheinen. Auch Anno war mit einem Teil der deutschen Bischöfe und Fürsten anwesend. Nachdem sich Alexander gegen den Vorwurf der Simonie durch einen Reinigungseid verteidigt hatte, wurde er als rechtmäßiger Papst anerkannt. Über Honorius wurde der Bann ausgesprochen. Wenn er auch in der Lombardei noch über einen gewissen Anhang verfügte, so hat er doch bis zu seinem Tod (1072) keine Rolle mehr gespielt. Das Schisma des Jahres 1061, das für die Reformbewegung zeitweilig gefährlich zu werden schien, hatte infolge des Umschwungs am Königshof mit ihrem Sieg geendet.

F. Herberhold, Die Beziehungen des Cadalus von Parma zu Dtld., HJb 54 (1934); ders., Die Angriffe des Cadalus von Parma (Gegenpapst Honorius II.) auf Rom in d. J. 1062–1063, in: Studi Gregoriani 2 (1947); Zimmermann, Papstabsetzungen (Kap. 2, Anm. 3), S. 148 ff.

Kapitel 4
Anno und Adalbert als Regenten des Reiches

Durch den Staatsstreich von Kaiserswerth war Anno von Köln der eigentliche Herr des Reiches geworden. Bald erwuchs ihm jedoch in Adalbert von Bremen ein mächtiger Rivale, während Siegfried von Mainz keinen entscheidenden Einfluß auf die Regentschaft gewinnen konnte. Trotz mancher Gemeinsamkeiten waren Anno und Adalbert grundverschiedene Naturen.

Anno (Erzbischof 1056–1075), der Abkömmling eines nicht sehr begüterten schwäbischen Rittergeschlechts, war Kaplan Heinrichs III. gewesen, bevor ihn der Kaiser in seinem letzten Regierungsjahr zum Kölner Erzbischof erhob. Sein Ziel war fortan, den Besitzstand seiner Kirche auch auf Kosten des Reichsgutes zu mehren. Eine asketische Natur, blieb er dem jungen König, der ihm die Schmach von Kaiserswerth nicht vergaß, innerlich stets fremd. Den Reformbestrebungen stand Anno sehr nahe. Das von ihm nach dem Vorbild des norditalienischen Reformklosters Fruttuaria gegründete Kloster Siegburg wurde ein Mittelpunkt der Reformbewegung in den Rheinlanden, dessen Ausstrahlungen über den Bereich der Kölner Kirchenprovinz weit hinausreichten[1]. Auch im Erzstift Mainz konnte die Klosterreform unter Erzbischof Siegfried an Boden gewinnen[2].

Adalbert von Bremen (Erzbischof 1043–1072) war zweifellos der bedeutendere Staatsmann. Er stammte aus dem Geschlecht der Grafen von Goseck (an der Saale) und war eine stolze, hochfahrende Persönlichkeit. Von starkem Ehrgeiz beseelt, wollte er die Bremer Kirche zur kirchlichen Metropole des gesamten Nordens machen (s. Bd. 3, Kap. 30). Der Patriarchatsplan, den er in den Anfängen seiner Regierung verfolgt hatte, war damals am Widerstand der Kurie gescheitert. Adalbert hat ihn aber niemals aufgegeben, ohne ihn jedoch verwirklichen zu können. Seit dem Beginn der sechziger Jahre richtete sich sein Augenmerk vor allem auf das slavische Missionsgebiet, wo ihm die Herrschaft des christlichen Obodritenfürsten Gottschalk (ca. 1043 – 1066) die Möglichkeit gab, das alte Bistum Oldenburg wieder zu besetzen und in Ratzeburg und Mecklenburg neue Missionsbistümer zu errichten.

Durch seine Politik, in der Bremer Diözese die eigene Machtstellung nach Möglichkeit zu erweitern, war er schon unter Heinrich III. in Gegensatz zu den Billungern geraten, der sich unter Heinrich IV. noch verschärfte, als es Adalbert gelang, fast alle Grafschaften in seiner Diözese in seine Hand zu bekommen und dadurch eine herzogähnliche Stellung zu erringen.

Seit 1063 gewann er neben Anno im Reichsregiment immer stärkeren Einfluß. Im Inneren führte ihre Regierung zur Schwächung der Königsgewalt, da sich auch andere Fürsten an der Usurpation des Reichsgutes beteiligten. Dagegen gelang den beiden Regenten noch 1063 ein wichtiger außenpolitischer Erfolg. König Salomo von Ungarn, der mit Judith, einer Schwester des deutschen Königs, verlobt war, konnte auf einem Feldzug nach Ungarn zurückgeführt werden und stellte die *Lehnsabhängigkeit Ungarns* vom Reich wieder her. In der Folgezeit wurde *Adalbert* der *alleinige Regent.* Als König Heinrich 1065 mündig wurde und der Gedanke eines Romzuges auftauchte, scheiterte dieser Plan wohl an Adalberts Widerstand, der verhindern wollte, daß dadurch Anno als Erzkanzler Italiens wieder stärkeren Einfluß gewinnen könnte. Adalberts Territorialpolitik, insbesondere sein Versuch, auch die beiden großen Reichsklöster Corvey und Lorsch in seine Hand zu bringen, rief bei den weltlichen und geistlichen Fürsten des Reiches wachsenden Widerstand hervor. Auf einem Reichstag zu Tribur im Januar 1066 kam diese Mißstimmung zum offenen Ausbruch. Man forderte die Entlassung Adalberts als Berater des Königs, und Heinrich mußte nachgeben. Vor der Gegnerschaft des Magnus Billung, des Sohnes Herzog Ordulfs, mußte Adalbert sogar zeitweilig Bremen verlassen und den Hauptteil seiner Erwerbungen an die Billunger abtreten.

Der *Sturz Adalberts* hatte im wendischen Missionsgebiet die verhängnisvollsten Folgen. Gegen Gottschalk erhob sich noch im gleichen Jahr eine heidnische Reaktion unter Führung des Fürsten Kruto; bei Lenzen wurde Gottschalk erschlagen, seine Witwe floh mit ihrem Sohn Heinrich zu ihrem Vater Sven Estridsen von Dänemark. Die von Adalbert gegründeten Bistümer, Kirchen und Klöster wurden ein Opfer dieses Aufstands. Die Bewegung griff sogar über das Wendenland hinaus; auch Hamburg wurde von den Obodriten geplündert. Die Billunger waren nicht in der Lage, den Slaven gegenüber ihre Oberhoheit zu wahren. Auch ein Feldzug, den der König selbst im Winter 1068/69 gegen die Lutizen unternahm, hatte keinen Erfolg.

Adalberts Sturz als Reichsregent bedeutete nicht, daß Anno wieder einen größeren Einfluß gewonnen hätte. Heinrich begann jetzt die Geschicke des Reiches selbst zu lenken. Wohl hat sich Adalbert seit 1069 wieder dem Königshof nähern können, ohne jedoch bis zu seinem Tod (März 1072) seine alte Stellung wieder zu erringen[3].

Das Herzogtum *Niederlothringen* war 1065 Gottfried dem Bärtigen übertragen worden. Als dieser 1069 starb, folgte ihm sein Sohn Gottfried der Bucklige, der sich kurz vor dem Tod seines Vaters mit Mathilde, der Tochter seiner Stiefmutter Beatrix von Tuszien, vermählt hatte. Er hat jedoch die gegen das Königtum gerichtete Politik seines Geschlechts nicht fortgesetzt, sondern wurde immer mehr ein treuer Anhänger Heinrichs IV. In Tuszien übernahm die Markgräfin Beatrix die Regierung gemeinsam mit ihrer Tochter Mathilde, die sich bald von Gottfried trennte.

[1] Zu Anno: F. W. Oediger, Regesten der Ebb. von Köln 1 (1954/61), S. 242 ff.; ders., NDB 1 (1953), S. 303 ff., u. Gesch. d. Ebt. Köln 1 (1964); J. Semmler, Die Klosterreform von Siegburg, ihre Ausbreitung und ihr Reformprogramm im 11. und 12. Jh. (1959); H. Jakobs, Der Adel in der Klosterreform von St. Blasien (1968), S. 254 ff.; D. Lück, Anno von Köln, Standesverhältnisse, verwandtschaftliche Beziehungen und Werdegang bis zur Bischofsweihe, Ann. HV Niederrh. 172 (1970); ders., Die Kölner Ebb. Hermann II. und Anno II. als Erzkanzler der Römischen Kirche, Arch. f. Dipl. 16 (1970).

[2] H. Büttner, Das Erzstift Mainz und die Klosterreform im 11. Jh., Arch. f. mittelrhein. KiG 1 (1949).

[3] Das Quellenmaterial für Adalbert bei H. O. May, Regesten der Ebb. von Bremen 1 (1928/37), S. 33 ff. Über ihn zuletzt G. Glaeske, Die Ebb. von Hamburg-Bremen als Reichsfürsten. 937 bis 1258 (1962), S. 55 ff. (dort die ältere Lit.). Zum Patriarchatsplan s. Bd. 3, Kap. 30, Anm. 3, insbesondere die Arbeiten von H. Fuhrmann.

Kapitel 5
Fortschritte des Reformpapsttums unter Alexander II.

Nach der Synode von Mantua war Alexander II. der unbestrittene Herr der abendländischen Kirche. Der Weg, den die Reformpartei seit der Regierung Stephans IX. eingeschlagen hatte, wird unter ihm fortgesetzt; Hildebrand wird der eigentliche Leiter der päpstlichen Politik. Trotz der Niederlage des Cadalus war aber die Lage des Papstes in Rom und Mittelitalien noch keineswegs gesichert. Die Normannen erwiesen sich schon damals als nicht sehr gefügige Lehnsleute Sankt Peters. Richard von Capua drang weiter nach Norden vor und fiel sogar in den Kirchenstaat ein (1066). Alexander wandte sich deshalb in einem Hilfegesuch an den deutschen König. Wie bereits 1065 wird darauf auch für 1067 ein Romzug des deutschen Königs beschlossen. Diesmals wurde dieser Plan durch Gottfried von Lothringen vereitelt, der selbst mit einem Heer gegen Richard zog und ihn zum Frieden zwang. Die normannische Expansionspolitik richtete sich nun zunächst nach Süden. Robert Guiskard brachte ganz Süditalien in seine Hand; gleichzeitig begann sein jüngerer Bruder Roger mit der Eroberung Siziliens, die 1072 mit der Einnahme Palermos zu einem gewissen Abschluß kam.

Der *Pontifikat Alexanders II.* wird vor allem dadurch charakterisiert, daß das Papsttum seinen Einflußbereich im Abendland auszuweiten beginnt. Eine Möglichkeit dazu bot sich zunächst in *Spanien*, wo die monastische Bewegung von Cluny aus Fuß gefaßt hatte. Als päpstlicher Legat sollte hier Hugo Candidus für den Anschluß der spanischen Kirche an Rom wirken, doch ist über die Ergebnisse seiner Legationen wenig bekannt. Ein sichtbarer Erfolg gelang der päpstlichen Politik aber in Aragon; 1068 kam dessen König Sancho nach Rom, um hier sein Land dem heiligen Petrus zu kommendieren[1].

Ähnliche Aussichten, die unmittelbare päpstliche Herrschaft zu erweitern, schienen sich 1066 auch in *England* zu eröffnen. Nach dem Tod Eduards des Bekenners hatte sich ungeachtet der Abmachungen, die er mit Herzog Wilhelm von der Normandie über dessen Erbfolge getroffen hatte, der Earl Harald von Wessex zum König aufgeschwungen. Als sich darauf Wilhelm, ein eifriger Förderer der Kirchenreform in der Normandie, zur Eroberung Englands anschickte, fand er die Unterstützung Roms. Auf Veranlassung Hildebrands übersandte ihm

Papst Alexander damals ein »vexillum sancti Petri« und gab damit dem Unternehmen des Normannenherzogs den Charakter eines gerechten Krieges. Diese Fahnensendung blieb zwar ohne staatsrechtliche Bedeutung; mit der Gründung des anglonormannischen Reiches gewann aber auch die englische Kirche einen engen Kontakt mit der des Festlands[2].

In *Frankreich* konnte Alexander während der Minderjährigkeit Philipps I., der 1060 seinem Vater Heinrich I. folgte, wiederholt in innerkirchliche Fragen eingreifen[3]. In *Deutschland* knüpfte Heinrich IV. bei Neubesetzung von Bistümern im wesentlichen an die Praxis seines Vaters an[4]; Alexander II. war vor allem darauf bedacht, daß dabei das Simonieverbot beachtet wurde. So erhielt der neue Erzbischof Udo von Trier erst das Pallium aus den Händen des Papstes, als er sich gegen den Vorwurf der Simonie gerechtfertigt hatte. Anno von Köln, Siegfried von Mainz und andere Bischöfe wurden 1070 nach Rom zitiert, um sich gegen diesen Verdacht zu verteidigen. Der vom König im gleichen Jahr in Konstanz eingesetzte Bischof Karl mußte wegen der simonistischen Form seiner Erhebung auf seine Würde verzichten. Das Ansehen des Königs selbst erlitt eine Einbuße dadurch, daß er auf den Einspruch des Papstes hin den Wunsch, seine erst wenige Jahre bestehende Ehe mit Bertha von Turin scheiden zu lassen, aufgeben mußte. Petrus Damiani setzte als päpstlicher Legat durch, daß eine 1069 unter seiner Leitung in Frankfurt tagende Synode das Verlangen des Königs verwarf.

Zu einem scharfen Konflikt zwischen Königshof und Kurie kam es noch unter Alexander II. wegen der Besetzung des Erzbistums *Mailand*. Hier waren die Kämpfe zwischen Erzbischof Wido und der Pataria, deren Führer nach Landulfs Tod sein Bruder, der Ritter Erlembald, wurde, seit 1066 wieder ausgebrochen. Als Wido 1070 auf seine Würde verzichtete, bestimmte König Heinrich den Mailänder Geistlichen Gottfried zum Nachfolger, während der Patarenerbund bald darauf den Kleriker Atto zum Erzbischof erhob, den auch Papst Alexander anerkannte. Als der König an Gottfried festhielt, verhängte der Papst auf der Fastensynode 1073 über fünf Räte Heinrichs den Bann, weil sie sich der Simonie schuldig gemacht hätten.

[1] Über die Anfänge der päpstl. Politik in Spanien s. die Arbeiten von P. Kehr, DW[9] 6266a; F. Lerner, Kardinal Hugo Candidus (1931); G. Saebekow, Die päpstl. Legationen nach Spanien und Portugal zum Ausgang des 12. Jh. (1931).

[2] Über die Eroberung Englands durch Hg. Wilhelm zuletzt D. C. Douglas,

William the Conqueror ([2]1969); F. BARLOW, William I and the Norman Conquest (1965); K. SCHNITH, Die Wende der engl. Gesch. im 11. Jh., HJb 86 (1966); J. A. MATTHEW, The Norman Conquest (1966); R. A. BROWN, The Normans and the Norman Conquest (1969); C. W. HOLLISTER, The Impact of the Norman Conquest (1969). Über die Beziehungen zwischen der Kurie und England: Z. N. BROOKE, The English Church and the Papacy from the Conquest to the Reign of John ([2]1952, Ndr. 1968).

[3] TH. SCHIEFFER, Die päpstl. Legaten in Frankr. vom Vertrag zu Meersen (870) bis zum Schisma von 1130 (1935), S. 66 ff.; A. BECKER, Studien zum Investiturproblem in Frankreich (1955), S. 47 ff.

[4] J. FLECKENSTEIN, Heinrich IV. u. der dt. Episkopat in den Anfängen d. Investiturstreites, in: Adel u. Kirche (Festschrift f. G. Tellenbach, 1968); R. SCHIEFFER, Die Romreisen deutscher Bischöfe im Frühjahr 1070, Rhein. Vjbll. 35 (1971).

Kapitel 6
Heinrich IV. im Kampf mit den Sachsen

Seit dem Ende der 60er Jahre treten die Ziele der königlichen Politik in Deutschland immer stärker hervor. Während der vormundschaftlichen Regierung hatte Heinrich mit ansehen müssen, wie das Reichsgut der Krone zunehmend entfremdet wurde. Da seit der Übergabe Bayerns an Otto von Northeim (1061) das Königshaus über kein Herzogtum verfügte, mußte Heinrich versuchen, die *territorialen Machtgrundlagen des Königtums* wiederherzustellen.

Möglichkeiten dafür boten sich vor allem im thüringisch-sächsischen Raum, insbesondere in den Gebieten nördlich und südlich des Harzes, wo der reiche Besitz des liudolfingischen Hauses nach dessen Aussterben Reichsgut geworden, der Krone jedoch inzwischen verlorengegangen war. Seit etwa 1070 geht der König daran, diese Reichsbesitzungen wieder in seine Hand zu bringen und die Bewohner dieser Gebiete, soweit sie ursprünglich als Königsfreie auf Staatsland angesiedelt waren, wieder in den Dienst des Reiches zu nehmen. Als Mittelpunkte der Verwaltung wurden alte Burgen wiederhergestellt und neue errichtet. Zur Feststellung des königlichen Eigentums wurde vielfach das sogenannte Inquisitionsverfahren angewandt, bei dem die Rechte der Krone durch Zeugenaussagen festgestellt wurden.

Empfand man in Sachsen schon dieses Verfahren als einen Eingriff in das alte Stammesrecht, so wurde der Gegensatz zwischen dem Königshaus und dem sächsischen Adel noch dadurch vertieft, daß Heinrich als Helfer bei dieser Rekuperationspolitik vor allem schwäbische Ministerialen heranzog, die als Besatzungen dieser Burgen die königlichen Rechte oft mit aller Schärfe wahrnahmen und vor Übergriffen nicht zurückschreckten. Goslar, wo zeitweilig eine Reichsvogtei eingerichtet wurde, und die nahe Harzburg wurden die Hauptstützpunkte der königlichen Stellung. Auch Lüneburg, den Stammsitz der Billunger, konnte der König später vorübergehend in Besitz nehmen[1].

Zu offenem Konflikt kam es 1070, als *Heinrich IV. gegen Otto von Northeim* vorging, dessen Besitzungen und Lehen am West- und Südrand des Harzes dieser Königspolitik besonders hemmend im Wege standen. Unter der Beschuldigung, ein Attentat auf den König geplant zu haben, wurde er zum Zweikampf geladen und, als er für die Durchführung des Kampfes unerfüllbare Bedingungen stellte und nicht erschien, abgesetzt und geächtet. Das Herzogtum Bayern wurde an Welf IV. verliehen, dessen Mutter Cuniza mit Markgraf Albert Azzo II. von Este vermählt war; er ist der Begründer der jüngeren Linie des Welfenhauses geworden. Otto von Northeim nahm im Bunde mit Magnus Billung, dem Sohn des Sachsenherzogs, den Kampf auf. Beide mußten sich aber Anfang 1071 unterwerfen und wurden vom König mit Haft bestraft. Auf Fürsprache Adalberts von Bremen wurde Otto allerdings ein Jahr später vom König begnadigt, mußte ihm zwar einen Teil seiner Reichslehen abtreten, erhielt aber sein Allodialgut teilweise zurück[2].

Der Frieden mit Otto von Northeim war jedoch nur ein Waffenstillstand in der *Auseinandersetzung* Heinrichs *mit den Sachsen*. Seine Zusammenkunft mit dem Dänenkönig Sven Estridsen in Lüneburg hatte schon 1071 zu Gerüchten über die Bedrohung Sachsens Anlaß gegeben. Die Tatsache, daß Heinrich auch nach der Freilassung des Northeimers zunächst noch Herzog Magnus in Haft behielt, obwohl dessen Vater Ordulf im März 1072 gestorben war, rief neue Mißstimmung hervor, die auch auf Thüringen übergriff, nachdem der seit langem bestehende Streit über die Zehntrechte in Thüringen im Frühjahr 1073 durch eine Synode zugunsten des Mainzer Erzbischofs entschieden worden war[3]. Als der König die Sachsen im gleichen Jahr zu einem Feldzug gegen die Polen aufbot, verlangten die sächsischen Fürsten die Abschaffung der Mißstände und schlossen sich im Juli zu Hoetensleben (bei Haldensleben) zu einer förmlichen Verschwörung zusammen. Neben Otto von

Northeim treten Erzbischof Werner von Magdeburg und Bischof Burchard von Halberstadt immer mehr als Führer hervor. Da der König einer Gesandtschaft eine hinhaltende Antwort gab, zog man mit einem Heer vor die Harzburg, in der sich Heinrich aufhielt. Angesichts der militärischen Übermacht mußte er nach Hessen flüchten. Die Aufstandsbewegung erfaßte das ganze östliche Sachsen und Thüringen; auch ein Teil der Burgen fiel in die Hand der Königsgegner. Das nördliche und westliche Sachsen war dagegen an den Kämpfen kaum beteiligt.

Heinrichs Lage wurde deshalb besonders mißlich, weil sich jetzt auch die drei süddeutschen Herzöge, die sich durch die neuen Berater des Königs zurückgesetzt fühlten, gegen ihn stellten.

In dieser Situation bedeutete es für Heinrich einen großen moralischen Gewinn, daß er bei der *Bürgerschaft* der Stadt *Worms* Unterstützung fand. Die Wormser Bürger verjagten ihren bischöflichen Stadtherrn und öffneten dem König die Tore. Er hat ihnen diese Treue dadurch gedankt, daß er Anfang 1074 den »Judei et coeteri Wormatienses« Zollfreiheit bei einer Reihe von Zollstätten verlieh. Wohl war die tatsächliche Hilfe, die ihm Worms gewähren konnte, nicht sehr groß. Durch diese Begünstigung der hier und in anderen Städten des Rheinlandes – so in Köln, wo Anno allerdings eine Erhebung niederschlagen konnte – mächtig aufstrebenden freiheitlichen Bewegung des Bürgertums war aber der Weg gewiesen, auf dem das deutsche Königtum neue Kräfte für den Aufbau einer starken Reichsgewalt gewinnen konnte[4].

Im Winter 1073/74 stieß der König mit einem kleinen Heer nach Sachsen vor, war aber nicht stark genug, um eine kriegerische Auseinandersetzung wagen zu können. So entschloß er sich zu Verhandlungen, wobei er insbesondere Otto von Northeim gegen die Zusicherung der Rückgabe Bayerns als Vermittler gewinnen konnte. Im *Frieden von Gerstungen* (2. II. 1074) mußte er die Forderungen der Sachsen noch weitgehend anerkennen. Der Besitzstand des Reiches sollte zwar gewahrt bleiben, doch versprach Heinrich, die verhaßten Burgen niederzulegen. Es war ihm dadurch gelungen, seine sächsischen Gegner von der süddeutschen Fürstenopposition zu trennen. Auch innerhalb Sachsens begannen sich die Interessen der fürstlichen Herren und der bäuerlichen Bevölkerung zu scheiden. Das wurde sehr bald deutlich, als der König mit der Erfüllung der

Friedensbedingungen zögerte und von der Harzburg nur die äußeren Umfassungsmauern niederlegen ließ. Die Bauern der Umgebung überfielen daraufhin die Burg, zerstörten alle Gebäude und plünderten sogar die Gräber des Bruders und eines früh verstorbenen Sohnes des Königs, die dort bestattet waren. Diese flagrante Vertragsverletzung führte einen völligen Stimmungsumschwung zugunsten Heinrichs herbei. Im Sommer 1075 konnte er mit einem Reichsheer, bei dem sich die Mehrzahl der geistlichen und weltlichen Fürsten befand, nach Sachsen aufbrechen. Bei *Homburg* an der Unstrut errang er am 9. VI. einen vollen militärischen Erfolg, doch scheiterten die Friedensverhandlungen an seinen Bedingungen. Erst als der König im Herbst mit einem neuen Aufgebot nach Sachsen zog, unterwarfen sich die Führer der Sachsen in der Kapitulation von Spier (bei Sondershausen) bedingungslos ihrem Herrscher. Sie wurden in Haft genommen, ihre Güter für die Krone eingezogen, die Königsburgen wieder errichtet. Lediglich Otto von Northeim, der bei den letzten Kämpfen zur Verständigung geraten hatte, erfuhr ein besseres Los. Der König suchte ihn für sich zu gewinnen, indem er ihm bald die Freiheit wiedergab und die Verwaltung Sachsens übertrug. Zu Weihnachten 1075 waren die letzten Reste des Widerstands gebrochen; der König konnte das Fest wieder in Goslar begehen. Die hier versammelten Fürsten versprachen ihm auch, im Falle seines Todes seinen damals noch nicht zweijährigen Sohn Konrad zum König zu wählen.

In zähem Kampf war der junge König seiner Gegner Herr geworden. Wenn seine Maßnahmen in diesen ersten Regierungsjahren auch ein gewisses Ungestüm verrieten, so hatte sich doch in der Auseinandersetzung mit den Sachsen schon das diplomatische Geschick Heinrichs bewiesen, der eine zeitweilig recht schwierige Situation zu einem Erfolg zu wenden verstanden hatte. Das Königtum sah sich wieder im Besitz einer Machtfülle, wie sie seit den Tagen Heinrichs III. nicht erreicht worden war.

[1] Dazu zusammenfassend K. Bosl, Die Reichsministerialität der Salier und Staufer (1950), S. 82 ff., u. G. Baaken, Königtum, Burgen und Königsfreie (1961), S. 75 ff., und H. Patze, Die Entstehung der Landesherrschaft in Thüringen 1 (1962), S. 178 ff. Zum Burgenbau H. Spier, Die Harzburg Heinrichs IV., Harz-Zs. 19/20 (1967/68). Das von der älteren Lit. mit dieser Rekuperationspolitik in Zusammenhang gebrachte sog. Tafelgüterverzeichnis des deutschen Königs (Const. 1 n. 440) ist nicht in den 60er Jahren des 11. Jh., sondern erst im Laufe

des 12. Jh. entstanden, wobei der genaue Zeitpunkt nicht mit Sicherheit zu bestimmen ist; dazu jetzt W. Metz, Staufische Güterverzeichnisse (1964), S. 6 ff., mit älterer Lit.; C. Brühl, Fodrum, Gistum, Servitium regis (1968), S. 181 ff., dazu A. Haverkamp, Königsgastung u. Reichssteuer, Zs. f. bayer. Ldsgesch. 31 (1968). Zur Goslarer Reichsvogtei jetzt S. Wilke, Das Goslarer Reichsgebiet und seine Beziehungen zu den territorialen Nachbargewalten (1970).

[2] Zu Otto v. Northeim: K. H. Lange, Die Stellung der Gf. v. Northeim in der Reichsgesch. des 11. u. frühen 12. Jh., Niedersächs. Jb. 33 (1961). Über den Besitzstand der Northeimer: ders., Der Herrschaftsbereich der Grafen von Northeim 950–1144 (1968).

[3] Über die Zehntstreitigkeiten dieser Zeit allgemein K. U. Jäschke, Studien zu Quellen und Gesch. des Osnabrücker Zehntstreits unter Heinrich IV., Arch. f. Dipl. 9/10 u. 11/12 (1963 bis 1966).

[4] DH IV. 267 vom 18. I. 1074; doch trifft die Annahme des Herausgebers D. v. Gladiss, daß die Worte »Judei et coeteri« nicht ein kanzleimäßiger Nachtrag, sondern eine spätere Interpolation seien, nicht zu, vgl. F. Rörig, Magdeburgs Entstehung und die ältere Handelsgeschichte, in: Miscell. Acad. Berolin. 2, 1 (1950), S. 116, Anm. 1, auch in: ders., Wirtschaftskräfte im MA (^{2}1971), S. 619.

Kapitel 7
Die Anfänge Gregors VII.

Am 21. IV. 1073 starb Alexander II. Bereits am nächsten Tag wurde bei den Vorbereitungen für die Beisetzungsfeierlichkeiten der Archidiakon Hildebrand in der Laterankirche vom Volk in fast tumultuarischer Weise zum Papst erhoben, erst anschließend von den Kardinälen und dem römischen Klerus gewählt. Eine Bestätigung seiner Wahl durch Heinrich IV. hat er nicht erbeten; doch hat ihn dieser tatsächlich als Papst anerkannt[1].

Gregor VII., wie er sich als Papst nannte, stand damals im Alter von etwa 50 Jahren[2]. Er war wohl in Soana in der südlichen Toskana geboren; über seine Abstammung ist nichts Sicheres bekannt. In Rom aufgewachsen, war er nach der Synode von Sutri Anfang 1047 mit Gregor VI. ins Exil nach Deutschland gegangen und nach dessen Tod Mönch in Cluny oder einem cluniazensischen Kloster geworden. Mit Leo IX. kehrte er nach Rom zurück, war zunächst Subdiakon, bis ihn Nikolaus II. zum Archidiakon erhoben hatte. In der Folgezeit war er wiederholt mit Legationen nach Frankreich und Deutschland betraut worden[3].

Gregor war erfüllt von einer tiefen religiösen Leidenschaft, die sich mit einem starken Willen und einem gewissen Fanatismus verband. Sein Ziel war die rechte Ordnung der Welt, wie er sie nur in der »libertas ecclesiae« gegeben sah. Aber die Durchführung dieses in seiner Wurzel zweifellos religiösen Anliegens konnte und sollte nicht die Trennung von Kirche und Welt zur Folge haben. Aus dem Verantwortungsgefühl für das Seelenheil aller Menschen und aus der Universalgewalt, die ihm als Nachfolger Petri zukam, erwuchs ihm die Pflicht, ordnend auch in das politische Geschehen der Zeit einzugreifen. Gewiß wollte Gregor kein Neuerer sein; aber er hat mit unerbittlicher Konsequenz die Idee von dem höheren Rang des Sacerdotiums gegenüber dem Regnum zu Ende gedacht und damit den Dingen eine neue Wende gegeben. So bedeutet sein Pontifikat eine wichtige Epoche in der Geschichte des päpstlichen Primats[4].

Den bekanntesten Ausdruck hat diese Doktrin vom »regimen universale« des Papstes in seinem ›*Dictatus papae*‹ gefunden, 27 Leitsätzen, die er im März 1075 in sein Register aufnehmen ließ und die als Richtlinien für eine geplante Kanonessammlung gedacht waren oder auch den Index einer auf seine Veranlassung angelegten, aber verlorenen Sammlung bilden. Die einzigartige Vorrangstellung des apostolischen Stuhles und des Papstes wird hier in knappen Sätzen kirchenrechtlich mit aller Prägnanz festgelegt. Nur der römische Bischof, der durch die Verdienste des Apostels Petrus die Erbheiligkeit besitzt, darf universal genannt werden; er allein darf kaiserliche Insignien tragen; er kann nicht nur die Untertanen eines ungerechten Herrschers vom Treueid lösen, sondern sogar Kaiser absetzen, darf aber selbst von niemandem gerichtet werden[5].

Ein so weit gestecktes Programm ließ sich jedoch nicht allein mit geistlichen Mitteln verwirklichen. Schon als Archidiakon hat Gregor auch kriegerische Maßnahmen in den Dienst der Kirche gestellt und auch als Papst daran festgehalten. Die alte augustinische Idee des »bellum iustum« weiterführend, kommt er zu der Auffassung, daß ein gerechter Krieg nicht nur von der weltlichen Macht für die Kirche, sondern auch von dieser selbst zu führen sei. So prägt er den Begriff der »militia sancti Petri«, der sich zu weihen die Aufgabe der Gläubigen sei[6].

Der Verwirklichung des Universalregiments des Papstes sollte vor allem auch die *päpstliche Lehnspolitik* dienen. Gregor hat die Lehnsansprüche des Papsttums nicht nur theoretisch unterbaut, sondern auch das, was vorher einzelne Versuche gewesen waren, zu einem System ausgestaltet. Gerade in den ersten Jahren seiner Regierung hat er immer wieder versucht, lehnsrechtliche Ansprüche im Abendland durchzusetzen, allerdings mit wechselndem Erfolg[7]. So drang er mit dieser Forderung gegenüber König Salomo von *Ungarn* nicht durch. Auch sein Versuch, *Dänemark* in einen Lehnsnexus zum Heiligen Stuhl zu bringen, kam über erste Ansätze nicht hinaus[8]. Erfolgreicher war diese Politik in *Dalmatien* und *Kroatien*, wo im Oktober 1076 der Fürst Zwonimir in aller Form von einem päpstlichen Legaten mit seinem Land belehnt wurde. Schon vorher hatte der aus *Kiew* vertriebene Fürst Isjaslaw-Demetrius dem Papst versprochen, sein Reich nach dessen Rückgewinnung von ihm zu Lehen zu nehmen; doch bleibt es fraglich, ob es dazu gekommen ist[9]. Dagegen stieß später Gregors Versuch, auch Wilhelm von *England* zur Anerkennung seiner Lehnshoheit zu bewegen, auf energischen Widerspruch. Der englische König erklärte sich bereit, den seit langem üblichen Peterspfennig für England zu zahlen, lehnte aber eine lehnsrechtliche Deutung der Fahnensendung des Jahres 1066 ab, wie sie der Papst vertrat[10].

In *Frankreich* haben einige südfranzösische Grafen die päpstliche Lehnshoheit anerkannt. Gegenüber König Philipp I. hat Gregor derartige Ansprüche niemals geltend machen können. Sein Verhältnis zu ihm war von Anfang an deshalb recht gespannt, weil dieser König alle kirchlichen Gebote in der Frage der Simonie unbeachtet ließ. Die römische Fastensynode 1075 drohte deshalb dem französischen Herrscher die Exkommunikation an. Einen offenen Bruch mit Frankreich hat Gregor trotz aller Widerstände, die seine Kirchenpolitik nicht nur beim König, sondern auch bei einem Teil des Episkopats unter Führung des selbstbewußten Erzbischofs Manasse von Reims fand, stets vermieden[11]. Auch in *Spanien* konnte Gregor die Lehnshoheit der Kurie über Aragon hinaus nicht erweitern; auf einer Synode zu Burgos wurde 1080 der römische Ritus in der Liturgie, der sich schon vorher in Aragon durchgesetzt hatte, auch für die übrigen christlichen Königreiche anerkannt[12].

Zu Beginn seines Pontifikats standen für den Papst die Verhältnisse im *Mittelmeerraum* ganz im Vordergrund. Dabei erschien ihm ein militärisches Eingreifen im *Orient*, wo das griechische Reich seit der Niederlage von Manzikert (1071) in steigendem Maße von den nach Westen vordringenden türkischen Seldschuken bedroht wurde und wo nach dem Verlust Anatoliens der Weg zu den heiligen Stätten der Christenheit in Palästina sehr erschwert war, als besonders wichtig. Der Plan, an der Spitze eines abendländischen Ritterheeres nach dem Osten zu ziehen, um mit der Abwehr der Ungläubigen zugleich auch eine Wiedervereinigung der seit 1054 getrennten Kirchen des Westens und Ostens zu erreichen, hat Gregor noch während des ganzen Jahres 1074 beschäftigt (Reg. Greg. 2 n. 31). Heinrich IV. sollte in seiner Abwesenheit den Schutz der Kirche übernehmen.

Gregor mußte aber bald erkennen, daß dieses kühne Projekt undurchführbar war. Schon die Verhältnisse in *Italien* machten dies unmöglich. Die Spannungen, die sich schon während der Regierung Alexanders II. zwischen dem Papsttum und den *Normannen* abgezeichnet hatten, verstärkten sich zu Beginn von Gregors Pontifikat. Mit Robert Guiskard, der seine Eroberungspolitik auf Kosten des Papstes in Mittelitalien fortsetzte, kam es zu keiner Einigung, so daß sich der Papst entschließen mußte, 1074 den Bann über seinen ungetreuen Vasallen auszusprechen. Auch Richard von Capua war kein zuverlässiger Bundesgenosse. Lediglich die Markgräfin Mathilde, die nach dem Tod ihrer Mutter Beatrix (1076) allein die Herrschaft über die umfangreichen Besitzungen des Hauses Canossa in Ober- und Mittelitalien ausübte, wurde in Italien die treueste Stütze des Papsttums[13].

[1] G. B. Borino, Perché Gregorio VII non annunziò la sua elezione ad Enrico IV e non richiese il consenso, in: Studi Gregoriani 5 (1956); W. Goez, Zur Erhebung und ersten Absetzung Gregors VII., RQs 63 (1968).

[2] Die Hauptquelle zum Pontifikat ist das Register Gregors VII., hg. v. Caspar, MG Epp. sel. 2, 1–2 (1920/23, Ndr. 1967), dessen Charakter als Originalregister neuerdings von F. Bock, Gregorio VII e Innocenzo III, per un confronto dei Registri Vaticani 2 e 4 – 7 A, in: Studi Gregoriani 5 (1956), und G. B. Borino, Note Gregoriane, ebd. 6 (1959/61), mit allerdings nicht rechtüberzeugenden Argumenten bestritten wird. R. Morghen, Ricerche sulla formazione del Registro di Gregorio VII, Annali di storia di diritto 3/4 (1959/60), sieht in ihm ein auf Veranlassung des Papstes angelegtes Gedenkbuch. Vergl. auch A. Murray, Pope Gregory VII and his Letters, Traditio 22 (1966). Das gesamte urkundl. Material ist jetzt von L. Santifaller, Quellen u. Forsch. zum Urkunden- und Kanzleiwesen Gregors VII., 1 (1957), gesammelt. Eine dem Stand der Forschung angepaßte Biographie fehlt, da auch H. X. Arquillière, Saint Grégoire VII (1934), und R. Morghen, Gregorio VII (1942), kaum weiterführen; knappe Würdigung von G. Miccoli in: Bibliotheca Sanctorum 7 (1966), mit Bibliographie. Zu Einzelfragen die allerdings ungleichmäßigen Beiträge in den Studi Gregoriani 1–9 (1947–1972); Übersicht über Bd. 1–5 gibt P. E. Schramm, GGA 207 (1953) und 221 (1957).

[3] G. Marchetti-Longhi, Ricerche sulla famiglia di Gregorio VII, in: Studi Gregoriani 2, dessen These einer Verwandtschaft mit dem römischen Adels-

geschlecht der Ildebrandini-Stefaneschi rein hypothetisch ist. Nach G. B. Borino, Quando e dove si fece monaco Hildebrando? in: Miscell. G. Mercati 5 (1946), u. ders., Note Gregoriane, in: Studi Gregoriani 4, ist Hildebrand 1047 oder 1048 in Cluny Mönch geworden.

4 Zur Ideenwelt Gregors jetzt vor allem A. Nitschke, Die Wirksamkeit Gottes in der Welt Gregors VII., Studi Gregoriani 5, u. L. F. J. Meulenberg, Der Primat der röm. Kirche im Denken und Handeln Gregors VII. (1965); dazu J. Gilchrist, Tijds. vor Rechtsgesch. 36 (1968); ders., Gregory VII. and the Juristic Sources of his Ideology, Studia Gratiana 12 (1968).

5 Reg. Greg. 2n. 55a; dazu vor allem K. Hofmann, Der Dictatus papae Gregors VII. (1933), der mit Recht auf die Berührung mit der zeitgenössischen Kanonistik hingewiesen hat. Als Index einer verlorenen Kanonessammlung sieht ihn G. B. Borino, Un ipotesi sul »Dictatus papae« di Gregorio VII, Arch. Deput. Rom. 67 (1944), an, zustimmend K. Hofmann, Studi Gregoriani 1. Zu dieser Frage zuletzt H. Mordek, Proprie auctoritates apostolice sedis. Ein zweiter Dictatus papal Gregors VII.? DA 28 (1972). Zur zeitgesch. Einordnung zuletzt J. Gauss, Die Dictatus-Thesen Gregors VII. als Unionsforderungen, ZRG KG 29 (1940).

6 C. Erdmann, Kreuzzugsgedanke, S. 134 ff.

7 K. Jordan, Das Eindringen des Lehnswesens in das Rechtsleben der röm. Kurie, AUF 12 (1931, Ndr. 1971); ders., Das Reformpapsttum u. die abendländische Staatenwelt, WaG 18 (1958).

8 W. Seegrün, Das Papsttum und Skandinavien bis zur Vollendung der nordischen Kirchenorganisation (1967), S. 78 ff.

9 V. Meystowicz, L'union de Kiev avec Rome sous Grégoire VII, in: Studi Gregoriani 5; D. Oljančyn, Zur Regierung des Großfürsten Izjaslav-Demeter von Kiev, Jbb. Gesch. Osteur. NS 8 (1960).

10 H. E. J. Cowdrey, Pope Gregory VII and the Anglo-Norman Church and Kingdom, Studi Gregoriani 9.

11 Zu Gregors Politik in Frankreich außer den Arb. von Schieffer u. Becker (s. Kap. 5, Anm. 3): O. Meyer, Reims u. Rom unter Gregor VII., ZRG KA 28 (1939); H. Gaul, Manasses I., Eb. v. Reims (Diss. Bonn 1940); J. R. Williams, Archbishop Manasses I of Rheims and Pope Gregory VII, AHR 54 (1949).

12 P. David, Grégoire VII, Cluny et Alphonse II, in: David, Études hist. sur la Galice et le Portugal (1947); L. de la Calzada, La proyección dell pensamiento de Gregorio VII en los reynos de Castilla y León, in: Studi Gregoriani 3; B. Llorca, Derechos de la Santa Sede sobre España. El pensamiento de Gregorio VII, in: Sacerdozio e regno da Gregorio VII a Bonifacio VIII (1957); B. B. Donovan, The Liturgical Drama in Medieval Spain (1958).

13 Wichtig immer noch A. Overmann, Mathilde von Tuscien (1895, Ndr. 1965).

Kapitel 8
Das Vorspiel des Investiturstreites und der Ausbruch des Kampfes

Der Streit um die Besetzung des Mailänder Erzbistums hatte noch in den letzten Monaten Alexanders II. den scharfen Gegensatz zwischen Königshof und Kurie deutlich werden lassen. Heinrichs Räte waren im Frühjahr 1073 gebannt worden, der König selbst galt als außerhalb der kirchlichen Gemeinschaft stehend, weil er sich nicht von ihnen getrennt hatte. Die Kämpfe mit den Sachsen zwangen ihn jedoch zu einer nachgiebigen Haltung; er versprach dem Papst, in der Mailänder Sache entgegenzukommen. Auch Gregor zeigte sich zunächst durchaus versöhnlich, indem er dem König die Absolution erteilte und seine Räte vom Bann löste. Der Fastensynode, die der Papst 1074 abhielt, sollte ein deutsches Nationalkonzil unter Leitung eines päpstlichen Legaten folgen, um die in Rom gefaßten Beschlüsse über die Absetzung simonistischer Priester und die Suspension beweibter Kleriker im Reich durchzuführen. Der Plan eines solchen Nationalkonzils, den Heinrich selbst begünstigte, scheiterte jedoch am Widerstand des neuen Erzbischofs Liemar von Bremen, der ein solches Eingreifen der Kurie in die innerkirchlichen Verhältnisse Deutschlands verhindern wollte. Er bezeichnete Gregor geradezu als einen »periculosus homo«, der den Bischöfen wie seinen Amtleuten befehlen wolle. Als Liemar und andere Bischöfe einer mehrmaligen Ladung nach Rom nicht Folge leisteten, entschloß sich Gregor auf der Fastensynode vom Februar 1075 zu schärferen Maßnahmen. Vier der nicht erschienenen Bischöfe, darunter Liemar von Bremen und der simonistische Bamberger Bischof Hermann, wurden suspendiert, über die Räte des Königs erneut der Bann ausgesprochen. Der Papst erneuerte auch die Bestimmungen über die Simonie und den Zölibat und erklärte vor allem die königliche Investitur der Bischöfe für prinzipiell unerlaubt, wenn auch dieses Investiturverbot vielleicht nicht allgemein verkündet wurde[1].

Trotz dieser zeitweiligen Zuspitzung führten die nächsten Monate doch zu einer Entspannung. Liemar reiste nach Rom und wurde hier von der Suspension gelöst. Auch die Neubesetzung des Bamberger Bischofsstuhles konnte der König in der üblichen Weise vollziehen.

Die Verhältnisse in der deutschen Kirche gaben also zu

einem Konflikt keinen Anlaß. Anders lagen die Dinge in Italien, wo es in *Mailand* zu neuen Kämpfen kam, bei denen Erlembald als Führer der Pataria erschlagen wurde. Heinrich ließ nicht nur die Reichsacht über die Patarener aussprechen, sondern griff auch erneut in die kirchlichen Auseinandersetzungen in der Stadt ein. Da sich der von ihm eingesetzte Erzbischof Gottfried nicht hatte durchsetzen können, berief er Tedald, einen anderen Mailänder Kleriker, zum neuen Erzbischof, während Gregor und die Pataria an Atto festhielten. Auch für die Bistümer Fermo und Spoldo ernannte der König neue Bischöfe.

Gregor mußte dies als eine Verletzung jener Zusagen auffassen, die ihm Heinrich erst vor zwei Jahren gegeben hatte. In einem scharfen Schreiben vom 8. XII. 1075 (Reg. Greg. 3 n. 10) machte er dem König den Verkehr mit seinen gebannten Räten und diese Übergriffe in der italienischen Kirchenpolitik zum Vorwurf und ermahnte ihn zum unbedingten Gehorsam. Noch weiter gingen die mündlichen Aufträge, die er seinem Legaten mitgab. Er drohte dem König mit dem Ausschluß aus der kirchlichen Gemeinschaft, wenn er nicht bald Buße täte. So trat wegen der kirchlichen Verhältnisse Italiens in dem Augenblick eine Krise ein, als sie in Deutschland schon weitgehend überwunden schien.

Heinrich erhielt den Brief des Papstes am Neujahrstag 1076 in Goslar, wenige Wochen nach seinem Triumph über die Sachsen. Der Reichstag, den er hier abhielt, hatte seine Machtstellung in Deutschland offenkundig werden lassen. Die Lage des Papstes war zur gleichen Zeit nicht so günstig. Seine Politik war überall auf Widerstand gestoßen, nicht einmal in Rom selbst war er sicher. Am Weihnachtstag 1075 wurde er von Cencius, dem Führer des unzufriedenen Adels, überfallen und gefangengesetzt, am nächsten Tag allerdings vom römischen Volk befreit[2].

So war es verständlich, daß Heinrich den Fehdehandschuh, den ihm Gregor mit seinem Ultimatum zugeworfen hatte, aufnahm. Für den 24. I. wurde eine *Reichsversammlung* nach *Worms* einberufen. Zwei deutsche Erzbischöfe und 24 Bischöfe, die Mehrheit des deutschen Episkopats, nahmen an ihr teil. 13 Bischöfe blieben aus. Die Erregung gegen Gregor wurde noch dadurch gesteigert, daß der von ihm abgesetzte Kardinal Hugo Candidus in Worms erschien und die schwersten sittlichen Vorwürfe gegen den Papst erhob. Unter der Führung Siegfrieds von Mainz sagte die Synode dem Papst den Gehorsam auf, da er sich sein Amt durch Gewalt angemaßt und durch sein sittenwidriges Leben die Ordnung der Kirche zerstört habe. Heinrich selbst faßte diese Vorwürfe in einem *Absetzungsdekret* zusammen, das er nicht nur an »Hildebrand«, wie er den Papst jetzt nennt, sondern auch an die Römer sandte. Unter Berufung auf die Würde des Patrizius gebot er dem Papst, vom apostolischen Stuhl herabzusteigen, und forderte die Römer auf, ihn zur Abdankung zu zwingen und einen neuen Papst anzunehmen. Dieses Absetzungsdekret an Gregor wurde anschließend in einer umgearbeiteten, erweiterten Form in Deutschland verbreitet, um dadurch das Vorgehen des Kaisers nicht nur rechtlich, sondern auch moralisch zu rechtfertigen. In besonders eindrucksvoller Weise verficht dieses Manifest die Idee des theokratischen Königtums. Dem Schritt des deutschen Episkopats folgte der des italienischen; auf einer Synode zu Piacenza sagten sich die lombardischen Bischöfe bald darauf von Gregor los[3].

Es war nicht das erste Mal, daß ein deutscher König zusammen mit einer Synode den Papst absetzte, es war aber das erste Mal, daß dies von Deutschland aus geschah, ohne daß der König die Möglichkeit hatte, diesen Beschluß durchzuführen. Seit dem Tag von Sutri, auf dem Heinrich III. drei Päpste abgesetzt hatte, war nur ein Menschenalter vergangen. Das Papsttum war aber inzwischen eine abendländische Macht geworden, die dem deutschen Königtum als ein nicht zu unterschätzender Gegner gegenübertrat. Der schwache Punkt in dem Verfahren war vor allem, daß man einem Papst, den man drei Jahre lang anerkannt hatte, den Vorwurf der unrechtmäßigen Erhebung machte, und daß man Verleumdungen als Grund für seine Absetzung anführte, ohne ihm die Möglichkeit einer Rechtfertigung zu geben. So war das Vorgehen in Worms zweifellos ein schwerer politischer Fehler, nur wird man dafür in erster Linie nicht den damals 25jährigen König, sondern den deutschen Episkopat verantwortlich machen müssen, der weitgehend die treibende Kraft in dem Konflikt mit der Kurie war.

Die Ereignisse überstürzten sich jetzt. Als das königliche Schreiben am ersten Tag der *Fastensynode*, die wohl am 14. II. 1076 in *Rom* zusammentrat, durch einen Abgesandten des Königs verlesen wurde, erregte es allgemeine Empörung. Am nächsten Tag verkündete der Papst in Form eines Gebetes an den heiligen Petrus das Urteil über den König. Kraft der ihm übertragenen Binde- und Lösegewalt untersagte er ihm die Regierung in Deutschland und Italien, löste alle Untertanen vom

Treueid und sprach zugleich den Bann über den König aus. Die Bischöfe, die die Wormser Erklärung unterzeichnet hatten, wurden suspendiert, erhielten aber, soweit sie unter Zwang gehandelt hätten, bis zum 1. VIII. eine Frist, sich zu rechtfertigen. Erzbischof Siegfried von Mainz als Führer der Synode, Hugo Candidus und die lombardischen Bischöfe wurden exkommuniziert. Gregors Vorgehen, das er in einem Rundschreiben an alle Gläubigen begründete, stellte etwas noch nie Dagewesenes dar. Die Zeitgenossen haben das deutlich empfunden. Es war das erste Mal, daß es der Papst wagte, den »Gesalbten des Herrn« zu verfluchen. Die Grundlagen des bisherigen Verhältnisses von Königtum und Kirche waren aufs tiefste erschüttert, es mußte sich nun zeigen, ob die neuen revolutionären Kräfte so stark waren, um über die bisherige Ordnung der Welt den Sieg davontragen zu können[4].

a) diesen Titel hat sich Heinrich III. vom röm. Volk verleihen lassen; er sichert dem Träger das Erststimmrecht bei der Papstwahl.

[1] Zu den Verhandlungen der Jahre 1074/75 jetzt C. Erdmann, Studien zur Briefliteratur Dtlds. im 11. Jh. (1938, Ndr. 1962), S. 225 ff. Zur Fastensynode von 1075: G. B. Borino, Il decreto di Gregorio VII contro le investiture fu promulgato nel 1075, in: Studi Gregoriani 6, nicht ganz überzeugend.

[2] G. B. Borino, Cencio del prefetto Stefano, l'attentatore di Gregorio VII, in: Studi Gregoriani 4.

[3] Zu den Vorgängen in Worms W. Goez (Kap. 7, Anm. 1); H. Zimmermann, Wurde Gregor VII. in Worms abgesetzt? MIÖG 68 (1970). Das Absetzungsschreiben der Bischöfe in: Briefe Heinrichs IV., Anh. A, mit dt. Übersetzung in: Quellen zur Gesch. K. Heinrichs IV., S. 470 ff., Anh. A. Der Brief Heinrichs IV. liegt in zwei Fassungen vor, Briefe Heinrichs IV. n. 11 und n. 12, mit dt. Übersetzung: Quellen, S. 62 ff. Während noch K. Hampe, Heinrichs Absagebrief an Gregor vom Jahre 1076, HZ 138 (1928), der Ansicht war, daß das längere Schreiben (n. 12) das ursprüngliche, das kürzere aber, das auch in Heinrichs Manifest an die Römer (ebd. n. 10) aufgenommen ist, eine spätere Umarbeitung sei, hat C. Erdmann, Die Anfänge der staatlichen Propaganda im Investiturstreit, HZ 154 (1936), nachgewiesen, daß das kürzere Schreiben (n. 11) das wirklich nach Rom abgesandte ist, während die längere Fassung nachträglich angefertigt wurde, um in Deutschland verbreitet zu werden. Zur mutmaßlichen Abfassung dieses zweiten Schreibens durch den Notar Gottschalk von Aachen vgl. C. Erdmann und D. v. Gladiss, Gottschalk von Aachen im Dienste Heinrichs IV., DA 3 (1939). – Zur Beurteilung Heinrichs IV. in Worms: A. Brackmann, Heinrich IV. als Politiker in den Anfängen des Investiturstreites, SB Berlin 1927, auch in: Canossa als Wende, hg. v. H. Kämpf (1963), S. 61 ff.; ders., Tribur, Abh. Ak. Berlin (1939), n. 9; auch in: ders., Gesammelte Aufsätze, S. 303 ff., und in: Canossa als Wende, S. 182 ff., der Heinrichs Verhalten als politisch gerechtfertigt ansieht, während J. Haller, Der Weg nach Canossa, HZ 160 (1939), auch in: ders., Abhh. z. Gesch. des MA, S. 105 ff., und in: Canossa als Wende, S. 118 ff., sowie in: Papsttum [2]2, S. 387 ff., Heinrichs Vorgehen für einen schweren politischen Fehler hält.

[4] Gregors Bannsentenz und die Beschlüsse der Synode Reg. Greg. 3 n. 6* und 10a, dazu G. B. Borino, Note Gregoriane, in: Studi Gregoriani 4.

Kapitel 9
Tribur und Oppenheim

Die Ereignisse des Jahres 1076 haben bald gezeigt, wie sehr Heinrich IV. seine Machtstellung überschätzt hatte. Wohl glaubte er den Beschlüssen der Fastensynode wirksam entgegentreten zu können, indem er nach ihrem Bekanntwerden den Papst Ostern 1076 in Utrecht bannen ließ[1]. Ein Fürstentag, den er für Pfingsten nach Worms berief, kam aber nicht mehr zustande. Erst Ende Juni erneuerte eine nicht sehr stark besuchte Versammlung in Mainz den Bann über den Papst. Die Mehrzahl der deutschen Bischöfe stand nicht mehr auf seiten des Königs, sondern nahm eine unentschiedene Haltung ein. Daneben regte sich bald die *fürstliche Opposition.* Ihre Führer wurden die süddeutschen Herzöge Welf von Bayern, Rudolf von Schwaben und Berthold von Kärnten, die mit den gregorianisch gesinnten Bischöfen Verbindung aufnahmen. Gottfried von Lothringen, die treue Stütze des Königs in Deutschland, war bereits im Februar 1076 ermordet worden. Gleichzeitig flackerte in Sachsen die Aufstandsbewegung, der sich auch Otto von Northeim anschloß, wieder auf. So bildeten sich im Sommer 1076 jene beiden Fronten heraus, mit denen der König fortan zu rechnen hatte: auf der einen Seite der Papst mit seinem zunächst noch nicht sehr großen Anhang in Deutschland, auf der anderen die deutsche Fürstenopposition. Beider Ziele waren durchaus verschieden. Gregor ließ seine Verhandlungsbereitschaft gegenüber dem König in seinen Sendschreiben nach Deutschland deutlich erkennen; ihm kam es in erster Linie darauf an, Heinrich wieder in den Schoß der Kirche zurückzuführen. Demgegenüber verfochten die Fürsten ihre Sonderinteressen, die immer mehr auf Absetzung des Königs und auf eine Neuwahl hinausliefen. Ein Fürstentag, der in Ulm im August oder September abgehalten wurde, beschloß, für den 16. X. eine neue Versammlung nach *Tribur* einzuberufen. Hier erschienen auch der Patriarch Sigehard von Aquileja und Bischof Altmann von Passau als Legaten Gregors, während der König mit einem Heer auf der anderen Seite des Rheins in *Oppenheim* sein Lager aufschlug. Da in seinen Reihen bald der Abfall einsetzte, mußte Heinrich versuchen, durch ein Entgegenkommen Zeit zu gewinnen. So fand er sich nach längeren Verhandlungen, bei denen die päpstlichen Legaten eine entscheidende Rolle spielten, zu weitgehenden Zugeständnissen bereit. Er verpflichtete sich, die Stadt Worms, die bisher treu zu ihm gehalten hatte, preiszugeben und die gebannten Räte zu entlassen. In einer Erklärung, deren Wortlaut mit den Legaten und Fürsten in zähen Verhandlungen vereinbart wurde, versprach Heinrich dem Papst, ihm den schuldigen Gehorsam und Genugtuung zu leisten und Buße zu tun. Er forderte aber Gregor auch auf, sich gegen die Vorwürfe zu rechtfertigen, die gegen ihn erhoben seien. Erzbischof Udo von Trier überbrachte dem Papst diese »Promissio« des Königs. Der Gewinn des Königs war es, daß eine Neuwahl verhindert war. Die Fürsten trafen aber ihrerseits eine Sondervereinbarung, indem sie erklärten, sie würden Heinrich nicht mehr als König anerkennen, wenn er sich nicht bis zum Jahrestag der Exkommunikation vom Bann gelöst hätte. Sie sandten ihrerseits eine Gesandtschaft nach Rom und forderten den Papst auf, selbst nach Deutschland zu kommen und hier den Streit zwischen ihnen und dem König zu schlichten. Dafür wurde ein Tag für den Februar des nächsten Jahres in Augsburg anberaumt, nachdem ein früherer Termin auf Wunsch des Papstes verschoben worden war[2].

[1] C. van de Kieft, Bisschop Willem en de Utrechtse Synode van 1076, Tijdschr. voor Geschied. 68 (1955), bezweifelt, daß B. Wilhelm von Utrecht den Bann ausgesprochen hat.

[2] Ältere Lit. über die vielfach kontroversen Verhandlungen in Tribur und Oppenheim DW[9] 6269 ff. Ferner die oben zu Kap. 8 genannten Arbeiten von Brackmann und Haller sowie C. Erdmann, Tribur und Rom, DA 1 (1937), auch in: Canossa als Wende, S. 89 ff.; ebd. S. 229 ff. G. Tellenbach, Zwischen Worms und Canossa, HZ 162 (1940); F. Baethgen, Zur Triburfrage, DA 4 (1941), auch in dess. Mediaevalia 1, S. 71 ff. Während Haller das Ergebnis von Tribur als eine völlige Kapitulation des Königs ansah, meinten Erdmann und noch einseitiger Brackmann, daß sich Heinrich hier als ein überlegener Politiker erwiesen habe; vermittelnd Tellenbach. Zu der strittigen Frage, ob die »Promissio« Heinrichs IV. an Gregor (Const. 1 n. 64, auch bei Erdmann, Briefe Heinrichs IV., Anh. B, mit dt. Übersetzung: Quellen, S. 474 ff.) nachträglich verfälscht ist, wie dies der schwäbische Annalist behauptet, s. demnächst H. Beumann, Tribur, Rom und Canossa, in: Vorträge und Forschungen des Konstanzer Arbeitskreises 17 (1973), der gegenüber Haller und Baethgen mit Recht für die Echtheit dieser Promissio eintritt. Nach Haller, HZ 160, 280, ist es Gregor dadurch gelungen, die deutschen Bischöfe zum Abfall von Heinrich zu bewegen, daß er den Legaten die möglicherweise von Humbert verfaßte, in Deutschland bis dahin noch nicht bekannte kirchenrechtliche Sammlung der 74 Titel, die die entscheidenden Stellen aus Pseudo-Isidor über den römischen Primat enthält, mit einem Anhang zugesandt habe, der weitere Fälschungen enthielt. Gegenüber den Einwänden von C. Erdmann, Zum Fürstentag von Tribur, DA 4 (1941), jetzt: Canossa als Wende, S. 240 ff., und A. Michel, Die Sentenzen des Kard. Humbert, das erste Rechtsbuch der päpstl. Reform (1943), S. 136 ff., die die Nachricht des schwäbi-

schen Annalisten erst auf eine Übersendung der Sammlung nach Deutschland für das Jahr 1077 beziehen, hat HALLER, Abhh. z. Gesch. d. MA, S. 168 ff., und: Pseudo-Isidors erstes Auftreten im deutschen Investiturstreit, in: Studi Gregoriani 1 (1947), an seiner Meinung festgehalten, doch hat MICHEL, Pseudo-Isidor, die Sentenzen Humberts und Burkard von Worms im Investiturstreit, ebd. 3 (1948), dem mit Recht widersprochen. J. AUTENRIETH, Bernold von Konstanz und die erweiterte 74-Titel-Sammlung, DA 14 (1958), macht wahrscheinlich, daß Bernold der Verfasser dieses in Deutschland entstandenen Anhangs der Sammlung ist.

Kapitel 10
Canossa

Das Sonderabkommen der deutschen Fürsten in Tribur und ihre Einladung an den Papst, nach Deutschland zu kommen, um hier den Streit zwischen ihnen und dem König zu schlichten, hatte das Anerbieten des Königs übertroffen. Als Gregor auf ihr Angebot einging, die Bitte des Königs, ihm in Rom die Absolution zu erteilen, verwarf und nach Oberitalien aufbrach, war für Heinrich eine neue unerwartete Situation geschaffen. Was er in Tribur durch seine Zugeständnisse erreicht zu haben glaubte, den Papst und die deutsche Fürstenopposition zu trennen, mußte wieder zunichte werden, wenn Gregor nach Deutschland kam. In dieser Lage entschloß sich Heinrich zu einem kühnen Schritt. Zusammen mit seiner Gemahlin Bertha, seinem zweijährigen Sohn Konrad und seinem üblichen Gefolge begab er sich trotz des ungewöhnlich harten Winters im Dezember nach Burgund und zog von hier, da ihm die deutschen Alpenpässe versperrt waren, um die Jahreswende über den Mont Cenis nach Oberitalien, um hier vom Papst die Absolution zu erlangen.

Bei seiner Ankunft in Oberitalien glaubten seine lombardischen Anhänger, daß er sie zum Kampf gegen den Papst aufrufen wolle. Auch Gregor, der bis zum Fuß der Alpen gelangt war, wo ihn ein Geleit der deutschen Fürsten empfangen sollte, vermutete, daß Heinrich in kriegerischer Absicht gekommen sei, und zog sich deshalb nach der festen Burg *Canossa* am Nordhang des Apennin zurück, wo er unter dem Schutz der Markgräfin Mathilde stand.

Die *Vorgänge vor und in Canossa* sind nicht in allen Einzelheiten erkennbar, da die antikönigliche Geschichtsschreibung der Zeit bestrebt ist, sie in einem für Heinrich demütigenden Sinne darzustellen. Heinrich begann Verhandlungen von der Stadt

Reggio aus; sie wurden von einer nahen Burg der Markgräfin oder von einem Flecken am Fuße des Berges aus weitergeführt, wobei der Abt Hugo von Cluny und vor allem die Markgräfin Mathilde selbst die Rolle der Vermittler übernahmen. Gleichzeitig erschien der König an drei aufeinanderfolgenden Tagen im Büßergewand vor der Burg, um dadurch die kirchlichen Bestimmungen über die Bußpraxis zu erfüllen. Erst am dritten Tag, am 28. I. 1077, als Heinrich schon an einen Aufbruch dachte, entschloß sich der Papst, nachzugeben und dem König die *Absolution* zu erteilen, nachdem die *Bedingungen* der Lossprechung festgelegt waren. Heinrich mußte sich verpflichten, in seinem Konflikt mit den Fürsten innerhalb einer vom Papst zu bestimmenden Frist diesen Genugtuung zu leisten oder sich mit ihnen zu vergleichen. Ferner mußte er dem Papst für den Fall einer Reise nach Deutschland freies Geleit zusichern.

Erst nachdem diese Vereinbarungen durch zwei Bischöfe im Namen des Königs beschworen waren, erteilte der Papst dem König die Absolution und nahm ihn wieder in die Gemeinschaft der Kirche auf, indem er ihm das Abendmahl spendete. Wenn auch Gregor in seinem Bericht an die deutschen Fürsten versicherte, daß in der Frage des Reiches in Canossa nichts entschieden sei, so hat er tatsächlich Heinrich in den nächsten Jahren als König behandelt, ohne ihn jedoch ausdrücklich als solchen anzuerkennen. Über die Frage der Investitur wurden keine Vereinbarungen getroffen. Bei einer weiteren Zusammenkunft in Bianello in der Nähe von Canossa wurde ein Konzil in Mantua in Aussicht genommen, doch kam es nicht mehr zustande, da die lombardischen Bischöfe zu keiner Verständigung bereit waren. Gregor hielt sich noch einige Zeit in Oberitalien auf, kehrte dann aber nach Rom zurück; auch Heinrich entschloß sich um Ostern zur Rückkehr nach Deutschland, als er die Nachricht von der Wahl eines Gegenkönigs erhielt.

Die Frage, ob Canossa eine Niederlage oder ein Erfolg Heinrichs IV. war, ist immer wieder diskutiert worden. Hatte die ältere Forschung, vor allem unter dem Eindruck der tendenziösen Darstellung Lamperts von Hersfeld, in den Ereignissen von Canossa eine tiefe Demütigung für Heinrich gesehen, so hat man später vor allem den taktischen Erfolg des Königs betont und manchmal geradezu von einem Sieg Heinrichs gesprochen. Zweifellos bedeutete die Absolution des Königs für diesen im Augenblick einen diplomatischen Erfolg. Es war ihm gelungen, eine Vereinigung Gregors mit den innerdeutschen Königsgegnern zu verhindern. Die Reise des Papstes nach Deutschland wurde verschoben und mußte schließlich ganz aufgegeben werden. Der König hatte seine Handlungsfreiheit wiedergewonnen.

Für die Idee des sakralen Herrscheramtes war Canossa jedoch eine schwere Einbuße. Den auch für viele Zeitgenossen unerhörten Anspruch des Papstes, den König bannen und seiner Würde entsetzen zu können, hatte Heinrich grundsätzlich anerkannt – der gleiche König, der noch vor wenigen Monaten die Gottunmittelbarkeit seiner Herrschaft verkündet hatte. Indem er sich dem Papst als Richter unterwarf, war das wahre Gottesgnadentum aufgegeben worden. So bedeutet dieser Tag doch einen verhängnisvollen Schritt auf dem Weg der Auflösung des bisherigen Weltbildes vom Zusammenwirken der beiden höchsten Gewalten und die Preisgabe der Anschauung vom priestergleichen Königtum. Nicht mit Unrecht hat man neuerdings geradezu von einer »Wende von Canossa« gesprochen.

Die wichtigsten Quellen über die Vorgänge sind der allerdings etwas einseitige Bericht Gregors an die deutschen Fürsten (Reg. 4 n. 12), die eidliche Erklärung Heinrichs IV. (Reg. 4 n. 12a) sowie die Darstellungen Donizos in seiner Vita Mathildis (SS 12, S. 381 f.) und des schwäbischen Annalisten (SS 5, S. 280), während Lamperts Erzählung, hg. v. Holder Egger, S. 290 ff., längst als tendenziös erkannt ist. Verdeutschung dieser Quellen jetzt bei K. Langosch, Die Briefe Heinrichs IV. mit den Quellen von Canossa, GdV 98 (1954). Zum Ort der Verhandlungen zwischen Heinrich IV. und der Markgräfin Mathilde vgl. Hampe-Baethgen, S. 60, Anm. 1 und die dort genannte Lit., ferner L. Tondelli, Scavi archeologici a Canossa: Le tre mura di cinta in: Studi Gregoriani 4, dt. in: Canossa als Wende, S. 51 ff. Nach A. Fliche, Grégoire VII, à Canossa, a-t-il réintégré Henri IV dans sa fonction royale?, in: Studi Gregoriani 1, dt. in: Canossa als Wende, S. 250 ff., hat Gregor nach Canossa tatsächlich Heinrich als König anerkannt, während H. X. Arquillière, Le sens juridique de l'absolution de Canossa. Actes du congrès de droit canonique Paris 1947 (1950), u. ders., in: Studi Gregoriani 4, beide Aufsätze dt. in: Canossa als Wende, S. 265 ff. u. 299 ff., dies bestreitet; vgl. auch G. Miccoli, Chiesa gregoriana (1966), S. 203 ff.: Il valore dell'assoluzione di Canossa; L. L. Ghirardini, L'imperatore a Canossa ([2]1965); ders., L'enigma di Canossa (1968); ders., Chi ha vinto a Canossa? (1970). – Aufenthalt Gregors in Oberitalien nach Canossa: J. Ramackers, Zum Itinerar Gregors VII. im Frühjahr 1077, QFItA 25 (1933/34). – Über die Bedeutung von Canossa: A. Mayer-Pfannholz, Die Wende von Canossa, Hochland 30 (1933), jetzt in: Canossa als Wende, S. 1 ff.; A. Brackmann, Canossa und das Reich, in: Stufen und Wandlungen der dt. Einheit (1943), jetzt in: Canossa als Wende, S. 311 ff., und vor allem W. v. den Steinen, Canossa. Heinrich IV. und die Kirche (1957, Ndr. 1969). Zur Beurteilung von Canossa in der Historiographie auch K. F. Morrison, Canossa, A Revision, Traditio 18 (1962); C. Schneider, Prophetisches Sacerdotium und heilsgeschichtliches Regnum im Dialog 1073–1077. Zur Geschichte Gregors VII. und Heinrichs IV. (1972).

Kapitel 11
Das deutsche Gegenkönigtum und die päpstliche Neutralitätspolitik 1077–1080

Die deutsche Opposition mußte die Lösung des Königs vom Bann als einen Bruch ihrer Vereinbarungen mit dem Papst betrachten; sie entschloß sich deshalb, selbständig vorzugehen. Nach einer Vorbesprechung in Ulm fand im März ein *Fürstentag* in *Forchheim* statt. Auch der Papst war eingeladen, konnte aber nur zwei Legaten entsenden, die eine Verschiebung einer Neuwahl erreichen sollten. Tatsächlich haben sie aber dadurch an der Wahl mitgewirkt, daß sie die Schwierigkeiten, die bei den Verhandlungen auftauchten, beseitigten und die Wahl schließlich gestatteten. Nachdem man Heinrich in aller Form abgesetzt hatte, einigten sich die geistlichen und weltlichen Fürsten auf Rudolf von Schwaben, der den Reformbestrebungen sehr nahe stand. Am 15. III. 1077 wurde er zum König erhoben. Die Vorgänge in Forchheim bilden eine Etappe in der Geschichte des deutschen Königswahlrechts. Dem Gedanken des Erbrechtes, das nur als eine Gewohnheit angesehen wird, wird hier wieder das Prinzip der freien Wahl entgegengestellt. Ausdrücklich wird festgelegt, daß in Zukunft der deutsche König nur aus freier Wahl hervorgehen könne und daß der Sohn eines Königs, auch wenn er würdig sei, keinen Anspruch auf die Nachfolge seines Vaters habe. Auch Rudolf mußte dies anerkennen, er mußte außerdem die kanonische Wahl der Bischöfe zugestehen; auf die Investitur als solche hat er aber nicht verzichtet. Dem Papst sandte er eine Wahlanzeige und versprach ihm Gehorsam[1].

Gregor hat eine Anerkennung Rudolfs zunächst nicht ausgesprochen. Es war vielmehr sein Bestreben, zunächst eine *Neutralitätspolitik* zu treiben, um sich die Rolle eines Schiedsrichters möglichst lange offenzuhalten. Erschwert wurde diese Politik dadurch, daß Rudolf als Kandidat der kirchlichen Partei galt. So hat Gregor durch seine Haltung in den nächsten Jahren seine Anhänger in Deutschland stutzig gemacht. Nicht einmal seine Legaten hielten sich streng an diese Politik des Papstes; im November 1077 sprach einer von ihnen erneut den Bann über den König aus.

Die Machtstellung des deutschen Gegenkönigs war von Anfang an nicht sehr stark. Nur in Sachsen fand er festen Rückhalt; Otto von Northeim blieb nach wie vor einer der führenden Köpfe der königsfeindlichen Partei in Deutschland. Nicht einmal Rudolf eigenes Herzogtum Schwaben stand geschlossen auf der Seite des Gegenkönigs. So konnte *Heinrich IV. nach seiner Rückkehr* nach Deutschland den Kampf mit seinen Gegnern mit wachsendem Erfolg aufnehmen. Er setzte zunächst die drei abtrünnigen *süddeutschen Herzöge* ab. Schwaben und Bayern behielt er vorläufig bei der Krone, während er Kärnten an Markgraf Liutold von Eppenstein verlieh. Erst zu Ostern 1079 übertrug er das schwäbische Herzogtum an *Friedrich von Büren*, der sich gleichzeitig mit Heinrichs Tochter Agnes verlobte. Damit treten die *Staufer*, wie fortan dieses Geschlecht nach ihrer neu errichteten Stammburg genannt wird, als Bundesgenossen des salischen Königtums in die Geschichte ein[2].

Für die *Kämpfe der nächsten Jahre* ist es charakteristisch, daß die stammesmäßigen Gegensätze hinter den ständischen zurücktreten. In Bayern, wo Heinrich immer mehr an Boden gewann, hielt der niedere Adel zu ihm, während in Schwaben der Adel gespalten war. In erster Linie aber konnte sich Heinrich auf die städtische und bäuerliche Bevölkerung in Oberdeutschland und im Rheingebiet stützen und mit ihrer Hilfe Heere aufstellen. Die Reformforderung der Ehelosigkeit der Priester trieb einen Teil des niederen Klerus auf seine Seite.

Der wichtigste Kampfplatz in den nächsten Jahren wurde Franken. Die Kämpfe wurden mit wechselndem Erfolg geführt. Die Schlacht bei Mellrichstadt in der Nähe von Schweinfurt im August 1078 wurde dadurch ein Erfolg Heinrichs, daß er den Gegenkönig Rudolf an einer Vereinigung mit den Schwaben hindern konnte. Am gleichen Tage unterlag jedoch ein königliches Bauernheer am Neckar den fürstlichen Gegnern unter Führung von Welf IV. und Berthold von Zähringen. Im Winter 1079/80 war Heinrich stark genug, um seinerseits einen Vorstoß nach Sachsen unternehmen zu können. Bei Flarchheim in der Nähe von Mühlhausen kam es am 27. I. 1080 zur Schlacht. Nach anfänglichen Erfolgen Heinrichs konnte allerdings der Gegenkönig das Feld behaupten[3].

Für Gregor standen in diesen Jahren neben den italienischen Verhältnissen die Fragen der allgemeinen Kirchenreform im Vordergrund. Auf der Fastensynode des Jahres 1078 erneuerte er nicht nur die früheren Strafbestimmungen gegen die Anhänger Heinrichs in Italien, sondern nahm auch den Kampf gegen den Laieneinfluß bei den Niederkirchen auf; eine päpstliche Synode im November des gleichen Jahres sprach ein generelles *Verbot jeder Laieninvestitur* aus. Einer Entscheidung im deutschen Thronstreit war der Papst bislang ausgewichen. Unter Leitung seiner Legaten sollte eine deutsche Nationalsynode diese Frage entscheiden. Es gelang jedoch der geschickten Politik Heinrichs IV., den Zusammentritt einer solchen Synode immer wieder zu verhindern. Jetzt erkannte der Papst, daß weiteres Zaudern ihm seine deutschen Anhänger immer mehr entfremden mußte. So entschloß er sich, seine abwartende Haltung aufzugeben und den Kampf mit Heinrich wieder aufzunehmen.

[1] H. Bruns, Das Gegenkönigtum Rudolfs von Rheinfelden und seine zeitpolitischen Voraussetzungen (Diss. Berlin 1939); H. Jakobs, Der Adel in der Klosterreform (s. o. Kap. 4, Anm. 1). Über seine Wahl W. Berges (s. o. Kap. 1); vgl. auch F. Rörig, Geblütsrecht und freie Wahl in ihrer Auswirkung auf die deutsche Geschichte, Abh. Ak. Berlin 1945/46, 6, S. 24 ff., dazu einschränkend H. Mitteis, Die Krise des deutschen Königswahlrechtes, SB München 1950, N. 8, S. 80 ff., H. Thomas, Eb. Siegfried von Mainz und die Tradition seiner Kirche. Ein Beitrag zur Wahl Rudolfs von Rheinfelden, DA 26 (1970), außerdem W. Schlesinger, Die Wahl Rudolfs von Schwaben zum Gegenkönig 1077 in Forchheim, in: Vortr. u. Forschungen des Konstanzer Arbeitskreises 17 (1973).

[2] Über die Herkunft der Staufer und den Aufstieg des Geschlechts in dieser Frühzeit: E. Maschke, Das Geschlecht der Staufer (1943); E. Klebel, Die Herkunft der Hohenstaufen, ZGORh 102 (1954); E. Kimpen, Zur Königsgenealogie der Karolinger- bis Stauferzeit, ebd. 103 (1955), beide jedoch stark hypothetisch; H. Heuermann, Die Hausmachtpolitik der Staufer von Herzog Friedrich I. bis Konrad III. (1939); H. Werle, Staufische Hausmachtpolitik am Rhein im 12. Jh., ZGORh 110 (1962).

[3] Über diese Kämpfe K. G. Cram, Judicium belli (1955), S. 140 ff.

Kapitel 12
Der zweite Bannspruch und die Kämpfe bis zu Gregors Tod

Die *Fastensynode 1080* eröffnete eine neue, die letzte Phase in Gregors Pontifikat. Der Papst sprach in Form eines Gebets an beide Apostelfürsten den Bann über den König aus (7. III. 1080, Reg. 7, 14a). Die starken Worte der Bannsentenz, in denen der universale Herrschaftsanspruch des Papstes seinen markantesten Ausdruck fand, konnten aber nicht darüber hinwegtäuschen, daß die sachliche Begründung für den Bannspruch ziemlich schwach war. Vor allem traf die Behauptung nicht zu, daß Heinrich die Vermittlung immer wieder verhindert habe. Gregor steigerte seine Kampfansage noch dadurch, daß er den baldigen Tod des Königs prophezeite, wenn dieser nicht Buße täte. Das ganze Verfahren verlor aber durch die Wiederholung an Wirksamkeit. Die Verschärfung des Investiturverbots, durch das die Laieninvestitur auch bei den niederen Kirchen untersagt wurde, schuf ihm neue Gegner. So bedeutet die Fastensynode 1080 zugleich die Peripetie in Gregors Regierung. Der größte Teil des deutschen und lombardischen Episkopats stellte sich jetzt auf Heinrichs Seite. Auf zwei Synoden, in Bamberg und Mainz, sagte man dem Papst den Gehorsam auf. Dann trat im Juni 1080 unter dem Vorsitz König Heinrichs in Brixen eine Synode deutscher und italienischer Bischöfe zusammen, die Gregor absetzte. An seiner Stelle wurde Erzbischof Wibert von Ravenna von Heinrich zum Papst erhoben[1].

Heinrichs Ziel mußte es sein, die Inthronisation dieses Gegenpapstes in Rom zu erreichen. Vorher suchte er jedoch die Entscheidung in Deutschland. An der Elster trat er am 15. X. 1080 dem Gegenkönig und Otto von Northeim entgegen. Er wurde zwar geschlagen, Rudolf von Schwaben verlor aber im Kampf die rechte Hand und starb noch am gleichen Tag. Der *Tod des Gegenkönigs*, der jene Hand verloren, mit der er einst dem König Treue geschworen hatte, wirkte wie ein Gottesurteil. Im Lager der deutschen Opposition konnte man sich zunächst nicht über einen neuen Kandidaten einigen, da Otto von Northeim bei den süddeutschen Fürsten auf Widerstand stieß. Erst am 6. VIII. 1081 kam die *Neuwahl eines Gegenkönigs* zustande; ein wenig bekannter kleiner Fürst, Graf Hermann von Salm, wurde von den Sachsen und Schwaben erkoren; doch hat er keine Bedeutung erlangt.

Inzwischen war *Heinrich* im Frühjahr 1081 mit einem nicht sehr großen Heer *nach Italien* gezogen. In Ober- und Mittelitalien war die *Markgräfin Mathilde* die wichtigste Stütze des Papstes. Sie hatte schon vor der Fastensynode 1080 (vermutlich 1079) ihr gesamtes Allodialgut in Italien und Lothringen der römischen Kirche geschenkt und als Lehen mit dem Recht freier Verfügung vom Papst zurückerhalten[2]. Dann bot sie ihre Truppen zum Kampf für die Kurie auf, wurde aber bereits im Herbst 1080 im Gebiet von Mantua von den lombardischen Anhängern Heinrichs IV. geschlagen. In raschem Zuge konnte Heinrich bis nach Rom vorstoßen. Es gelang ihm jedoch nicht die Stadt zu erobern. Im folgenden Jahr (1082) wiederholte er von Tuszien aus den Versuch, wiederum ohne Erfolg. Erst zu

Beginn des Jahres 1083 gelang ihm die Eroberung der Leostadt. In Verhandlungen mit den Römern wurde eine neue Synode in Aussicht genommen, auf der der Streit zwischen Heinrich und dem Papst entschieden werden sollte, doch kam sie bei dem Widerstand Gregors nicht zustande.

Der Papst konnte in dieser Situation nur noch *Hilfe von den Normannen* erwarten. Mit Richard von Capua war es 1078 kurz vor dessen Tod zum Friedensschluß gekommen. Zwei Jahre später (1080) gelang Gregor auch der Ausgleich mit Robert Guiskard. Bei einer Zusammenkunft in Ceprano erkannte Robert den Papst als seinen Lehnsherrn an; dafür mußte Gregor dem Normannenfürsten nicht unbeträchtliche Konzessionen machen und ihn in den von ihm widerrechtlich eroberten Gebieten vorläufig dulden. Dabei blieb die Hilfe seines Lehnsmannes zunächst noch aus. Roberts Eroberungspolitik richtete sich jetzt gegen das byzantinische Reich. Im Sommer 1081 segelte er mit einer Flotte über das adriatische Meer und besetzte Korfu und die griechische Westküste; doch zwang ihn ein Aufstand normannischer Barone in Apulien zur Rückkehr nach Italien. Zudem trat Kaiser Alexios I. von Byzanz damals in Bündnisverhandlungen mit Heinrich IV. und veranlaßte den deutschen König, zu Beginn des Jahres 1084 einen allerdings erfolglosen Vorstoß nach Apulien zu unternehmen. Erst als diese für Robert Guiskard in doppelter Beziehung bedrohliche Situation in Apulien beseitigt war, entschloß sich der Normannenherzog im Mai 1084, seinem päpstlichen Lehnsherrn mit einem Heer von angeblich mehr als 30000 Mann zu Hilfe zu eilen.

Gregors Lage in Rom hatte sich inzwischen weiter verschlechtert. Sein Widerstand gegen den Konzilsplan rief Anfang 1084 eine allgemeine Abfallbewegung in Rom hervor, der sich auch 13 Kardinäle anschlossen. Heinrich konnte nun seinen Einzug in Rom halten, Wibert in aller Form zum Papst wählen lassen, der den Namen Clemens III. annahm und zu Ostern 1084 (31. III.) die *Kaiserkrönung Heinrichs IV.* und seiner Gemahlin Bertha in der Peterskirche vollzog. Der Kaiser schien am Ziel seiner Wünsche zu stehen. Nur die stark befestigte Engelsburg bildete den letzten Zufluchtsort Gregors in der Stadt. Beim Herannahen des normannischen Hilfsheeres sah sich der Kaiser allerdings gezwungen, Rom preiszugeben, und kehrte im Sommer nach Deutschland zurück. Aber auch Gregors Lage in Rom war, nachdem die Stadt von den Normannen aufs schlimmste geplündert worden war, nicht mehr sicher. Zusammen mit den Normannen verließ er Rom und begab sich nach Salerno. Hier hat er das letzte Jahr seines Pontifikats verbracht, vergeblich die Rückkehr nach Rom erstrebend, wo sich Clemens III. wieder durchsetzen konnte. Am 25. V. 1085 ist er im Exil gestorben; seine letzten Worte »Ich habe die Gerechtigkeit geliebt und gottloses Wesen gehaßt; deshalb sterbe ich in der Verbannung«, sind historisch gut bezeugt[3]. Im Jahr 1606 hat ihn die Kirche heiliggesprochen.

Gregor VII. gehört unbestreitbar zu den bedeutendsten Päpsten des Mittelalters. Er hatte zwar aus Rom schließlich vor Heinrich IV. und den Römern weichen, auch sonst in seiner Politik viele Rückschläge erleben müssen. Zudem haben selbst viele seiner Anhänger seine Ideen in ihrer Tiefe nicht ganz verstanden. Seine historische Leistung liegt aber darin, daß er die Reform der Kirche unbeirrbar verfochten hat. Indem er den Gedanken der päpstlichen Theokratie als hohes Ziel verkündete, hat er seinen Nachfolgern für mehr als zwei Jahrhunderte den Weg gewiesen und das Antlitz der Kirche entscheidend bestimmt.

[1] Das Absetzungsdekret von Brixen Const. 1 n. 70 u. Briefe Heinrichs IV. Anh. C, mit dt. Übersetzung in: Quellen zur Gesch. Heinrichs IV., S. 476 ff. Zu Clemens III.: s. K. Jordan, Die Stellung Wiberts von Ravenna in der Publizistik des Inventurstreites, MIÖG 62 (1954), mit ält. Lit.

[2] Zu Mathilde außer Overmann, s. Kap. 7, Anm. 12: G. Nencioni, Mathilde di Canossa ([2]1940). Kurze Würdigung bei L. Simeoni, Il contributo della contessa Matilde al papato nella lotta per le investiture, in: Studi Gregoriani 1. Zum Besitzstand: F. Güterbock, La contea di Piacenza feudo imperiale matildino?, in: Bull. dell'Ist. stor. ital. 53 (1938).

[3] G. B. Borino, Storicità delle ultime parole di Gregorio VII, in: Studi Gregoriani 5 (1956).

Kapitel 13
Die Auswirkungen der Kirchenreform in Deutschland

In den gleichen Jahren, in denen sich Heinrich gegenüber seinen Gegnern in Deutschland immer mehr durchsetzen konnte, gewann auf der anderen Seite die *kirchliche Reformbewegung im Reich* stärker an Boden. Hatten bis dahin im wesentlichen die von Gorze ausgehenden Reformideen die deutschen Klöster erfaßt, so dringt jetzt das Gedankengut der Cluniazenser über den Bereich der Klöster hinaus auch in die breiteren Schichten des Volkes ein. Ausgangspunkt dieser neuen Welle monastisch-kirchlicher Reformbesinnung wurde das von den Grafen von Calw gegründete *Kloster Hirsau* im Schwarzwald. 1069 wurde der Mönch Wilhelm aus St. Emmeram in Regensburg mit der Leitung des Klosters betraut und zwei Jahre später zum Abt geweiht. Nachdem er 1075 mit Hilfe Heinrichs IV. eine weitgehende Beseitigung des Eigenkirchenrechts in Hirsau erreicht und im gleichen Jahr ein päpstliches Schutzprivileg für das Kloster erhalten hatte, begann er 1079 auf Rat des Abtes Bernhard von St. Viktor in Marseille, der als päpstlicher Legat für Deutschland 1077/78 längere Zeit in Hirsau gelebt hatte, die Neuordnung des Klosters. Unter Benutzung der in Cluny üblichen »Consuetudines« und anderer Regeln schuf er die Hirsauer Gewohnheiten, die sich in ihrer Strenge von den bisherigen Lebensformen deutscher Benediktiner wesentlich unterschieden. In der verfassungsrechtlichen Struktur des Klosters, so in der Einsetzung des Abtes durch den Bischof, trugen sie jedoch der Tradition des Reichsmönchtums Rechnung. Wilhelm selbst (gest. 1091) hat noch die Reform in Allerheiligen in Schaffhausen und im Kloster Muri im Aargau durchgeführt. Ganz Schwaben, aber auch Bayern und Franken wurden von dieser Hirsauer Bewegung stark erfaßt, die ihre Wirkungen bis nach Kärnten, Thüringen und Sachsen ausstrahlte. Neu an ihr war, daß sich die Mönche nicht auf ihre Tätigkeit im Kloster beschränkten, sondern auch als Wanderprediger durchs Land zogen. Darüber hinaus schlossen sich Laien als »fratres conversi« genossenschaftlich zusammen[1]. Daneben wurden in Deutschland wie auch anderwärts die Regularkanoniker, die seit den Tagen Gregors VII. mit Hilfe der Päpste die Form ihres gemeinschaftlichen Lebens regelten, zu Trägern der Reformbewegung. So war in Bayern das von den Welfen gegründete Stift Rottenbuch ein wichtiger Stützpunkt der gregorianischen Partei in Deutschland[2].

Das geistige Ringen um die Grundfragen der Kirchenreform wird auch im Anwachsen der *Streitschriften* deutlich. Die Anfänge dieser Publizistik, vor allem in Lothringen und Italien, reichen noch in die Mitte des 11. Jh. zurück. In den Schriften von Petrus Damiani und Humbert hatte diese vorgregorianische Streitschriftenliteratur einen ersten Höhepunkt erreicht. Erst mit dem Pontifikat Gregors gerät der literarische Kampf aber wirklich in Fluß. Hatten bis dahin, wenn man von

Humbert absieht, einzelne kirchliche Mißstände im Mittelpunkt der Diskussion gestanden, so drang sie jetzt immer mehr zu grundsätzlichen Fragen vor. Vor allem die Ereignisse des Jahres 1076, die Absetzung des Papstes durch den deutschen König und der Bannspruch Gregors, gaben Anlaß zu lebhafter Diskussion. Die große Zeit dieser Publizistik beginnt nach 1080, nachdem Gregor seinen Bannspruch erneuert hatte. Die Verfasser der Traktate sind fast ausnahmslos Geistliche. In Italien führen vornehmlich Bischöfe, in Deutschland Mönche die Feder. Diese geistliche Herkunft der Autoren bestimmt auch den Charakter der Streitschriften. Beide Parteien nehmen für sich in Anspruch, die Heilige Schrift und die kirchlichen Gesetze richtig auszulegen. Auch die Verfechter der königlichen Sache bekennen sich zur kirchlichen Lehrtradition. Wenn sie Gregor bekämpfen, so glauben sie das überkommene Kirchenrecht gegen die Neuerungen der Reformer zu verteidigen. Ihre wichtigsten Vertreter in Deutschland sind der Scholasticus Wenrich von Trier, Bischof Wido von Osnabrück und vor allem die Schrift ›De unitate ecclesiae conservanda‹, deren uns nicht bekannter Verfasser die Unmittelbarkeit der weltlichen Gewalt von Gott verficht und dabei einen für seine Zeit völlig neuen Kirchenbegriff entwickelt, indem er die Kirche als die Gemeinschaft der Gläubigen ansieht. Aus der Reihe der deutschen Gregorianer ist neben Bernold von St. Blasien, von dem ein umfangreiches Werk vorliegt, in erster Linie der Regularkanoniker Manegold von Lautenbach (im Elsaß) zu nennen, der dem Gedanken der Volkssouveränität nahekommt und die Meinung vertritt, der König sei nur ein zeitlich Beauftragter des Volkes und könne jederzeit abgesetzt werden, wenn er die Pflichten als Herrscher verletze[3].

In Italien sind im Lager der Gregorianer vor allem Bischof Anselm II. von Lucca, der Kardinal Deusdedit und Bischof Bonizo von Sutri als Publizisten hervorgetreten. Wichtiger als ihre Streitschriften sind die von ihnen angelegten *Kanonessammlungen*, mit denen sie für das Reformprogramm und die neuen Lehren vom Primat des Papstes das nötige kirchenrechtliche Fundament schufen. Das erste Rechtsbuch dieser neuen, sich immer stärker entfaltenden Kanonistik war die sogenannte 74-Titel-Sammlung (Diversorum sententiae patrum). Ob sie wirklich, wie man zeitweilig annahm, um 1050 von Humbert verfaßt sind, ist fraglich. Vielleicht gehören sie erst den ersten Jahren des Pontifikates Gregors VII. an[4].

Die bedeutendsten Leistungen auf kaiserlicher Seite sind in Italien im Kreis Wiberts von Ravenna entstanden. Der Ravennater Jurist Petrus Crassus greift in seiner Verteidigungsschrift für Heinrich IV. auf das römische Recht zurück und begründet die Unabsetzbarkeit des Königs mit den Grundsätzen des römischen Erbrechtes. Ein anderer ebenfalls aus Ravenna stammender Jurist nimmt in einigen von ihm gefälschten päpstlichen Privilegien für Karl d. Gr. und Otto I. die alte römische »lex regia« wieder auf und entwickelt die Theorie, daß die Herrschaftsübertragung an den Kaiser unwiderruflich sei. So führt diese Publizistik der achtziger Jahre über ihren Ausgangspunkt hinaus dazu, daß die grundsätzlichen Standpunkte auf beiden Seiten mit aller Schärfe herausgearbeitet wurden. Erst die nächste Generation versucht, zu einer praktischen Lösung der strittigen Fragen zu kommen.

[1] K. Schmid, Kloster Hirsau und seine Stifter (1959); H. Jakobs, Die Hirsauer, ihre Ausbreitung und Rechtsstellung im Zeitalter des Investiturstreites (1961); ders., Der Adel in der Klosterreform (s. o. Kap. 4, Anm. 1); H. Büttner, Abt Wilhelm von Hirsau und die Entwicklung der Rechtsstellung der Reformklöster im 11. Jh., Zs. f. württ. Landesgesch. 25 (1966). Zu den Hirsauer Privilegien: Th. Mayer, Fürsten und Staat (1950), mit dem Nachweis der Echtheit des DH IV. 280.

[2] J. Mois, Das Stift Rottenbuch in der Kirchenreform des 11.–12. Jh. (1953); Ch. Dereine, Chanoines, in: Dict. d' hist. et de géogr. ecclés. 12 (1953); La vita comune del clero nei secoli XI e XII, in: Atti della Settimana di studio Mendola 1959 (1962).

[3] Die Streitschriften sind gesammelt in MG Libelli de lite 1–2; eine Gesamtbehandlung bei C. Mirbt, Die Publizistik im Zeitalter Gregors VII. (1894, Ndr. 1965). Speziallit. DW[9] 6144, 6248 u. 6267. Einzelne Kapitel bei Wattenbach-Holtzmann, Gesch.-Quellen 1, Heft 3, und bei Fliche, La réforme grégorienne 1–3; ferner M. Hackelsperger, Bibel u. mal. Reichsgedanke (Diss. München 1934); A. Fauser, Die Publizisten des Inv.-Streites (Diss. München 1935); O. Greulich, Die kirchenpolit. Stellung Bernolds v. Konstanz, HJb. 55 (1935); H. Weisweiler, Die päpstl. Gewalt in den Schriften Bernolds v. St. Blasien, in: Studi Gregoriani 4 (1952); K. Jordan, Der Kaisergedanke in Ravenna z. Z. Heinrichs IV., DA 2 (1938); ders., Ravennater Fälschungen aus den Anfängen des Inv.-Streites, AUF 15 (1938); ders., Die Stellung Wiberts von Ravenna, s. o. Kap. 12, Anm. 1; K. Pellens, Unitas ecclesiae im sog. Liber de unitate ecclesiae conservanda, Freiburger Gesch.bll. 52 (1962/63); Z. Zafarana, Ricerche sul »Liber de unitate ecclesiae conservanda«, Studi medievali, 3. ser. 7 (1966); W. Affeldt, Königserhebung und Unlösbarkeit des Eides im Liber de unitate ecclesiae conservanda, DA 25 (1969); J. J. Ryan, Bernold of Constance and an anonymus Libellus de lite: De Romani pontificis potestate universas ecclesias ordinandi, Arch. Hist. Pontif. 4 (1966); R. Laakmann, Die Königsgewalt bei Manegold von Lautenbach (Diss. Hamburg 1969); W. Hartmann, Manegold von Lautenbach und die Anfänge der Frühscholastik, DA 26 (1970).

[4] Zur Kanonistik der Zeit als Zus.fassung noch wichtig: P. Fournier et G. Le Bras, Hist. des collections canoni-

ques en occident depuis des fausses décrétales jusqu'au Décret de Gratien, 2 (1932, neue Bearbeitung in Vorbereitung); A. STICKLER, Historia iuris canonici 1, in: Historia fontium (1950); U. LEWALD, An der Schwelle der Scholastik. Bonizo v. Sutri u. das Kirchenrecht seiner Tage (1938); W. BERSCHIN, Bonizo v. Sutri. (1971). Zur 74-Titel-Sammlung: J. T. GILCHRIST, The Collection of Cod. Vat. lat. 3832, a Source of the Collection in Seventy-four Titles, in: Études d'histoire du droit canoniques déd. à G. Le Bras 1 (1965). Eine neue von G. besorgte Ausgabe der Sammlung erscheint demnächst. – Eine Forschungsübersicht zur Kanonistik dieser Zeit gibt J. RYAN, Observations on the Pre-gratian Canonical Collections, in: Congrès de droit canonique médiéval, Louvain et Bruxelles 1958 (1959).

Kapitel 14
Die Nachfolge Gregors: Urban II. im Kampf gegen Heinrich IV.

Die Jahre nach Gregors Tod zeigen Heinrich IV. auf dem Gipfel seiner Macht. Der *kaiserliche Papst Wibert* (Clemens III.) konnte nicht nur in Italien und Deutschland an Boden gewinnen, sondern zeitweilig seine Obödienz auch in England, Ungarn und Kroatien durchsetzen. Die Kardinäle benutzten den Zwiespalt unter den Päpsten, um ihre Mitwirkung am Kirchenregiment in steigendem Maße zu verwirklichen[1].

Die Reformpartei in Rom, durch die Spaltung unter den Kardinälen geschwächt, brauchte längere Zeit, um die Nachfolge Gregors zu regeln. Erst im Mai 1086 wurde unter dem Einfluß der Normannenfürsten der Abt Desiderius von Montecassino als *Victor III.* auf den päpstlichen Stuhl erhoben. Seiner ganzen Vergangenheit nach wäre er der Mann gewesen, den Frieden mit dem Kaiser zu vermitteln. Ehe er aber seine Wirksamkeit voll entfalten konnte, ist er im September 1087 gestorben.

Wiederum dauerte es ein halbes Jahr, bis eine neue Wahl möglich war. In Terracina an der Südgrenze des Kirchenstaates erhob die gregorianische Partei am 12. III. 1088 den bisherigen Kardinalbischof Otto von Ostia als *Urban II.* zum Papst. Er war Franzose, war Mönch und Prior in Cluny gewesen. Mit ihm trat wieder ein Vertreter der strengen Kirchenreform an die Spitze der Kurie, zugleich aber ein Mann, der sich durch starkes diplomatisches Geschick wesentlich von Gregor unterschied[2].

In *Deutschland* hatten während der Abwesenheit des Kaisers in Italien die Kämpfe ihren Fortgang genommen. Mit dem Tod

Ottos von Northeim (1083) verlor allerdings die Gegenpartei ihren führenden Kopf. Der Gegenkönig Hermann von Salm sah sich jetzt ganz auf Sachsen beschränkt. Inzwischen war das Friedensbedürfnis in den unteren Schichten des Volkes immer stärker geworden; durch Verkündung von örtlichen *Gottesfrieden* in einzelnen Diözesen wie Lüttich (1082) und Köln (1083, Const. 1 n. 424) hatte ihm die Kirche Rechnung getragen. Auch der Kaiser griff diese Friedensbewegung auf und verkündete auf einem Reichstag zu Mainz im April 1085 einen Gottesfrieden für das ganze Reich[3]. Auf dem gleichen Reichstag wurde der Böhmenherzog Wratislaw, der Heinrich in den Kämpfen der letzten Jahre ein wichtiger Helfer gewesen war, für seine Person zum König erhoben. Dann wandte sich Heinrich gegen Sachsen, das Zentrum der Opposition, und konnte bis Magdeburg vordringen. Der Gegenkönig mußte das Land verlassen; er zog sich nach Lothringen zurück, wo er bei der Erstürmung einer Burg im September 1088 tödlich verwundet wurde. Nur Markgraf Ekbert von Meißen, jetzt der Führer der sächsischen Opposition, setzte noch eine Zeitlang den Kampf gegen den König auf eigene Faust fort. Er verfiel deshalb der Reichsacht und kam 1090 durch Meuchelmord ums Leben. Damit war die deutsche Opposition ausgeschaltet. Bereits 1087 hatte Heinrich seinen Sohn Konrad in Aachen zum König krönen lassen. Zwei Jahre später heiratete er in zweiter Ehe die russische Fürstentochter Praxedis, die Witwe Markgraf Heinrichs von der Nordmark[4].

Der Kaiser glaubte jetzt stark genug zu sein, den Kampf mit dem Reformpapsttum in *Italien* aufnehmen und das Schisma beseitigen zu können. So entschloß er sich 1090, erneut nach Italien zu ziehen. Sein Eingreifen in die italienischen Verhältnisse war schon deshalb notwendig, weil sich hier eine neue gefährliche Situation für den Kaiser anbahnte. Bereits 1089 war es der geschickten Diplomatie Urbans II. gelungen, eine Ehe zwischen dem damals 17jährigen Welf (V.), dem Sohn des abgesetzten Bayernherzogs Welf IV., und der 43jährigen Mathilde von Tuszien zustande zu bringen. Durch diese Verbindung war erneut die Gefahr einer Koalition zwischen süddeutschen und italienischen Gegnern des Kaisers heraufbeschworen.

Sein Vorgehen in Italien war zunächst von Erfolg begleitet. Urban mußte zu den Normannen flüchten, Wibert konnte erneut in Rom einziehen. Auch die Kämpfe mit Mathilde und ihren Vasallen verliefen anfangs günstig; erst 1092 erlitt der Kaiser bei Canossa eine Niederlage. Jetzt erhob sich auch in der Lombardei eine Opposition gegen ihn. Die Städte Mailand, Cremona, Lodi und Piacenza, in denen sich damals das Selbständigkeitsstreben des Bürgertums immer stärker geltend machte, schlossen ein Bündnis gegen den Kaiser. Verhängnisvoller wurde der *Abfall seines Sohnes Konrad*, der 1093 zur päpstlichen Partei übertrat und in Mailand zum König von Italien gekrönt wurde. Da er in der Lombardei allgemeine Anerkennung fand und auch Welf IV. sich auf seine Seite stellte, sah sich der Kaiser von Deutschland abgeschnitten. Er mußte sich nach Venetien zurückziehen, wo er in den nächsten Jahren auf das Gebiet von Padua und Verona beschränkt war. Nicht minder schwer traf ihn der Verrat seiner zweiten Gemahlin Praxedis, die sich ebenfalls in das Lager seiner Gegner begab und behauptete, der Kaiser habe sie zum Ehebruch veranlassen wollen.

Diese allgemeine Abfallbewegung in Oberitalien konnte Urban II. ausnutzen. Schon Ende 1093 konnte er endgültig Rom für sich zurückgewinnen und begab sich im nächsten Jahr nach Oberitalien, wo sich im März *1095* die *Synode von Piacenza* zu einem Triumph des Papstes gestaltete. Die früheren Beschlüsse gegen die Simonie wurden erneut bekräftigt, der Bann über Wibert und seine Anhänger wiederum verkündet. Auch die Klage der Praxedis, die auf der Synode erschien, wurde als gerecht anerkannt und ihr die Buße erlassen. König Konrad traf mit dem Papst bald darauf in Cremona zusammen. Er legte Urban damals einen Sicherheitseid ab und leistete ihm das »officium stratoris«, indem er das Pferd des Papstes als Marschall am Zügel führte. Urban seinerseits versprach, ihm bei der Erwerbung des Kaisertums behilflich zu sein, und wollte ihn dadurch fester an die Opposition gegen Heinrich knüpfen, daß er Konrads Vermählung mit einer Tochter des Grafen Roger von Sizilien[5] vermittelte.

[1] Über die Entwicklung des Kardinalkollegiums: H. W. KLEWITZ, Die Entstehung des Kardinalkollegiums, ZRG KA 25 (1936), auch in: KLEWITZ, Reformpapsttum u. Kardinalkolleg (1957), S. 9 ff.; K. JORDAN, Die Entstehung d. röm. Kurie, ZRG KA 28 (1939; Ndr. mit Nachtrag 1962); K. GANZER, Die Entwicklung des auswärtigen Kardinalats im hohen MA (1963).

[2] A. BECKER, Papst Urban II., Teil 1 (1964).

[3] Über die Anfänge der Gottes- und Landfriedensbewegung in Deutschland: J. GERNHUBER, Die Landfriedensbewegung in Deutschland bis zum Mainzer

Reichslandfrieden von 1235 (1952), weitere Lit. s. Bd. 7, Kap. 24, Anm. 6.

[4] R. Bloch, Verwandtschaftl. Beziehungen des sächs. Adels zu russischen Fürstenhäusern im 11. Jh., in: Festschr. A. Brackmann (1931).

[5] W. Holtzmann, Maximilla regina, soror Rogerii regis, DA 19 (1963), identifiziert sie mit einer noch 1130–38 urkundlich bezeugten Schwester König Rogers II.

Kapitel 15
Deutschland und der erste Kreuzzug

Die Synode zu Piacenza brachte nicht nur den sichtbaren Erfolg des Papstes in der Kirchenreform, sondern auch ein anderes für die Geschichte des Abendlandes höchst bedeutungsvolles Ereignis. Auf ihr erschienen Gesandte des byzantinischen Kaisers Alexios I. und baten um Hilfe gegen die türkischen Seldschuken, die nach der Eroberung weiter Teile Kleinasiens die Hauptstadt des Reiches bedrohten. Bereits zu Beginn seines Pontifikats hatte Urban in Fortführung der traditionellen Orientpolitik der Päpste mit Alexios Verhandlungen über eine Kirchenunion geführt[1]. Wenn er jetzt dem Hilfegesuch stattgab und zur Unterstützung des Kaisers aufrief, so griff er nicht nur seine früheren Verhandlungen auf, sondern führte die Kreuzzugsbewegung einen entscheidenden Schritt weiter.

Die *Idee des heiligen Krieges*, des Kampfes gegen die Ungläubigen, war im 11. Jh., vor allem seit dem Beginn des Reformpapsttums, zu einer tiefgreifenden Bewegung angewachsen. Die Kämpfe gegen die Sarazenen in Sizilien und in Spanien standen im Zeichen dieser Idee. Gregor VII. wollte die »militia s. Petri« auch den hierarchischen Zielen des Papsttums nutzbar machen. Urban II. lenkt die Initiative des christlichen Rittertums wieder mehr nach außen und verknüpft die Idee des Kampfes gegen die Heiden mit der *populären Wallfahrtsbewegung* nach Jerusalem, wie sie seit jeher in unzähligen Pilgerfahrten zu den heiligen Stätten der Christenheit in Palästina ihren Ausdruck gefunden hatte. Eine der größten Wallfahrten war der Zug gewesen, den deutsche Pilger – angeblich mehrere tausend – im Jahr 1064 unter Führung des Erzbischofs Siegfried von Mainz und anderer Bischöfe nach Palästina unternommen hatten. Erst die Vereinigung dieser beiden ursprünglich getrennten Strömungen hat der *Kreuzzugsbewegung* ihre weltgeschichtliche Wirkung gegeben. Der Name »Kreuzzug« ist für diese neue Form einer bewaffneten Wallfahrt erst im 13. Jh. aufgekommen[2].

Zum vollen Durchbruch kam diese Bewegung auf einer *Synode*, die Urban im November 1095 auf französischem Boden in *Clermont-Ferrand* abhielt. In einer gewaltigen Predigt am 27. XI., in der der Papst auch den Ablaß der kirchlichen Bußen verhieß, gelang es ihm, die Anwesenden für den Plan eines Zuges nach Jerusalem zu begeistern. Der ursprüngliche Gedanke der Hilfeleistung für Kaiser Alexios trat hinter dem Ziel, das heilige Grab aus den Händen der Ungläubigen zu befreien, immer mehr in den Hintergrund. Fanatische Prediger, wie der Eremit Peter von Amiens, trugen die Idee in breiteste Kreise. Bereits im Winter 1095 brachen die ersten ungeordneten Scharen von Kreuzfahrern nach dem Osten auf. Bei ihrem Zug durch die Rheinlande kam es in mehreren Bischofsstädten zu grausamen Verfolgungen der Juden, die dem Tod vielfach nur durch Zwangstaufe entgehen konnten. Soweit diese ersten Kreuzfahrer überhaupt Kleinasien erreichten, wurden sie von den Türken vernichtet[3].

Die *Ritterheere*, die seit 1096 folgten, waren wesentlich besser ausgerüstet. Keines der gekrönten Häupter des Abendlandes nahm an dem Zug teil. Heinrich IV. und Philipp I. von Frankreich befanden sich im Kirchenbann, der englische König Wilhelm II., der seinem Vater Wilhelm dem Eroberer 1087 gefolgt war, wurde noch durch die Sicherung der normannischen Herrschaft in England in Anspruch genommen. Träger des ersten Kreuzzugs war im wesentlichen das romanische Rittertum Frankreichs und Süditaliens. Deutschland wurde nur in seinen westlichen Gebieten von der Kreuzzugsbewegung erfaßt. Lothringische Ritter waren an ihm unter Führung Gottfrieds von Bouillon, dem Heinrich IV. 1092 das Herzogtum Niederlothringen übertragen hatte, und seines Bruders Balduin beteiligt.

Wichtiger als der *Verlauf des Kreuzzugs* sind für die deutsche Geschichte seine Ergebnisse. Die Notwendigkeit, die in schweren Kämpfen errungenen Erfolge zu sichern, gab der Kreuzzugsbewegung auch in Deutschland immer wieder neue Impulse. Kaiser Alexios I., der bei seinem Hilfsgesuch nicht an selbständige Heere, sondern an gefügige Soldtruppen gedacht hatte, stand dem Unternehmen mit großer Reserve gegenüber und gab den Kreuzfahrern erst dann die erforderliche Unterstützung, als diese sich bereit erklärt hatten, bei ihren Eroberungen seine Lehnshoheit für diese früher zum byzantinischen Reich gehörenden Gebiete anzuerkennen. Die mühseligen Kämpfe in Kleinasien, die 1097 begannen, wurden durch Uneinigkeit der führenden Fürsten noch erschwert. Der weltliche Einschlag des Kreuzzugs trat dabei immer verhängnisvoller in den Vordergrund. Als im Sonmmer 1098 die wichtige Stadt Antiochia nach monatelanger Belagerung in die Hände der Kreuzfahrer fiel, errichtete hier Boemund von Tarent, ein Sohn Robert Guiskards, mit seinen normannischen Rittern ein Fürstentum. Schon vorher war Herzog Gottfrieds Bruder Balduin ostwärts gezogen, um sich in Edessa ein eigenes Herrschaftsgebiet zu schaffen, während Raimund von Toulouse,der Führer der südfranzösischen Ritter, durch Eroberungen an der syrischen Küste die Grundlage für die spätere Grafschaft Tripolis legte. Jerusalem selbst konnte erst nach längerer Belagerung am 15. VII. 1099 von den Kreuzfahrern erobert werden, die in der Stadt ein furchtbares Blutbad anrichteten. Das *Königreich Jerusalem* wurde der wichtigste dieser neuen Kreuzfahrerstaaten. Gottfried, sein erster Regent, nannte sich noch »Vogt des heiligen Grabes« (advocatus sancti Sepulchri). Erst Balduin, der im nächsten Jahr nach Gottfrieds Tod die Nachfolge seines Bruders antrat, legte sich den Königstitel bei.

Der Papst hatte seinen Führungsanspruch, den seine Legaten vertreten sollten, auf dem Kreuzzug nur in bescheidenem Maß durchsetzen können. Daß aber der Kreuzzug mit der Einnahme Jerusalems einen höchst eindrucksvollen Erfolg gebracht hatte, mußte die Autorität des Papsttums im Kampf um die Kirchenreform wesentlich stärken. Urban selbst hat die Nachricht von der Eroberung der Stadt wohl nicht mehr erhalten. Am 29. VII. 1098 (14 Tage nach dem Fall Jerusalems) ist er gestorben.

[1] W. Holtzmann, Studien zur Orientpolitik des Reformpapsttums u. zur Entstehung des ersten Kreuzzuges, HV 22 (1924), u. Die Unionsverhandlungen zwischen Kaiser Alexios I. und Papst Urban II. im Jahre 1089, Byz. Zs. 28 (1928), beide Aufsätze jetzt in: Holtzmann, Beitr. zur Reichs- und Papstgesch. des hohen MA (1957).

[2] Grundlegend C. Erdmann, Die Entstehung des Kreuzzugsgedankens (1935, Ndr. 1955). Weitere Lit. zur Entwicklung der Kreuzzugsidee bei H. E. Mayer, Bibliographie zur Gesch. der Kreuzzüge (^{2}1965), Nr. 1644 ff.; ders., Gesch. der Kreuzzüge (^{2}1968), S. 15 ff. über den Stand der Forschung; dazu ergänzend ders., HZ Sonderheft 3 (1969), S. 624 ff.

[3] Lit. zum 1. Kreuzzug bei Mayer, Bibliographie Nr. 1902 ff. Neben seiner zusammenfassenden Darstellung, s. Anm. 2, S. 46 ff., sind von größeren Werken zur Gesch. der Kreuzzüge vor allem zu

beachten: St. Runciman, A History of the Crusades 1: The First Crusade and the Foundation of the Kingdom of Jerusalem (1951; dt. 1957) und A History of the Crusades, hg. v. K. M. Setton, Bd. 1: The First Hundred Years, hg. v. M. W. Baldwin (1969²); J. Prawer, Histoire du royaume de Jérusalem (1969). Zu A. Waas, Gesch. der Kreuzzüge (1956), vgl. einschränkend Mayer, GGA 211 (1957). Zu Einzelfragen P. Knoch, Studien zu Adalbert von Aachen (1966).

Kapitel 16
Friedenspolitik des Kaisers in Deutschland. Erhebung Heinrichs V. Tod Heinrichs IV.

Während die Kreuzfahrerheere nach dem Osten zogen, war Heinrich IV. zunächst von allem politischen Einfluß ausgeschaltet. Langsam begann sich aber in den nächsten Jahren seine Lage zu bessern. Es wirkte sich für ihn günstig aus, daß das welfisch-tuszische Ehebündnis wieder zerfiel; Welf V. trennte sich bereits 1095 von seiner Gattin Mathilde. Sein Vater Welf IV. söhnte sich mit Heinrich aus und wurde 1096 wieder mit Bayern belehnt. Dank diesem Friedensschluß mit den Welfen konnte Heinrich IV. Anfang 1097 nach Deutschland zurückkehren. Auch in Schwaben kam es zu einer Einigung; Berthold II. von Zähringen, seit 1092 Gegenherzog, verzichtete zugunsten Friedrichs I. von Staufen auf das Herzogtum, erhielt dafür aber die Reichsvogtei Zürich und behielt den Titel »dux«. Seinen abtrünnigen Sohn Konrad ließ der Kaiser auf einem Mainzer Reichstag 1098 der Krone für verlustig erklären und seinen jüngeren, damals wohl 12jährigen Sohn Heinrich zum König wählen, im nächsten Jahr krönen, ihn dabei jedoch schwören, daß er sich zu Lebzeiten seines Vaters gegen dessen Willen niemals in die Regierungsgeschäfte einmischen werde[1].

Die Macht des Kaisers war jetzt in Deutschland weitgehend anerkannt. Seine Versuche, mit der Kirche zu einem Ausgleich zu kommen, blieben jedoch vergeblich. Nach Urbans Tod wurde im August 1099 der Kardinalpriester Rainer, ein schroffer Vertreter des Reformgedankens, als *Paschalis II.* zum Papst gewählt. Zu einer Verständigung mit Heinrich war er auch nach dem Tod des Gegenpapstes Wibert (gest. 1100) nicht bereit. Auf einer Synode sprach er 1102 erneut den Bann über den Kaiser aus.

Heinrich mußte erkennen, daß ohne eine Aussöhnung mit der Kurie ein dauerhafter Frieden in Deutschland nicht möglich war. Er erklärte deshalb auf einem Reichstag zu Mainz (1103), daß er eine Kreuzfahrt nach Jerusalem antreten wolle, wenn er vorher vom Bann gelöst würde. Der Vorbereitung dieses Zuges sollte eine allgemeine Amnestie und ein *Reichsfrieden* dienen, die er gleichzeitig verkündete. Mit diesem Reichsfrieden (Const. 1 n. 74) nahm der Kaiser wieder jene Friedensbewegung auf, die er durch den Mainzer Landfrieden des Jahres 1085 gefördert hatte und die inzwischen durch örtliche Friedensvereinbarungen in Deutschland noch stärker Fuß gefaßt hatte. Im Unterschied zu den bisherigen Gottesfrieden, die nur für bestimmte Zeiten und Tage des Jahres die Fehde ausschlossen, sollte dieser Reichslandfrieden vier Jahre dauern. Diese Friedenspolitik des Kaisers sollte vor allem auch den sozial schwächeren Schichten des Volkes zugute kommen. Der Ausbau der hohen Gerichtsbarkeit durch die königliche Blutbannleihe sollte darüber hinaus der Stärkung der Reichsgewalt dienen. Damit geriet jedoch der Kaiser immer mehr in einen Gegensatz zum Adel, dessen Fehdewesen durch diese Maßnahmen betroffen wurde.

Aus diesem Gegensatz erklärt sich auch die letzte große *Aufstandsbewegung*, die mit dem *Abfall seines Sohnes Heinrich* eng verbunden ist. Ein Streitfall, der sich während des Aufenthalts des jungen Königs in Regensburg Anfang 1104 ereignete, wurde der Anlaß zu diesem Aufstand. Graf Sigehard von Burghausen, der in einer Streitsache ein für seine Ministerialen ungünstiges Urteil gefällt hatte, wurde von diesen und den Bürgern der Stadt erschlagen. Als der Kaiser die Täter nicht bestrafte, wuchs die Mißstimmung im Adel. Während eines Zuges Heinrichs IV. nach Sachsen verließ der junge Heinrich V. um die Wende des Jahres heimlich das Heer, begab sich nach Bayern und zwang dadurch den Kaiser zur Umkehr. Wenn er als Grund für diesen Abfall angab, er dürfe nicht mit dem gebannten Vater verkehren, so war dies nur ein Vorwand. Der tiefere Grund für sein Verhalten ist vielmehr darin zu sehen, daß er befürchtete, die Politik seines Vaters könne dem Königshaus Adel und Fürsten entfremden, ohne doch einen Ausgleich mit der Kurie zu bringen. Alle Versuche des Vaters, ihn umzustimmen, blieben vergeblich. Heinrich V. gab sich als Vorkämpfer der kirchlichen Sache und erreichte zu Beginn des Jahres 1105 die Lösung vom Eid gegenüber dem Vater, ohne auf das Investiturrecht zu verzichten. Der Aufstand griff auch in Sachsen und Thüringen schnell um sich; Heinrich IV. blieb seinem Sohn militärisch zunächst noch überlegen. Im Oktober 1105 standen sich beide bei Regensburg gegenüber, doch gelang es Heinrich V., einen Teil des kaiserlichen Heeres zum Abfall zu bewegen und dadurch eine Schlacht zu verhindern. Der Kaiser mußte sich deshalb zum Mittelrhein und dann nach Köln zurückziehen.

Ein *Reichstag*, den Heinrich V. für Weihnachten 1105 nach Mainz berief, sollte in Anwesenheit päpstlicher Legaten über den Streit entscheiden. Der Kaiser war gewillt, hier persönlich sein Recht zu verfechten, und zog von Köln nach Süden. Um das Erscheinen des Vaters vor den Fürsten zu verhindern, trat ihm Heinrich V. entgegen. Durch die Zusicherung freien Geleites gelang es ihm, den Kaiser zu täuschen, auf der Burg Böckelheim gefangenzusetzen und zur Auslieferung der Reichsinsignien zu veranlassen. Auf einer Zusammenkunft mit den Fürsten und den päpstlichen Legaten in Ingelheim hoffte der Kaiser, durch äußere Bußfertigkeit und durch Verzicht auf den Thron zunächst die Absolution zu erreichen. Die Forderung, ein öffentliches Sündenbekenntnis abzulegen, lehnte er jedoch ab. So blieb er in Ingelheim weiter in Haft, während sein Sohn nach dem anscheinend freiwilligen Thronverzicht des Vaters auf dem Mainzer Reichstag zu Beginn des Jahres 1106 als König anerkannt wurde.

Es entsprach der zähen Natur Heinrichs IV., daß er auch jetzt nicht den Kampf um den Thron aufgab. Es gelang ihm, von Ingelheim nach Köln zu entkommen und schließlich in Lüttich Zuflucht zu finden. Herzog Heinrich I. von Niederlothringen, Graf Gottfried von Namur und Bischof Otbert von Lüttich hielten treu zu ihm. Auch mit Philipp von Frankreich knüpfte er Beziehungen an. Der starke Anhang, den der Kaiser in Niederlothringen fand, zwang Heinrich V., dorthin zu ziehen, um auf Lüttich vorzustoßen. Der Angriff auf die Stadt mißlang aber. Am Gründonnerstag 1106 wurden seine Truppen an der Maasbrücke bei Visé vollständig geschlagen. Ein neuer Waffengang schien unvermeidbar – da ist Heinrich IV. plötzlich am 7. VIII. 1106 in Lüttich gestorben. Auf seinem Totenbett sprach er den Wunsch aus, im Dom zu Speyer neben seinen Vorfahren beigesetzt zu werden. Seine Leiche wurde auch nach Speyer gebracht, doch mußte hier der Sarkophag des noch immer gebannten Kaisers fünf Jahre lang in einer ungeweihten Kapelle stehen, bis er endlich in der Domgruft seine Grablege fand[2].

Ein halbes Jahrhundert lang hatte Heinrich IV. die Geschicke des Reiches gelenkt. Seine Regierung ist ein ständiges Auf und Ab; aber alle Schicksalsschläge und persönlichen Demütigungen haben den ausdauernden Kampfeswillen des Kaisers um die Rechte der Krone nicht brechen können. Zeigt sein Verhalten anfänglich vielfach noch ungestüme Züge, so ist er im Laufe seiner Regierung als Mensch und Politiker ständig gewachsen. In der politischen Taktik war er seinen Widersachern zweifellos überlegen. Er hat die Reichsrechte gegenüber dem fürstlichen Territorialismus und der päpstlichen Hierokratie bewußt verteidigt und die Stellung des Königtums gewahrt, so sehr er im Einzelfall auch zu Zugeständnissen bereit war. Dabei hat er aber die Bedeutung der neuen geistigen Mächte, gegen die er kämpfte, nicht erkannt. So verlor unter ihm das deutsche Königtum den Kontakt mit der Reformbewegung, der gestaltenden Kraft dieser Zeit. Seine Regierung war jedoch keineswegs auf die Wahrung der alten Ordnungen bedacht. Im Kampf mit dem Fürstentum hat er durch die Förderung des Bürgertums und der Ministerialität, durch die Aufnahme der Friedensbewegung und die Stärkung der königlichen Gerichtsbarkeit die Grundlagen für den Aufbau einer starken Königsmacht im 12. Jh. geschaffen[3].

[1] Nach R. Gaettens, Das Geburtsjahr Heinrichs V. 1081 oder 1086, ZRG GA 79 (1962), ist Heinrichs Geburt in das Jahr 1086 anzusetzen, nicht 1081, wie bisher i. allg. angenommen. Zu Heinrich V. vgl. auch Th. Schieffer, NDB 8.

[2] Die wichtigste Quelle über diese Kämpfe Heinrichs IV. mit seinem Sohn ist die Vita Heinrici IV. c. 9 ff.; zu ihrer Beurteilung s. H. F. Haefele, Fortuna Heinrici IV. imperatoris (Diss. Zürich 1954). Zu den Ereignissen und ihrer Beurteilung: A. Waas, Heinrich V., Gestalt und Verhängnis des letzten salischen Kaisers (1967), S. 7ff.

[3] Kurze Gesamtwürdigungen bei H. Hampe, Herrschergestalten des dt. MA (1927, [6]1955), und H. L. Mikoletzky, Der »fromme« Kaiser Heinrich IV., MIÖG 68 (1960).

Kapitel 17
Die Entwicklung des Investiturbegriffs im ausgehenden 11. Jh. und der Investiturstreit in England und Frankreich

Während sich in den letzten Jahren Heinrichs IV. die Fronten zwischen Kaiser und Papst versteiften, trug die geistige Auseinandersetzung seit Gregors Tod dazu bei, eine *Lösung der Investiturfrage* theoretisch vorzubereiten, die eine Beendigung des Kampfes möglich machen sollte. Schon in der Mitte des 11. Jh. war gelegentlich der Gedanke ausgesprochen worden, daß bei der Bestellung der Bischöfe zwischen ihren geistlichen und weltlichen Funktionen unterschieden werden müsse. Ein Parteigänger Heinrichs IV., Bischof Wido von Ferrara, hat in seiner 1086 entstandenen Schrift ›De scismate Hildebrandi‹ (Lib. de lite 1, 529 ff.) diesen Gedanken wieder aufgenommen. Jeder Bischof ist für ihn der Träger eines doppelten Rechtes, eines geistlichen und eines weltlichen. Geistlich ist die bischöfliche Amtsgewalt; die weltlichen Rechte umfassen alle Besitzungen, Regalien und Gerechtsame, die von den Fürsten und Laien übertragen werden. Allerdings hat Wido diesen Gedanken der Trennung noch nicht bis zu Ende durchdacht. Die Tatsache der königlichen Investitur glaubt er damit rechtfertigen zu können, daß das Königsamt selbst geistlichen Charakter trüge. Diese Inkonsequenz hat ein Jahrzehnt später der französische Kanonist Bischof Ivo von Chartres beseitigt. Die Könige, so erklärte er in einem Brief an Hugo von Lyon, den päpstlichen Legaten in Frankreich (Lib. de lite 2, 642 ff.), dürfen eine Übertragung eines Bistums an kanonisch Gewählte vollziehen. Eine solche Übertragung (»concessio«) schade in keiner Weise dem geistlichen Amt, denn sie beziehe sich nur auf die Rechte und Güter der Kirche, die sie durch die Freigiebigkeit der Könige besäße. Nur müssen die Fürsten auf die geistlichen Investitursymbole verzichten. Die Ernennung der Bischöfe, wie sie noch Wido vertrat, billigt Ivo nicht. Er besteht auf der Wahl durch Klerus und Volk und räumt den Fürsten nur eine Bestätigung der Wahl ein. Damit war die Unterscheidung der beiden Gebiete, der Temporalien und Spiritualien, konsequent durchgeführt[1].

Diese Lösung, wie sie Ivo im Ausgang des 11. Jh. vertrat, blieb jedoch nicht auf die theoretische Auseinandersetzung beschränkt, sondern fand gleichzeitig bei der Beilegung der Kämpfe zwischen Königtum und Papsttum in *Frankreich* und

England praktische Anwendung. In beiden Ländern hat das Investiturproblem keine so entscheidende Rolle wie in Deutschland gespielt. Der französische König übte die Investitur nur bei einem kleinen Teil seiner Bistümer aus. Die Laienherrschaft des Adels über die Kirche äußerte sich in anderen Formen. Um das Investiturverbot, wie es Gregor VII. wiederholt ausgesprochen hatte, hat sich Philipp I. (1060–1108) nicht gekümmert, aber einen Bruch mit ihm hat der Papst trotz aller scharfen Ermahnungen vermieden. Erst die Eheirrungen Philipps I., der 1092 nach zwanzigjähriger Ehe seine Gemahlin Bertha von Holland verstieß, führten zum Zusammenstoß zwischen ihm und der Kurie. Hugo von Lyon verhängte deshalb 1094 über den König das Interdikt; Urban II. selbst sprach im nächsten Jahr in Clermont-Ferrant den Bann über den König aus. Nachdem er 1098 dem König eine bedingte Absolution erteilt hatten, kam es unter Paschalis zur Aussöhnung mit Philipp, als dieser sich 1104 in der Ehefrage unterwarf. Bei der Besetzung der dem König unterstehenden Bistümer hatte man sich in jenen Jahren praktisch dahingehend verständigt, daß dieser die kanonische Wahl zugestand, nach der Weihe des Gewählten diesem die Investitur mit den Temporalien erteilte, ohne ein Investitursymbol zu benutzen; er begnügte sich mit einem Treueid des Bischofs. Von einem Investiturstreit kann man also in Frankreich kaum sprechen[2].

Ebensowenig wie in Frankreich brachte auch in *England* die Investiturfrage eine Erschütterung des staatlichen Lebens. Seit den achtziger Jahren waren die Beziehungen zwischen England und dem Heiligen Stuhl sehr locker gewesen. Wohl ließ Wilhelm I. den Peterspfennig nach Rom entrichten und die Klosterreform in England durchführen, Erzbischof Lanfranc von Canterbury nahm die Rechte eines päpstlichen Legaten wahr; Herr der Kirche aber blieb unter Wilhelm I. und seinen Nachfolgern der englische König. Unter Lanfrancs Nachfolger Anselm, dem Wilhelm II. 1093 nach mehrjähriger Sedisvakanz das Erzbistum übertrug, brach der Kampf zwischen dem Herrscher und dem Primas der englischen Kirche aus. Anselm mußte außer Landes gehen. Da er sich weigerte, von Heinrich I., dem Bruder und Nachfolger Wilhelms II., die Investitur entgegenzunehmen und ihm den Treueid zu leisten, mußte er abermals England verlassen. Auf einer Synode des Jahres 1105 sprach deshalb Paschalis II. über alle, die vom König investiert waren, und über die Ratgeber des Königs die Exkommunikation aus.

Erst nach längeren Verhandlungen kam es auf einer Reichsversammlung in London 1107 zu einer endgültigen Beilegung des Streites. Der König verzichtete auf die Investitur mit Ring und Stab, konnte aber seinen entscheidenden Einfluß auf die Besetzung eines Bistums dadurch wahren, daß die Wahl in der Regel am Königshof stattfand. Der Gewählte mußte vor seiner Weihe dem König für die Temporalien den Mannschaftseid leisten. Auch in England war also die Trennung von Temporalien und Spiritualien im Sinne der Lehre Ivos konsequent durchgeführt. Damit war der Weg gewiesen, auf dem sich auch in Deutschland eine Lösung des Problems anbahnen konnte[3].

[1] H. Hoffmann, Ivo von Chartres u. die Lösung des Investiturproblems, DA 15 (1959); R. Sprandel, Ivo v. Chartres u. seine Stellung in der KiG (1962).

[2] A. Becker, Studien zum Investiturproblem in Frankreich (1955); ders., Urban II., Teil 1 (1964), S. 187 ff.

[3] Zum Investiturstreit in England zuletzt N. F. Cantor, Church, Kingship and Lay Investiture in England (1958).

Kapitel 18
Die Anfänge Heinrichs V.

Im Bund mit den Fürsten und der Kirche hatte sich Heinrich V. gegen seinen Vater erhoben. Das Entgegenkommen, das er den Reformbestrebungen in Deutschland zunächst zeigte, mußte die Hoffnungen erwecken, daß er den Streit mit der Kirche rasch beilegen werden. Andererseits zeigten mehrere Investituren, die er noch zu Lebzeiten seines Vaters vollzog, daß er nicht gewillt war, auf die Königsrechte zu verzichten. Paschalis II. glaubte durch seine persönliche Anwesenheit in Deutschland den Friedensschluß herbeiführen zu können und brach deshalb im Frühjahr 1106 nach Norden auf. Er entschloß sich aber, zunächst in Oberitalien, in *Guastalla* bei Parma, eine *Synode* abzuhalten (Const. 1 n. 395). Als Gesandter Heinrichs V. brachte hier Erzbischof Bruno von Trier die Verständigungsbereitschaft des Königs zum Ausdruck, zugleich aber dessen Forderung, der Papst möge ihm das »ius regni« zugestehen. Die Synode sprach zwar wiederum in klaren Worten das Verbot der Laieninvestitur aus, doch konnte Bruno erreichen, daß fast alle vom König eingesetzten Bischöfe anerkannt wurden. Die Haltung Heinrichs V. ließ es aber dem Papst nicht ratsam erscheinen, die Reise nach Deutschland fortzusetzen. Er zog deshalb zunächst nach Frankreich, das fortan immer mehr zur Stütze des Papsttums wurde, und setzte in Châlons-sur-Marne seine Verhandlungen mit Gesandten Heinrichs V. fort. Sie scheiterten jedoch daran, daß der König am Recht der Investitur festhielt. Eine Synode zu Troyes im Mai 1107 (Const. 1 n. 396) wandte sich erneut gegen die Laieninvestitur, sah aber von einer Strafandrohung gegen den deutschen König ab. Erneute Verhandlungen, die Erzbischof Bruno von Trier seit Ende 1109 in Rom führte und für die er eine besondere Instruktion, den ›Tractatus de investitura episcoporum‹ (Lib. de lite 2, 495 ff.) mitnahm, blieben ohne Erfolg[1]. Paschalis selbst sprach auf einer Synode zu Rom im März 1110 nochmal ein Investiturverbot aus.

Für Heinrich standen in diesen Jahren innerdeutsche Probleme und *Streitigkeiten im Osten* im Vordergrund. Wenige Wochen nach dem Tod Heinrichs IV. starb am 25. VIII. 1106 Herzog Magnus Billung, der letzte männliche Sproß des Geschlechts. Von seinen beiden Töchtern Wulfhild und Eilika war die ältere mit Heinrich dem Schwarzen, dem jüngeren Bruder des Bayernherzogs Welf V., die jüngere mit Graf Otto von Ballenstedt vermählt. Wenn der König bei der *Nachfolge im sächsischen Herzogtum* die Schwiegersöhne des letzten Billungers überging und das Herzogtum dem Grafen Lothar von Süpplingenburg übertrug, so wollte er wohl verhindern, daß im sächsischen Raum eine zu starke Macht in einer Hand vereinigt wurde. Lothar gehörte damals noch nicht zu den reichen Dynasten Sachsens; durch seine Ehe mit Richenza aus dem Haus der Northeimer konnte er erst während seiner herzoglichen Regierung seine Machtbasis wesentlich erweitern. Der große Herrschaftsbereich der Billunger wurde zerschlagen; ihre Eigengüter gingen durch Wulfhild großenteils an die Welfen über, die damit in Norddeutschland erstmalig Fuß faßten[2].

In *Niederlothringen* setzte sich gegenüber Herzog Heinrich von Limburg, den Heinrich V. abgesetzt hatte, der neue Herzog Gottfried von Löwen nur langsam durch. An der *Ostgrenze* des Reiches kam es in den ersten Jahren zu langwierigen Auseinandersetzungen, als Heinrich V. in die dynastischen Kämpfe in Böhmen, Ungarn und Polen eingriff. In Böhmen konnte sich in den Thronwirren nach dem Tod König Wratislaws Herzog Swatopolk durchsetzen. Erfolglos blieben dagegen Feldzüge gegen König Koloman von Ungarn (1108) und Boleslaw III.

von Polen, der seine Herrschaft gegen Pommern zu erweitern begann und die Anerkennung der deutschen Lehnsherrschaft verweigerte (1109). Polen und Ungarn entzogen sich immer mehr dem Einfluß des Reiches. Nur gegenüber Böhmen konnte die deutsche Lehnshoheit auch nach dem baldigen Tod Herzog Swatopolks gewahrt werden.

[1] Über diese Verhandlungen H. Schlechte, Eb. Bruno von Trier (Diss. Leipzig 1934).

[2] H. W. Vogt, Das Herzogtum Lothars v. Süpplingenburg 1106–1125 (1959); H. Stoob, Die sächsische Herzogswahl des Jahres 1106, in: Landschaft und Geschichte (Festschrift Fr. Petri, 1970).

Kapitel 19
Der Ausgleichsversuch des Jahres 1111

Nach Regelung der innerdeutschen Fragen konnte Heinrich V. im Sommer 1110 den schon länger geplanten *Romzug* antreten. Durch seine Verlobung mit Mathilde, der damals achtjährigen Tochter des englischen Königs Heinrich I. (Ostern 1110), hatte er kurz zuvor ein für beide Vertragspartner vorteilhaftes *deutsch-englisches Bündnis* gegründet. Die Aussteuer von 10000 Mark Silber, die Mathilde mitbrachte, war bei der Vorbereitung des Italienzugs eine wichtige Hilfe[1]. Das ganze Reichsaufgebot war unter der Führung des Königs vereinigt. In Nord- und Mittelitalien fand er überall Anerkennung, auch bei den lombardischen Städten und der Markgräfin Mathilde. Gleichzeitig nahm er durch eine Gesandtschaft mit der Kurie Verhandlungen auf. Seine Forderung, ihm das Investiturrecht zuzugestehen, lehnte man zwar auf päpstlicher Seite ab, doch griff man hier den Gedanken einer klaren Trennung der Spiritualia und der Temporalia auf, den die königliche Gesandtschaft vorgelegt hatte. In einem Gegenvorschlag erbot sich der Papst, allen deutschen Kirchen die Rückgabe aller Güter und Rechte des Reiches zu befehlen, nur die Schenkungen Privater und die Zehnten sollten ihnen bleiben. Dafür sollte der König auf die Investitur verzichten. Aufgrund dieses Vorschlags wurde zwischen den Abgesandten des Königs und des Papstes am 4. II. 1111 in der nicht mehr bestehenden Kirche *Sancta Maria in Turri* bei der Peterskirche ein *Vertrag* abgeschlossen und am 9. II. durch einen Sicherheitseid des Königs in Sutri bekräftigt. Der

Papst verpflichtete sich, Heinrich zum Kaiser zu krönen; vor der Kaiserkrönung sollten die beiderseitigen Verzichtsurkunden verlesen werden.

Die Verhandlungen wurden streng geheim geführt, auch der deutsche Episkopat war an ihnen nicht beteiligt. Seine Stellung wäre durch diesen Vertrag völlig verändert worden. Eine Entwicklung von fast zwei Jahrhunderten sollte durch einen Federstrich rückgängig gemacht werden. Die Regalien wären in Zukunft nicht mehr ein Zubehör des Amtes gewesen, sondern in die Verfügung des Königs gestellt. Die Bischöfe konnten ihre Würde als Reichsfürsten jederzeit verlieren. Auf der anderen Seite hätte der Rückfall der Regalien an das Reich zwar einen ungeheuren Machtzuwachs für das Königtum bedeutet, doch wäre es kaum in der Lage gewesen, diesen Zuwachs zu verwalten. Auch die weltlichen Fürsten mußten deshalb dem Plan mit größter Skepsis gegenüberstehen. Ob Heinrich V. ihn überhaupt als durchführbar betrachtet hat, muß fraglich erscheinen. Vielleicht ist er auf dieses wirklichkeitsfremde Projekt des Papstes nur deshalb eingegangen, um scheinbar Verständigungsbereitschaft zu zeigen.

So kam es zu einer turbulenten *Szene in der Peterskirche* am 12. II. 1111. Nachdem Heinrich der römischen Kirche in feierlicher Form ihren Besitz bestätigt hatte, wurden die Vertragsurkunden verlesen. Zunächst sprach der König den Verzicht auf die Investitur aus. Bei der Verlesung der päpstlichen Gegenurkunde kam es zu ungeheuren Tumultszenen, da der deutsche Episkopat durch den ihm zugemuteten Verzicht auf die Regalien völlig überrascht wurde. Die deutschen Fürsten und Bischöfe erklärten das Dekret des Papstes für häretisch. Heinrich verlangte darauf das volle Investiturrecht und die Kaiserkrönung. Als der Papst beides verweigerte, sah er den vereinbarten Vertrag als nichtig an und setzte den Papst und die Kardinäle gefangen. Ein Aufstand der Römer zwang den König, der bei diesen Kämpfen selbst verwundet wurde, Rom rasch zu verlassen; doch führte er den Papst und seine Begleitung gefangen mit sich. Nach zwei Monaten mußte sich Paschalis den Forderungen des Königs fügen. Im Vertrag am Ponte Mammolo vor Rom vom 11. IV. gestand er dem König zu, daß dieser die Investitur mit Ring und Stab nach der kanonischen Wahl, aber vor der Weihe eines Bischofs ausüben dürfe und stellte darüber am folgenden Tag ein Privileg aus. Er versprach weiter, ihn zum Kaiser zu krönen und niemals den Bann über ihn zu verhängen; dafür sagte ihm der König seine sofortige Freilassung zu. Am 13. IV. fand unter dem Schutz deutscher Waffen in der Peterskirche die *Kaiserkrönung* statt. Heinrich kehrte nach Deutschland zurück. Auf dem Rückweg traf er noch einmal mit der Markgräfin Mathilde zusammen, die ihn zum Erben ihres Hausgutes einsetzte, doch ist dabei vielleicht die frühere Schenkung des mathildischen Gutes an die Kurie von Heinrich anerkannt worden[2].

Heinrich V. konnte glauben, am Ende des Kampfes zu stehen und das erreicht zu haben, wofür sein Vater vergeblich gekämpft hatte. Es war ein Ausdruck des Siegesgefühls, daß er bald nach seiner Rückkehr nach Deutschland am 7. VIII., dem Todestag seines Vaters, dessen Leichnam im Dom zu Speyer mit allen kirchlichen Ehren beisetzen ließ.

Mit dem Gewaltstreich, der die Lösung des Konflikts bringen sollte, konnte sich aber die Kirche nicht zufrieden geben. Sofort nach dem Abzug des Kaisers erhob sich in Rom die *Opposition der Reformer* gegen Paschalis. Der Papst mußte ihr nachgeben. Auf einer Synode , die im März 1112 im Lateran abgehalten wurde, erklärte er, daß das Privileg von Ponte Mammolo ihm abgenötigt worden sei. Die Synode verwarf dieses »Pravileg« als ungültig, Paschalis bekannte sich in feierlicher Weise zu den Grundsätzen Gregors und Urbans (Const. 1 n. 399 f.). Da er jedoch nicht selbst den Bann über Heinrich auszusprechen wagte, trat unter Führung des Erzbischofs Guido von Vienne in Südfrankreich eine Synode zusammen, die jede Form der Laieninvestitur als Häresie brandmarkte und den Bann über den Kaiser verhängte (September 1112). Paschalis hat diese Beschlüsse anerkannt, ohne jedoch den Verkehr mit dem Kaiser abzubrechen.

[1] K. Leyser, England and the Empire in the Early 12th Century, in: Transactions of the Royal Hist. Soc. 5th ser. 10 (1960).

[2] Die Akten über die Verhandlungen von 1111 Const. 1 n. 83–101, jetzt auch bei W. Fritz, Quellen zum Wormser Konkordat (1955), S. 30 ff. Die wichtigsten Urkunden wurden von der kaiserlichen Kanzlei in einer ›Collectio monumentorum‹ zusammengestellt, die auch in England Verbreitung fand, vgl. W. Holtzmann, Zur Gesch. des Investiturstreites, NA 50 (1935), und in dess. Beitr. zur Reichs- u. Papstgesch. des hohen MA (1957), S. 107 ff. Der königliche Kaplan David, ein Iroschotte, der an diesem Zug teilnahm, hat in 3 Büchern ein Geschichtswerk über die Ereignisse dieses Romzugs verfaßt; es ist zwar verloren, aber durch Auszüge bei späteren Chronisten bekannt. Die Annahme von K. Pivec, Studien und Forschungen zur Ausgabe des Codex Udalrici II., MÖIG 46 (1932), daß David die treibende Kraft bei dem Vorgehen Heinrichs V. gewesen sei, trifft nicht zu. Sicher ist wohl nur, daß David an der Abfassung der

Vertragsurkunden beteiligt war; vgl. auch PIVEC, Die Bedeutung des ersten Romzuges Heinrichs V., MÖIG 52 (1938). Zur Beurteilung dieser Vorgänge A. WAAS, Heinrich V. (s. Kap. 16, Anm. 2), S. 41 ff. Zur Sache zuletzt R. HIESTAND, Legat, Kaiser und Basileus. Bischof Kuno von Praeneste und die Krise des Papsttums 1111/12, in: Aus Reichsgeschichte und Nordischer Geschichte (1972).

Kapitel 20
Heinrich V. und das deutsche Fürstentum

Auch im *Inneren* lenkte Heinrich V. nach seiner Rückkehr nach Deutschland ganz in die Bahnen der alten salischen Königspolitik ein. Die *Reichsministerialen* treten jetzt in seiner Umgebung stärker hervor; mit ihrer Hilfe versucht er, dem Königtum am Oberrhein eine starke Stellung zu verschaffen. In die gleiche Richtung weist auch die Begünstigung der Städte; Speyer (1111) und Worms (1114) erhielten wichtige Privilegien, durch die die Mißstände im stadtherrlichen Regiment der Bischöfe beseitigt werden sollten. In Köln konnte die Bürgerschaft mit Rückhalt am Kaiser 1112 die Anerkennung ihrer »coniuratio pro libertate« durch den Erzbischof durchsetzen.

Seine *Territorialpolitik* brachte den König bald in einen scharfen *Gegensatz zu den Fürsten*. Das Schwergewicht des Widerstands lag nach wie vor in Sachsen. Lothar von Süpplingenburg war von Anfang an bemüht, seine Rechte als Herzog stärker zur Geltung zu bringen als die letzten Billunger. Im Gebiet der sächsischen Grenzmark begann er mit einem aktiven Vorgehen gegen die Slaven. Mehrmals ist er gegen sie zu Felde gezogen und hat sie seiner Oberhoheit unterworfen. In Graf Adolf von Schauenburg, dem er nach dem Tod des Grafen Gottfried von Hamburg die erledigten Grafschaften Holstein und Stormarn übertrug (Anfang 1111), fand er einen wichtigen Helfer im Grenzland. Eine Ausdehnung des sächsischen Machteinflusses in diesem Gebiet wurde dadurch begünstigt, daß Heinrich, ein Sohn des 1066 ermordeten Obodritenfürsten Gottschalk, in den letzten Jahren des 11. Jh. die Herrschaft seines Geschlechts im Obodritenland wieder begründen und die Burg Altlübeck nordöstlich vom heutigen Lübeck zum Mittelpunkt eines christlichen Slavenreiches machen konnte[1].

Als Heinrich V. 1112 in die innersächsischen Verhältnisse eingriff, bildete sich hier eine allgemeine *Fürstenopposition*. Sie fand in Erzbischof Adalbert von Mainz, dem früheren Kanzler Heinrichs V., einen starken Bundesgenossen[2]. Heinrich machte dem Erzbischof deshalb den Prozeß und ließ ihn durch ein Fürstengericht zu Haft verurteilen. Im Kampf gegen die sächsischen Aufständischen war der kaiserliche Feldherr Graf Hoyer von Mansfeld zunächst erfolgreich. Als Heinrich 1114 in Mainz seine Hochzeit mit Mathilde feierte, mußte sich hier auch Herzog Lothar unterwerfen. Ein Rückschlag trat ein, als der Kaiser auf einem Feldzug gegen die Friesen eine Schlappe erlitt und sich jetzt auch die Stadt Köln auf die Seite seiner Gegner schlug. Nach dem vergeblichen Versuch, Köln zu erobern, ging der Kaiser gegen Jahresende zum Angriff gegen die Sachsen vor. Sein Heer war aber den Gegnern zahlenmäßig unterlegen. Am *Welfesholz* bei Mansfeld kam es am 11. II. 1115 zur Schlacht. Der Kaiser erlitt eine schwere Niederlage, sein Feldherr Hoyer von Mansfeld fand den Tod in der Schlacht; Heinrich selbst mußte Sachsen fluchtartig verlassen[3].

Die Niederlage des Kaisers bildete die entscheidende Wende in seiner Regierung. Im Kampf zwischen Königtum und Fürstentum war er unterlegen. Auch der Episkopat begann sich jetzt von ihm zu trennen. Päpstliche Legaten konnten auf deutschem Boden die Bannsentenz gegen Heinrich V. öffentlich verkünden. In dieser schwierigen Situation erreichte ihn die Nachricht, daß die Markgräfin Mathilde am 24. VII. 1115 gestorben war. Trotz der ungeklärten Lage in Deutschland entschloß er sich, nach Italien zu ziehen, um hier seine Erbansprüche geltend zu machen. Als seine Stellvertreter in Deutschland setzte er seine beiden staufischen Neffen ein, Herzog Friedrich II. von Schwaben und dessen Bruder Konrad. Dieser erhielt damals die Grafschaften des abtrünnigen Würzburger Bischofs als Herzogtum Ostfranken. Damit wurde die Grundlage für eine staufische Territorialpolitik am Main geschaffen[4].

[1] Über die Anfänge der Schauenburger in Nordelbingen jetzt W. Lammers, Das Hochmittelalter bis zur Schlacht von Bornhöved, in: Gesch. Schleswig-Holsteins Bd. 4, 1961 ff. Über Altlübeck: W. Neugebauer u. a., Alt-Lübeck, ein Forschungsbericht, Offa 21/22 (1964/65).

[2] Zu Adalbert: F. Hausmann, Reichskanzlei und Hofkapelle unter Heinrich V. und Konrad III. (1956), S. 8 ff.; H. Büttner, Das Erzstift Mainz und das Reich im 12. Jh., Hess. Jb. f. Landesgesch. 9 (1959).

[3] Zur Schlacht am Welfesholz u. ihrem Nachleben: R. Holtzmann, Sagengeschichtliches zur Schlacht am Welfesholz, Sachsen u. Anh. 10 (1934), auch in: ders., Aufsätze zur dt. Gesch. im

Mittelelberaum (1962), S. 255 ff. J. PRINZ, Der Zerfall Engerns und die Schlacht am Welfesholz, Ostwestfäl.-Weserländische Forschungen zur Landesgesch. (1970).

[4] Zur Gesch. der Staufer unter Heinrich V., außer HEUERMANN und WERLE (Kap. 11, Anm. 2): I. DIETRICH, Hg. Friedrich II. von Schwaben (Diss. Ms. Gießen 1943).

Kapitel 21
Der zweite Romzug Heinrichs V.

Der *zweite Romzug*, den Heinrich im März 1116 antrat, ließ den Wandel seiner Stellung in Deutschland in den letzten Jahren deutlich erkennen. Erschien er bei seinem ersten Zug mit dem gesamten deutschen Aufgebot in Oberitalien, so kam er diesmal ohne Heer. Der Zweck des Zuges war nicht nur, die reiche territoriale Erbschaft der Mathilde für sich zu sichern, sondern auch ein Bündnis zwischen der Kurie und der deutschen Opposition zu verhindern. Die Erbschaft der Markgräfin konnte er ohne Schwierigkeiten in seinen Besitz nehmen. Er beanspruchte dabei nicht nur die Reichslehen, sondern trat aufgrund der Abmachungen von 1111 auch als Privaterbe der Markgräfin auf. Durch wertvolle Privilegien konnte er auch die Städte Oberitaliens für sich gewinnen. Mit Irnerius, dem bedeutenden Begründer der Bologneser Rechtsschule, trat er dabei in persönliche Beziehungen. Damit beginnt der enge Kontakt zwischen dem Kaisertum und den Lehrern des zu neuem Ansehen gelangenden römischen Rechtes[1].

Die *Verhandlungen*, die er durch Vermittlung des Abtes Pontius von Cluny *mit Paschalis II.* aufnahm, blieben jedoch erfolglos. Unter dem Druck der strengen Gregorianer und der Kurie beharrte Paschalis II. auf dem Widerruf des sogenannten »Pravilegs« von 1111. Jede Investitur wurde mit der Exkommunikation bedroht. Bald darauf zwang aber ein Aufstand der Römer den Papst, die Stadt zu verlassen. Heinrich konnte im Frühjahr 1117 in Rom einziehen und ließ am Pfingsttag seine Gemahlin Mathilde durch den portugiesischen Erzbischof Mauritius von Braga zur Kaiserin krönen. Nach dem Abzug des Kaisers aus Rom konnte sich Paschalis mit normannischer Hilfe noch einmal in den Besitz der Stadt bringen, ist aber bereits im Januar 1118 gestorben.

Zu seinem Nachfolger wählte das Kardinalkollegium den bisherigen Kanzler der römischen Kirche, Johannes von Gaeta, der sich *Gelasius II.* nannte. Als sich auch mit ihm eine Verständigung zerschlug, entschloß sich der Kaiser unter dem Einfluß der römischen Gegner des Papstes, einen *Gegenpapst* aufzustellen, und ließ Mauritius von Braga als *Gregor VIII.* wählen, nachdem die Wahl des Gelasius für ungültig erklärt worden war. Große Bedeutung hat dieses Gegenpapsttum, nachdem der Kaiser im Herbst 1118 Italien verlassen hatte, nicht gehabt. Gregor VIII. blieb im wesentlichen der Exponent des römischen Adels. Seine Gegner haben ihm deshalb den Spottnamen Burdinus (spanischer Esel) beigelegt[2]. Aber auch Gelasius konnte sich gegenüber dem Widerstand in Rom nicht durchsetzen. Er ging deshalb noch im gleichen Jahr nach Südfrankreich, wo er bereits im Januar 1119 in Cluny starb. Seinem letzten Wunsch entsprechend wählten die wenigen in Cluny versammelten Kardinäle den Erzbischof Guido von Vienne als *Calixt II.* zu seinem Nachfolger. Ein Angehöriger des burgundischen Adels, war er der erste Regularkanoniker, der den päpstlichen Stuhl bestieg.

Bei der versöhnlichen Haltung des neuen Papstes schienen *neue Friedensverhandlungen* erfolgversprechend zu werden. Sie wurden im September 1119 in Straßburg begonnen. Heinrich erklärte seine Bereitschaft, auf die Investitur zu verzichten, nachdem ihm zwei französische Geistliche, Bischof Wilhelm von Champeaux und Abt Pontius von Cluny, dargelegt hatten, daß damit kein Verzicht auf die bisherigen Leistungen der Reichskirche verbunden sei. Mit päpstlichen Legaten wurden die Vertragsurkunden aufgesetzt, der endgültige Frieden sollte am 24. X. in Mouzon an der Maas zwischen Kaiser und Papst geschlossen werden. Der Papst hatte sich von Reims, wo ein allgemeines Konzil tagte, nach Mouzon begeben. Da aber von kurialer Seite eine Änderung der Abmachungen gewünscht, anscheinend ein ausdrücklicher Verzicht des Kaisers auf die Investitur auch mit den Temporalien verlangt wurde, scheiterte das Abkommen. Der Papst kehrte nach Reims zurück. Hier wollte er ein allgemeines Investiturverbot erlassen, stieß aber auf den Widerspruch der Konzilsteilnehmer und mußte sich deshalb mit einem Verbot der Laieninvestitur bei Bistümern und Abteien begnügen, wobei die Frage der Temporalien nicht erwähnt wurde. Der Bann über den Kaiser, den Gegenpapst und ihre Anhänger wurde noch einmal erneuert. Zu Beginn des nächsten Jahres konnte Calixt nach Italien zurückkehren und in Rom einziehen. Burdinus fiel 1121 in seine

Hände und wurde in ein Kloster gesteckt. So fand das Gegenpapsttum sein unrühmliches Ende[3].

[1] G. de Vergottini, Lo Studio di Bologna, l'Impero, il Papato, in: Studi et mem. per la storia dell'Università di Bologna, NS 1 (1959).

[2] Zu Gregor VIII.: C. Erdmann, QFItA 19 (1927); P. David, L'énigme de Maurice Bourdin, in dess. Études historiques sur la Galice et le Portugal (Lisboa-Paris 1947), S. 441 ff.

[3] Hauptquelle über die Verhandlungen des Jahres 1119 ist die ›Relatio de concilio Remensi‹ des Straßburger Scholasters Hesso, Lib. de lite 3, 21 ff., auch bei W. Fritz, Quellen zum Wormser Konkordat, S. 59 ff. Die in Straßburg vereinbarten Vertragsentwürfe Const. 1 n. 104/5, s. Fritz, S. 67 f., dazu J. Haller, Die Verhandlungen von Mouzon, Neue Heidelb. Jbb. 2 (1892), auch in: Abhh. z. Gesch. d. MA, S. 175 ff. Die Annahme von H. Zatschek, Beiträge zur Beurteilung Heinrichs V., DA 7 (1944), die Verhandlungen seien daran gescheitert, daß auf kurialer Seite die Forderung erhoben wurde, Heinrich solle auf die Leistungen aus dem Kirchenbesitz verzichten, ist nicht haltbar; vgl. dazu Th. Schieffer, Nochmals die Verhandlungen von Mouzon 1119, in Festschr. E. Stengel (1952); St. A. Chodorow, Ecclesiastical Politics and the Ending of Investiture Contest. The Papal Election of 1119 and the Negotiations of Mouzon, Speculum 46 (1971). Eine Liste der auf dem Konzil Gebannten veröffentlichte W. Holtzmann, NA 50 (1935), S. 301 ff.

Kapitel 22
Das Wormser Konkordat

Das *Scheitern der Verhandlungen in Mouzon* und der erneute Bannspruch des Papstes ließen die *Gegensätze in Deutschland* wieder an Schärfe zunehmen. Adalbert von Mainz versuchte als päpstlicher Legat, neue Opposition, vor allem in Sachsen, gegen den Kaiser zu entfachen. Bayern, wo 1120 auf Welf V. sein Bruder Heinrich der Schwarze folgte, Schwaben unter Herzog Friedrich II. und Teile Frankens und Lothringens hielten zum Kaiser. Als Heinrich im Sommer 1121 die Stadt Mainz belagerte und Erzbischof Adalbert mit einem Entsatzheer herbeieilte, schien ein neuer Kampf bevorzustehen. Da schritten auf beiden Seiten die Fürsten ein und vermittelten eine Friedensversammlung, die im Herbst in Würzburg zusammentrat. Hier wurde beschlossen, daß der Streit mit der Kirche unbeschadet der Rechte des Reiches mit Rat und Hilfe der Fürsten geschlichtet werden sollte. Auch Calixt II. war jetzt zu Verhandlungen bereit und sandte die Kardinäle Lambert von Ostia, Saxo und Gregor nach Deutschland. Die *Beratungen*, die ursprünglich in Würzburg stattfinden sollten, begannen am 8. IX. 1122 *in*

Worms auf einer Synode, an der der Kaiser, die Legaten und eine Reihe geistlicher und weltlicher Fürsten teilnahmen. Nach längeren, teilweise schwierigen Verhandlungen kam man schließlich zu einer Einigung aufgrund jener Trennung von Spiritualien und Temporalien, wie sie in der Literatur der Zeit theoretisch begründet und bereits in Frankreich und England praktisch durchgeführt war. Am 23. IX. 1122 konnte dieses *Wormser Konkordat* auf der Ebene Lobwisen bei Worms vor einer großen Menge feierlich verkündet werden. Der König verzichtete auf die Investitur mit Ring und Stab und gestand kanonische Wahl und freie Weihe bei den Kirchen des Reiches zu. Die Wahlen sollten jedoch in Anwesenheit des Königs oder seines Bevollmächtigten vollzogen werden. Diese »praesentia regis« gab ihm zwar keine bestimmten rechtlichen Befugnisse, bot aber faktisch die Möglichkeit, den Einfluß des Königs geltend zu machen. Bei zwiespältigen Wahlen sollte der König gemäß dem Rat oder Urteil des zuständigen Metropoliten und seiner Suffraganbischöfe dem im Recht befindlichen Teil (»sanior pars«) seine Zustimmung geben. Der Gewählte sollte vom König durch das Zepter mit den Regalien belehnt werden. In Deutschland sollte diese Regalieninvestitur der kirchlichen Weihe vorausgehen, in Burgund und Reichsitalien innerhalb von sechs Monaten nach der Weihe erfolgen. Für das Gebiet des Kirchenstaates sollte das Konkordat keine Geltung besitzen.

Während die noch in einer formlosen Originalausfertigung erhaltene königliche Urkunde für die katholische Kirche ausgestellt war, wurde die nur abschriftlich überlieferte päpstliche Gegenurkunde nur für Heinrich V. persönlich erteilt. Es blieb eine offene Frage, ob die Zugeständnisse des Papstes auch nach dem Tod dieses Kaisers Geltung behalten würden. Auf päpstlicher Seite wurde bald die Ansicht vertreten, daß diese Konzessionen nur Heinrich, nicht aber seinen Nachfolgern gemacht worden seien. Auf einem Hoftag zu Bamberg fand das Konkordat die Zustimmung der Fürsten. Die Lateransynode, die im März 1123 in Rom zusammentrat, bestätigte ebenfalls die in Worms getroffenen Abmachungen, wenn auch die päpstlichen Zugeständnisse bei vielen Teilnehmern Widerspruch fanden.

Mit dem *Wormser Konkordat* fand der fast fünfzigjährige Kampf in Form eines Kompromisses sein Ende. Der Frieden war mit *Zugeständnissen von beiden Seiten* erkauft. Das deutsche Königtum hatte auf wichtige Rechte verzichten und das herkömmliche Reichskirchensystem preisgeben müssen. Es wäre aber falsch, das Wormser Konkordat deshalb einseitig als Niederlage des Königtums zu bezeichnen. Trotz des Verzichts auf die Investitur mit Ring und Stab konnte das Königtum in Deutschland in der Folgezeit seinen Einfluß auf die Besetzung der höchsten Kirchenämter noch weitgehend wahren. Die Bischöfe und Reichsäbte waren allerdings in Zukunft nur noch Vasallen des Königs wie andere Reichsfürsten. Die Reichskirche wurde ganz in das Lehnrecht einbezogen. Anders lagen die Verhältnisse in Reichsitalien und Burgund. Hier wurden die Kirchen tatsächlich der Verfügung des Königtums entzogen. Die Erteilung der Regalieninvestitur durch den König erst nach dem Vollzug der Weihe trug nur noch formalen Charakter. Der moralische Gewinn der Kirche war jedoch nicht zu unterschätzen, wenn auch die Forderungen Gregors VII. in ihrer Schärfe nicht verwirklicht waren, so war doch die Herrschaft des deutschen Königtums über das Papsttum beseitigt, der Weg zum Kirchenstaat durch die Bistümer Norditaliens gleichsam abgeschirmt. Das geschichtlich gewordene Eigenkirchenrecht des Staates war dem neuen kanonischen Recht der Kirche gewichen. So konnte sich das Papsttum mit einem gewissen Recht als Sieger betrachten. Calixt II. ließ den Triumph nach Abschluß des Konkordats in einem großen Wandgemälde im Lateran darstellen.

Text des Wormser Konkordats Const. 1 n. 107/8; W. Fritz, Quellen, S. 71; Faksimile der kgl. Urkunde bei Th. von Sickel und H. Bresslau, Die kaiserl. Ausfertigung des W. K., MIÖG 6 (1885); Ndr. der päpstl. Urkunde mit den abweichenden Fassungen bei A. Hofmeister, Das W. K., in: Forschungen und Versuche zur Gesch. des MA und d. Neuzeit (Festschr. f. D. Schäfer 1915, Ndr. als Sonderausgabe 1963). Das von Calixt II. veranlaßte Wandgemälde im geheimen Beratungszimmer des Lateranpalastes zeigte wohl den Text der beiden Vertragsurkunden. Es ist nicht erhalten, aber durch eine Zeichnung und Beschreibung des 16. Jh. bekannt, vgl. G. Ladner, Die Papstbildnisse des Altertums und des MA 1 (Città di Vaticano 1941), S. 199 ff. Die zuletzt von K. Pivec, MÖIG 46 (1932), S. 309 ff., vertretene Ansicht, der im Codex Udalrici überlieferte kürzere Text beider Urkunden sei ein Vertragsentwurf, trifft nicht zu. Es handelt sich vielmehr um eine später in Bamberg vorgenommene Zusammenziehung des ursprünglichen Vertragstextes mit Änderungen in kaiserfreundlichem Sinn, so schon H. Hirsch, Reichskanzlei und Reichspolitik im Zeitalter der salischen Kaiser, MÖIG 42 (1927), S. 14 ff., auch in: ders., Aufsätze zur mittelalterl. Urkundenforschung (1965), S. 62 ff., und C. Erdmann, Die Bamberger Domschule im Investiturstreit, Zs. f. bayer. Landesgeschichte 9 (1936), S. 9, Anm. 28. – Lit. zur Beurteilung des W. K. bei DW[9] 6326, bes. die Arbeiten von Bernheim, Schäfer und A. Hofmeister, der die von Schäfer vertretene Ansicht, das W. K. habe formal nur für die Zeit Heinrichs V. gegolten, dahingehend modifiziert, daß die Heinrich V. gemachten Zugeständnisse von seiten des Reiches länger festgehalten wurden. Vgl. auch J. Bauermann (s. u. Kap. 25, Anm. 1) und jetzt P. Classen,

Das W. K. in der dt. Verf.gesch., in: Vorträge u. Forsch. des Konstanzer Arbeitskreises 17 (1973); R. L. BENSON, The Bishop-Elect (1968). Zum Laterankonzil von 1123 R. FOREVILLE, Lateran I–IV (dt. Übersetzung 1970) S. 56 ff.

Kapitel 23
Der Ausgang Heinrichs V.

Das Wormser Konkordat brachte den Frieden zwischen Heinrich V. und der Kirche. Die Spannungen zwischen dem Kaiser und der *Opposition in Sachsen* blieben jedoch bestehen. Herzog Lothar hatte an den Verhandlungen in Worms nicht teilgenommen. Bald brachen zwischen ihm und dem Kaiser neue Feindseligkeiten aus. Als Markgraf Heinrich von Eilenburg 1123 starb, verlieh der Kaiser dessen beide Marken Meißen und Lausitz dem Grafen Wiprecht von Groitzsch. Herzog Lothar setzte dieser Verfügung zuwider in der Lausitz (Ostmark) Albrecht den Bären aus dem Hause der Ballenstedter ein, während er die Mark Meißen an Konrad von Wettin übertrug. Einer Vorladung auf einen Reichstag zu Bamberg leistete er nicht Folge. Wohl wurde gegen ihn eine Heerfahrt beschlossen, doch kam sie nicht zustande. Das Königtum war in Sachsen und an der Ostgrenze tatsächlich ausgeschaltet.

Stärker noch haben den Kaiser in seinen letzten Jahren die Probleme an der *Westgrenze* des Reiches beschäftigt. Sein Schwiegervater Heinrich I. von England hatte 1106 seinen ältesten Bruder Robert, den Herzog der Normandie, besiegt und gefangengesetzt und damit wieder England und die Normandie in einer Hand vereinigt. Die Normandie aber war und blieb ein Lehen der französischen Krone, die 1108 nach dem Tod Philipps I. an dessen tatkräftigen Sohn Ludwig VI. überging. Zwischen diesem und seinem mächtigen englischen Vasallen kam es bald zu Spannungen. Als nun Heinrichs I. einziger Sohn Wilhelm 1120 bei der Überfahrt nach der Normandie im Kanal ertrank, war dessen Zwillingsschwester, die Kaiserin Mathilde, die nächste Erbin des englischen Königs. Eine neue politische Machtkonstellation in der Form eines gemeinsam regierten deutsch-englischen Reiches schien sich anzubahnen. So war es nur natürlich, daß Heinrich V. seinen Schwiegervater in seinen *Auseinandersetzungen mit Frankreich* unterstützte. Ein deutsches Heer sollte im Sommer 1124 nach Frankreich vorstoßen.

Die Gefahr eines solchen deutschen Angriffs hatte in Frankreich ungeahnte Wirkungen. Der König, beraten von dem klugen Abt Suger von Saint-Denis, rief zum nationalen Widerstand auf, indem er die Oriflamme, die als Fahne Karls d. Gr. galt, am Altar des Klosters Saint-Denis erhob. In großen Scharen stieß der französische Lehnsadel zum Heer des Kapetingers. Einer solchen Streitmacht war das Heer Heinrichs V. nicht gewachsen. Der Kaiser, der bis Metz vorgedrungen war, mußte im August, da sich in seinem Rücken die Stadt Worms gegen ihn erhoben hatte, umkehren, ohne daß es zum Kampf gekommen war[1]. Es war die letzte politische Aktion Heinrichs V. Zu Beginn des Jahres 1125 kam das krebsartige Leiden, von dem der Kaiser schon länger befallen war, zum vollen Ausbruch; am 23. V. ist er, wohl 39 Jahre alt, in Utrecht gestorben. Da er keine Kinder hinterließ, übergab er seine Güter seinem Neffen Friedrich von Schwaben und erkannte ihn damit als Erben an, ohne ihn in aller Form zum Nachfolger zu designieren. Sein Leichnam wurde neben seinen Vorfahren im Dom zu Speyer beigesetzt. Wenige Monate vor Heinrich V., am 14. XII. 1124, war Papst Calixt II. gestorben. Bei seinem Tod traten die Spannungen innerhalb des Kardinalkollegiums, die sich schon auf der Lateransynode von 1123 gezeigt hatten, noch deutlicher in Erscheinung. In tumultuarischer Form wurde der Kardinalbischof Lambert von Ostia, der Verhandlungsführer von Worms, als *Honorius II.* zum neuen Papst gewählt. Der von Calixt II. zum Kanzler erhobene Kardinaldiakon Haimerich war bei diesen Vorgängen die maßgebliche Persönlichkeit[2].

Mit Heinrich V. ging die *Herrschaft des salischen Hauses* nach hundertjähriger Dauer zu *Ende*. Wenn auch die zeitgenössische Chronistik das Bild des Kaisers in der Geschichtsschreibung ungünstig beeinflußt hat, lassen sich doch menschliche Härte und Verschlagenheit in seinem Charakter nicht leugnen. So verschieden Heinrich V. von seinem Vater war, das Ziel der beiden letzten Salier war doch das gleiche gewesen: die Macht der Krone in Deutschland nach Möglichkeit zu wahren. Den bestimmenden Einfluß des Königtums auf die deutsche Kirche haben sie im wesentlichen trotz aller Zugeständnisse im einzelnen zu sichern vermocht. Den Aufstieg des Fürstentums konnten sie jedoch nicht hindern. Gerade der Ausgang der Regierung Heinrichs V. läßt erkennen, wie sehr sich das Schwergewicht zwischen Königtum und Fürsten zu deren Gunsten verschoben hatte. Der Abschluß des Wormser Konkordats war in erster Linie das Werk der Fürsten gewesen. Auf der anderen Seite hatte Heinrich V., hierin ebenfalls auf den Bahnen seines Vaters weiter voranschreitend, die neuen politisch und sozial emporstrebenden Kräfte des städtischen Bürgertums und der Reichsdienstmannenschaft gefördert und damit den Staufern den Weg gewiesen, auf dem eine Erneuerung der Königsmacht möglich war[3].

[1] H. MEYER, Die Oriflamme und das französische Nationalgefühl, Nachr. Ak. Gött. (1930); P. KIRN, Aus der Frühzeit des Nationalgefühls (1943), S. 80 ff.

[2] H.-W. KLEWITZ, Das Ende des Reformpapsttums, DA 3 (1939), auch in: ders., Reformpapsttum und Kardinalkolleg (1957), S. 207 ff.; F. J. SCHMALE, Papsttum und Kurie zwischen Gregor VII. und Innocenz II., HZ 193 (1961), jetzt auch in: Probleme des 12. Jh. (1968), S. 13 ff.; ders., Studien zum Schisma des Jahres 1130 (1961), S. 120 ff.

[3] Zur Persönlichkeit des Kaisers jetzt A. WAAS, Heinrich V. (1967, s. o. Kap. 16, Anm. 2), dessen Beurteilung Heinrichs jedoch zu negativ ist.

Kapitel 24
Geistige und religiöse Wandlungen im Zeitalter des Investiturstreites

Das Ringen zwischen Regnum und Sacerdotium, zwischen der althergebrachten Ordnung und den neuen Reformideen, hat auch im geistigen und religiösen Leben Deutschlands tiefe Spuren hinterlassen[1]. Die Spannungen dieser Jahrzehnte werden nicht nur in der leidenschaftlich erregten Geschichtsschreibung und Publizistik, sondern auch in der *Kunst* der Zeit deutlich. Das tritt besonders sichtbar in der Baukunst in Erscheinung. Hier wird Hirsau Ausgangspunkt für eine neue Art des klösterlichen Kirchenbaus. Neben der älteren Aureliuskirche ließ Wilhelm von Hirsau die Basilika St. Peter und Paul errichten, die mit der Erweiterung des Chorraums, insbesondere der Schaffung eines »chorus minor«, und mit dem oft zu einer Vorkirche umgestalteten Atrium dem reichen liturgischen Leben der neuen Hirsauer Gewohnheiten nach cluniazensischem Vorbild Rechnung trug. Dabei hielt man in Hirsau noch an der flachgedeckten Basilika fest. Dieser neue Typ der Klosterkirche ist in der Folgezeit im Schwäbischen, aber auch in Mitteldeutschland für eine Reihe von Klosterbauten vorbildlich geworden. Doch kann man nicht von einer eigenen Hirsauer Bauschule sprechen, da neben diesen von Hirsau ausgehenden Anregungen die landschaftliche Tradition eine wichtige Rolle spielte[2]. Auch der Neubau des Speyerer Domes, den Heinrich IV. seit etwa 1080 durchführen ließ, nimmt in der Entwicklung des Kirchenbaus in Deutschland einen wichtigen Platz ein. Bereits Konrad II. und Heinrich III. hatten mit der Errichtung des neuen Domes als Grablege ihres Geschlechts begonnen. Unter Heinrich IV. wird die ursprüngliche Konzeption einer flachgedeckten Basilika aufgegeben und mit der Überwölbung der Schiffe durch Kreuzgewölbe die Wölbetechnik zum erstenmal auf deutschem Boden angewandt[2]. In die Zeit Heinrichs IV. fällt auch der Beginn der Neubauten der Dome in Mainz und Worms.

Die neuen religiösen Impulse der Zeit lassen sich auch in der *Dichtung* der Zeit erkennen. Nach einer Pause von fast 150 Jahren beginnen seit etwa 1050 schreibkundige Geistliche wieder in deutscher Sprache zu dichten. Diese frühmittelhochdeutsche Literatur ist im wesentlichen religiöse Dichtung mit lehrhaftem Charakter. Der Einfluß der klösterlichen Reformbewegung auf diese deutsche geistliche Dichtung des ausgehenden 11. Jh. ist nicht sehr stark. Man sollte sie deshalb nicht als »cluniazensisch« bezeichnen. Die Schöpfer dieser Literatur sind zudem vielfach Weltgeistliche, die sich mit ihren Werken vor allem an den Laienadel wenden. So verfaßte bald nach 1060 der Bamberger Domherr *Ezzo* einen Gesang von den Wundern Christi; diese erste größere geistliche Dichtung dieser Zeit in deutscher Sprache wurde vielleicht auf der großen Palästina-Wallfahrt des Jahres 1064 gesungen (s. o. Kap. 15). Um 1070 entstand der Bußaufruf des ›*Memento mori*‹, dessen Dichter Noker vielleicht der gleichnamige Abt des Klosters Zwiefalten ist. Dem ausgehenden 11. Jh. gehört das wohl im Kloster Siegburg verfaßte *Annolied* an, eines der frühesten Werke deutscher Epik, das das Leben des Kölner Erzbischofs Anno II. (s. Kap. 1 ff.) als beispielhaft für die Heils- und Reichsgeschichte betrachtet. Zu Beginn des 12. Jh. entfaltet sich diese geistliche Dichtung auch in Mitteldeutschland und Österreich, um in der Zeit von etwa 1130 bis 1150 zur vollen Blüte zu gelangen[4].

Unter den *geistlichen Schulen* nimmt die Bamberger Domschule unter dem Scholaster Meinhard, einem der belesensten und besten Stilisten seiner Zeit, einen besonderen Rang ein. Auch in Hildesheim herrschte unter dem Domschulmeister Bernhard reges Leben. Im Südwesten des Reiches ist vor allem die Domschule von Konstanz zu nennen, deren Leitung lange Zeit in Bernolds Händen lag[5]. Seit der Mitte des Jahrhunderts beginnen aber Deutsche in stärkerem Maße nach Frankreich zu ziehen, wo vor allem die Schulen in Chartres, Laon und Paris Berühmtheit erlangten.

Auf dem Boden Frankreichs nahm auch die *neue kirchliche Wissenschaft* ihren Ausgangspunkt. Hatte der Streit der Meinungen manche Diskrepanzen zwischen den kirchlichen Autoritäten aufgedeckt und hie und da Zweifel an der Lehrtradition aufkommen lassen, so will diese neue Wissenschaft der *Scholastik* die Glaubenswahrheiten auch verstandesmäßig begreifen und miteinander in Einklang bringen. Als ihr Begründer ist trotz mancher neuerdings geäußerter Zweifel *Anselm von Canterbury* anzusehen, ein gebürtiger Norditaliener (ca. 1033–1109), dessen Rolle im englischen Kirchenstreit bereits (Kap. 17) erwähnt wurde. Die Bedeutung seiner wichtigsten Schriften (›Cur deus homo?‹, ›Monologium‹, ›Proslogium‹) liegt darin, daß er von der Unmittelbarkeit des Glaubens zum erreichbaren Ziel wissenschaftlicher Erkenntnis vordringen (»fides quaerens intellectum«) und das kirchliche Lehrsystem auch logisch unterbauen will. Durch ihn wird die Exegese zur wichtigsten Aufgabe der theologischen Wissenschaft des 12. Jh. Die Ausbildung der dialektischen Methode dieser Frühscholastik ist in erster Linie das Werk des *Petrus Abaelard* (1079–1142). Zunächst an der Kathedralschule von Laon tätig, entfaltete er seit 1113 in Paris eine umfangreiche Wirksamkeit und zog durch seinen Ruf zahlreiche Scholaren, auch viele junge Deutsche, nach Paris, wo seine Schule eine der Vorstufen der Pariser Universität wurde. Durch sein Eingreifen in den Universalienstreit, in dem er eine vermittelnde Stellung einnahm, hat er eine kritische Behandlung des Erkenntnisproblems angebahnt. Die dialektische Methode, deren Unentbehrlichkeit vor allem seine Schrift ›Sic et non‹ (Ja und nein) demonstrieren sollte, konnte aber auch über die Glaubenstradition hinausführen. So entfernte sich Abaelard verschiedentlich von der herrschenden Lehrmeinung. Auf zwei Synoden (1121 in Soissons, 1140 in Sens) wurde er deshalb der Häresie angeklagt und verurteilt[6].

Ihm erwuchs in *Bernhard von Clairvaux* (1090–1153) ein erbitterter Widersacher. Bernhard ist zwar kein Gegner der Wissenschaft; ihm gilt aber nicht das verstandesmäßige Begreifen, sondern das gläubige Erleben Gottes in der Kontemplation als entscheidend. So wird er einer der Begründer der mittelalterlichen Mystik. Ihre Eigenart liegt in den praktisch-moralischen Folgerungen, die er aus diesem persönlichen Erleben zieht. Aus der mystischen Schau Gottes schöpft er den Antrieb, das empfangene Gnadengeschenk anderen in Predigt und durch Werke der Liebe mitzuteilen. Er wurde zum gewaltigsten und wirksamsten Prediger seiner Zeit, zugleich aber auch ein Kirchenpolitiker, der deren Mißstände bessern will. In seiner Gestalt liegt etwas Zwiespältiges, die »Chimäre des Jahrhunderts« hat er sich selbst genannt. Eine ihm eigene Herrschsucht gab ihm für fast ein Menschenalter die Stellung eines ungekrönten Königs im Abendland, ohne dessen Wissen kaum eine wichtige Aktion geschah. Man hat deshalb von dem zweiten Viertel des 12. Jh. geradezu als dem Zeitalter Bernhards von Clairvaux gesprochen. Zu den einflußreichsten Denkern dieser Zeit gehört auch ein Deutscher: *Hugo*, Kanoniker im Augustiner-Chorherrenstift *St. Victor* in Paris (1096–1141). Vielleicht der Abkömmling des sächsischen Grafengeschlechts von Blankenburg (oder aus dem Flandrischen stammend), war er Lehrer und später Leiter der Schule seines Stiftes. Hugo war eine tief in der Mystik wurzelnde Persönlichkeit, aber zugleich erfüllt von einem starken wissenschaftlichen Erkenntnisdrang. In seinem umfangreichen Werk will er deshalb die neue Methode der Scholastik mit dem kontemplativen Erlebnis der Mystik harmonisieren[7]. In der Theologie nimmt neben ihm und den französischen Frühscholastikern der Abt *Rupert von Deutz* (gest. 1129) einen besonderen Platz ein. Aus Lüttich kommend und dem Siegburger Reformkreis nahestehend, ist er mit zahlreichen exegetischen Schriften, in denen er das biblische und historische Geschehen als Symbol des Überirdischen aus dem göttlichen Heilsplan zu deuten versucht, der Begründer des »Deutschen Symbolismus« geworden[8].

Auch im *monastischen Bereich* tritt die religiöse Unruhe der Zeit in den vielerorts erkennbaren Versuchen, das alte Ideal einer Vita apostolica und evangelica durch strengere Askese und Wanderpredigt zu verwirklichen, deutlich zutage. In *neuen Orden* finden diese Bestrebungen seit dem Beginn des 12. Jh. festere Formen. Damit bahnt sich zugleich im abendländischen Mönchtum ein bis dahin unbekannter Differenzierungsprozeß an[9]. Um 1084 begann der aus Köln stammende Reimser Kanoniker Bruno mit mehreren Gesinnungsgenossen im Tal Chartreuse in der Nähe von Grenoble das Leben eines Eremiten zu führen. Diese Gemeinschaft wurde die Keimzelle des *Kartäuserordens*, der sich erst seit 1128 eine eigene Regel schuf, aber erst seit dem 14. Jh. auch in Deutschland wirksam wurde. Weitaus einflußreicher durch erstaunlich rasche und weite Verbreitung wurde zunächst ein anderer Ausgangspunkt dieses mönchisch-asketischen Erneuerungswillens: das burgundische Kloster *Cîteaux* südlich von Dijon, das 1098 von Robert von Molesme gegründet wurde, nachdem ein erster Versuch in Molesme nicht geglückt war. Aber erst Bernhard von Clairvaux, der 1112 zugleich mit 30 adligen Verwandten und Freunden in diese Gemeinschaft eintrat, und drei Jahre später Abt des Tochterklosters Clairvaux wurde, hat dem *Zisterzienserorden* zu seiner weltweiten Wirkung verholfen. Seine Anfänge sind in mancher Hinsicht noch nicht ganz geklärt. Mit der »Carta caritatis«, die Papst Calixt II. 1119 bestätigte, wurde die streng eingeschärfte Benediktiner-Regel durch eine Ordensverfassung ergänzt, wie es sie vorher nirgends gab. Jedes Mutterkloster hatte die von ihm ausgegangenen Tochterklöster regelmäßig zu visitieren, bei der Wahl ihrer Äbte mitzuwirken und wurde seinerseits von dem alljährlich in Cîteaux zusammentretenden Generalkapitel aller Äbte beaufsichtigt. In asketischer Einfachheit, Gebet und Arbeit sollten die Brüder nicht von den Einkünften eines großen Klosterbesitzes, sondern von dem Ertrag eigener Handarbeit leben, die Aufgaben der Seelsorge dagegen der Weltgeistlichkeit überlassen. Das Schwergewicht wurde dabei auf die wirtschaftliche Tätigkeit gelegt, für deren Durchführung die Ausbildung des Konverseninstituts eine wichtige Voraussetzung war. Mit Vorliebe ließen sich die Zisterzienser in waldigen oder wüsten menschenfernen Gebieten nieder; durch Rodung und Kultivierung des Bodens, durch Verbesserung der Viehzucht, des Gartenbaus, der Obstkultur haben sie vorbildlich gewirkt. Diese Betonung der ökonomischen Seite machte den Orden auch für eine Mitwirkung bei der deutschen Ostsiedlung besonders geeignet. In Deutschland hat er seit dem Beginn der 20er Jahre Fuß gefaßt. Kamp bei Köln, 1123 als erste deutsche Zisterze gegründet, wurde Mutterkloster einer nach Osten weitverzweigten Familie. Unabhängig von Kamp entstanden bald darauf Zisterzienserklöster in Ebrach im Steigerwald und in Altenberg bei Köln in der Grafschaft Berg. In der Mitte des 12. Jh. zählte der Orden auf deutschem Boden schon etwa 50 Klöster[10].

Auch bei den *Regularkanonikern*, auf deren Bedeutung für die Kirchenreform bereits hingewiesen wurde (Kap. 13), kam es unter dem Einfluß der auf eine Vita evangelica hindrängenden Bewegungen zu neuen Gemeinschaftsbildungen. Die wichtigste knüpfte an die Person des niederrheinischen Grafensohnes *Norbert* von Gennep (ca. 1080–1134) an. Zunächst Kanoniker in Xanten, dann Kaplan Heinrichs V., begann er – wohl unter dem Eindruck eines persönlichen Erlebnisses – um 1118 in Nordfrankreich mit der volksmissionarischen Wanderpredigt. Unter dem Druck der Kirche gab er das unstete Wanderleben auf und gründete 1120/21 in Prémontré bei Laon unter Annahme der Augustiner-Regel eine Kongregation, die 1126 von Papst Honorius II. als eigener Orden bestätigt wurde, der erste Orden von Kanonikern, nicht eigentlich Mönchen, mit einem Propst (nicht Abt) an der Spitze jedes Stifts (nicht Klosters). Mit dem Gedanken der Askese und der Kontemplation verband sich bei Norbert und vollends bei der Ausbreitung dieses *Prämonstratenserordens* nach Osten die seelsorgerische Betätigung. Nachdem die Grafen von Cappenberg (bei Münster) im Jahr 1122 ihren umfangreichen Grundbesitz dem jungen Orden übertrugen und auf ihm mehrere Prämonstratenserstifte gründeten, hat sich der Orden auch in Deutschland rasch ausgebreitet, zumal als Norbert Erzbischof von Magdeburg wurde (s. u. Kap. 25)[11].

[1] Zusammenfassend A. Borst, Religiöse und geistige Bewegungen im Hochmittelalter, in: Propyläen-Weltgesch. 5 (1963).

[2] E. Lehmann, Der frühe dt. Kirchenbau (^{2}1949); W. Hoffmann, Hirsau und die Hirsauer Bauschule (1950).

[3] 900 Jahre Speyerer Dom (1961) mit mehreren Untersuchungen zur frühen Baugeschichte.

[4] Über die einzelnen Werke: H. de Boor, Die dt. Lit. von Karl d. Gr. bis zum Beginn der höfischen Zeit (^{7}1966), in seiner Charakterisierung dieser Dichtung als »cluniazensisch« jedoch recht einseitig; H. Rupp, Dt. religiöse Dichtung des 11. und 12. Jh. (1958). Überblick über den Forschungsstand bei C. Soetemann, Dt. geistl. Dichtung des 11. und 12. Jh. (1963); F. Neumann, Gesch. d. altdt. Literatur. 800–1600 (1966); G. Meissburger, Grundlagen zum Verständnis der deutschen Mönchsdichtung im 11. und 12. Jh. (1970).

[5] Zu Meinhard von Bamberg und Bernhard von Hildesheim: C. Erdmann, Studien zur Brieflit. im 11. Jh. (1938; Ndr. 1952); E. Ploss, Bamberg und die dt. Lit. des 11. u. 12. Jh., Jb. f. fränk. Landesforsch. 19 (1959); J. Autenrieth, Die Domschule von Konstanz z. Z. des Investiturstreites (1956).

[6] Für die Anfänge der Scholastik grundlegend: M. Grabmann, Gesch. d. scholastischen Methode (2 Bde. 1909 bis 1911, Ndr. 1956). Weitere Lit. mit Angabe der Ausgaben bei B. Geyer, Die patristische und scholastische Philosophie, Überwegs Grundriß d. Gesch. d. Philosophie 2 (^{11}1928; Ndr. 1951); E. Gilson, La philosophie du moyen-âge (^{2}1952); A. Forest, F. van Steenberg-

HEN u. M. DE GANDILLAC, Le mouvement doctrinal du XIe au XIVe siècle (Hist. de l'église 13, 1956); M. A. SCHMIDT, Scholastik, in: Die Kirche in ihrer Geschichte 2, Liefg. G (1968). Zu Anselms Leben und seiner Theologie vgl. W. v. D. STEINEN, Vom hl. Geist des MA (1926) und Der Kosmos des MA (1959); R. W. SOUTHERN, St. Anselm and his Biographer (1963); J. GAUSS, Anselm von Canterbury, Zur Begegnung und Auseinandersetzung der Religionen, Saeculum 17 (1966). Zu Abaelard: E. GILSON, Héloise et Abélard (1938; dt. 1955); A. BORST, Abälard und Bernhard, HZ 186 (1958); R. KLIBANSKY, Peter Abelard and Bernhard of Cl., Mediaeval and Renaissance Studies 5 (1961); V. MURRAY, Abélard and St. Bernhard (1966); D. E. LUSCOMBE, The School of Peter Abelard (1969); L. GRANE, Peter Abaelard (1969); Neuausgabe der theologischen Schriften A.s im Corpus Christianorum, continuatio medievalis 11 u. 12 (1969). Über die geistesgesch. Stellung Anselms, Abaelards und Bernhards auch F. HEER, Der Aufgang Europas (2 Bde. 1949), jedoch recht anfechtbar.

[7] Die umfangreiche Lit. zu Bernhard, insbes. auch die zahlr. Veröffentlichungen des Jahres 1953 bei J. DE LA CROIX-BOUTON, Bibliographie Bernardine 1891 bis 1957 (1958). Letzte Monographie: W. WILLIAMS, St. Bernard of Clairvaux ([2]1953). A. H. BREDERO, B. v. Cl. im Widerstreit der Historie (1966). Zu Hugo: R. BARON, Science et sagesse chez Hugo de St. Victor (1957).

[8] R. HAACKE, Die Überlieferg. d. Schriften Ruperts v. Deutz, DA 16 (1960); H. GRUNDMANN, Der Brand von Deutz in der Darstellung Abt R. von D., ebd. 22 (1966).

[9] H. GRUNDMANN, Religiöse Bewegungen im MA (1935, Ndr. mit Ergänzungen 1961); J. LECLERCQ, La crise du monachisme aux XIe et XIIe siècle, Bull. dell'Ist. stor. ital. 70 (1958); N. CANTOR, The Crisis of Western Monasticism. 1050–1130, AHR 66 (1960/61). Zusammenfassend zum folgenden: F. KEMPF, Hdb. d. KiG III/1 (1966), S. 515 ff.

[10] Letzte Gesamtdarstellung: L. LEKAI u. A. SCHNEIDER, Gesch. und Wirken der Weißen Mönche (1958). Über die in der jüngsten Forschung viel erörterten Anfänge des Ordens Lit.-Bericht von P. ZAKAR, Analecta. Ord. Cisterc. 20 (1964) und 21 (1965).

[11] N. BACKMUND, Monasticon Praemonstratense (3 Bde. 1949–1956). Zu den Regularkanonikern außer der in Kap. 13 zitierten Lit. F. J. SCHMALE, Kanonie, Seelsorge, Eigenkirche, HJb 78 (1959).

B. Lothar III. und die frühe Stauferzeit

Quellen: Die Historiographie Deutschlands und Italiens fast vollständig in MG SS 16 bis 24, Nachträge in SS 30; Auszüge aus den auch die dt. Gesch. betreffenden engl., franz., dän. und ungar. Quellen auszugsweise in SS 26–29, doch liegen davon teilweise neuere Gesamtausgaben vor. Neuausgaben der wichtigsten Werke in SS rer. Germ. in us. schol. (Übersicht im Gesamtverzeichnis der MGH 1968), dt. Übersetzungen in GdV. – Die Geschichtsschreibung nimmt an Zahl der Werke während des 12. Jh. ständig zu. Einen Höhepunkt erreicht sie bereits in den Anfängen Friedrichs I. mit den beiden Werken des B. Otto von Freising, der bis 1146 reichenden ›Chronica sive Historia de duabus civitatibus‹ (mit dt. Übersetzung hg. v. W. Lammers u. A. Schmidt, Ausgew. Quellen zur dt. Gesch. des MA 1960) und den 1157/58 abgefaßten ›Gesta Friderici‹, die nach Ottos Tod von seinem Notar Rahewin bis 1160 fortgeführt wurden (mit dt. Übersetzung hg. v. F.-J. Schmale und A. Schmidt, Ausgew. Quellen ... 1965). Die umfangreiche Lit. zu Otto v. Fr. und seiner Geschichtsauffassung ist in den Einleitungen zu diesen beiden Ausgaben zusammengestellt. Zur Abfassung der Gesta vgl. jetzt die Kontroverse zwischen J. B. Gillingham und P. Munz in EHR 83 (1968), 84 (1969) und 86 (1971). Auch die ›Cronica Slavorum‹ des Helmold von Bosau (am Plöner See), eine für Heinrich d. Löwen und für die deutsche Besiedlung Ostholsteins bis 1170 besonders anschauliche Quelle, liegt jetzt in Neuausgabe mit Übersetzung, hg. v. H. Stoob, in Ausgew. Quellen (1963) vor.

Die Neubearbeitung der Reg. Imp. steht für die Zeit bis 1190 noch aus; für Heinrich VI. hat sie jetzt G. Baaken vorgelegt (Reg. Imp. IV 3, 1972). Die langsam zunehmende Reichsgesetzgebung, Verhandlungsakten, Verträge, Friedensschlüsse und die wichtigsten Manifeste in Const. 1. Von den Diplomata liegen bisher nur Bd. 8 und 9 mit den Urkunden Lothars III. und Konrads III. vor; die Urkunden Friedrichs I. sind in Bearbeitung. Neue Ausgaben von Dynastenurkunden dieser Zeit: Die Urkunden Heinrichs des Löwen, hg. v. K. Jordan (MGH 1941/49); Siegelurkunden der Babenberger bis 1215 im Urkundenbuch zur Gesch. der Babenberger in Österreich 1 (1950), ergänzende Quellen 4, 1 (1968). – Von den Briefsammlungen des 12. Jh., die als Quelle ständige Bedeutung gewinnen, liegen Neuausgaben kaum vor; die Reinhardsbrunner Briefsammlung, hg. v. F. Peeck (MG Epp. sel. 5, 1952); der wichtige Codex Wibaldi, das Briefbuch Wibalds von Stablo, ist noch in der Edition von Ph. Jaffé (Bibl. rer. Germ. 1) zu benutzen.

Quellenkunde: W. Wattenbach, Geschichtsquellen 2 (^{6}1894), ist für die Stauferzeit noch nicht neu bearbeitet und deshalb weitgehend veraltet. Einen Ersatz bieten K. Jakob u. H. Hohenleutner, Quellenkunde der dt. Gesch. des MA 2 (^{6}1968); vgl. auch M. Manitius, Gesch. der lat. Lit. im MA 3 (1931, Ndr. 1964), und die betreffenden Artikel im Verfasserlexikon der dt. Lit. des MA.

Literatur: Grundlegend für die Zeit bis 1190 immer noch W. v. Giesebrecht, Gesch. der dt. Kaiserzeit 4 (^{2}1877), 5 (1880/88) und 6 (hg. v. B. v. Simson, 1895). Die Jahrbücher liegen vor für Lothar III., Konrad III., die ersten Jahre Friedrichs I. (bis 1158) und Heinrich VI. (Titel bei den einzelnen Herrschern). – Neuere zusammenfassende Darstellungen in den im Bd. 3, S. 11, aufgeführten Werken von A. Hauck, KiG 4 ($^{3/4}$1913, Ndr. 1954), K. Hampe, H. Grundmann, E. Maschke, J. Haller, F. X. Seppelt u. G. Tellenbach; ferner P. Rassow, Das Zeitalter der Staufer, Dt. Gesch. im Überblick (^{2}1961); F. L. Ganshof, Das Hochmittelalter, in: Propyläen-Weltgesch. 5 (1963). – Unter speziellen Aspekten behandeln Grundlagen der abendländischen

Gesch. des 12. Jh. auch: W. Kienast, Deutschland und Frankreich in der Kaiserzeit (1943); W. Ohnsorge, Das Zweikaiserproblem im früheren MA (1947); A. Fliche, R. Foreville u. J. Rousset, Du premier concile du Latran à l'avènement d'Innocent III, 1123 à 1198 (Hist. de l'église 9, 1948/53); P. Lamma, Comneni e Staufer (2 Bde. 1955/1957); ders., I comuni italiani e la vita Europea 1122–1204, in: Storia d'Italia, coordinata da N. Valeri, Bd. 1 ([2]1965). – Eine allerdings sehr anfechtbare Deutung der geistigen Strömungen des 12. Jh. gibt F. Heer, Aufgang Europas (2 Bde. 1949) u. Die Tragödie des heiligen Reiches (2 Bde. 1952/53); dazu außer anderen Besprechungen Th. Mayer, HZ 171 (1951) und HZ 178 (1954).

Kapitel 25
Die Anfänge Lothars III.

Nach Geblütsrecht hatte nach dem kinderlosen Tod Heinrichs V. dessen Neffe, der damals 35jährige Herzog Friedrich II. von Schwaben, die nächste Anwartschaft auf den Thron. Die bedeutende Machtstellung, die er durch das salische Erbe erhalten hatte, rief jedoch in kirchlichen Kreisen, vor allem bei Adalbert von Mainz, eine Opposition gegen ihn hervor, da man von ihm eine Fortsetzung der salischen Kirchenpolitik erwartete. Nachdem es Adalbert gelungen war, die Kaiserwitwe Mathilde zur Auslieferung der Reichsinsignien zu veranlassen, rief er für den 24. VIII. 1125 eine *Wahlversammlung* der deutschen Fürsten nach *Mainz* ein. Über die Vorgänge bei der Wahl besitzen wir in der ›Narratio de electione Lotharii‹ einen ausführlichen, allerdings nicht in jeder Hinsicht zuverlässigen Bericht. Danach wurde am ersten Verhandlungstag ein Ausschuß von 40 Mitgliedern – je 10 Vertreter der vier Stämme der Schwaben, Bayern, Sachsen und Franken – eingesetzt, der als Kandidaten außer Friedrich von Schwaben noch Markgraf Leopold III. von Österreich und Herzog Lothar von Sachsen aufstellte. Erzbischof Friedrich von Köln trat auch mit Graf Karl von Flandern in Verbindung, doch lehnte dieser eine Kandidatur ab. Auf die Frage Erzbischof Adalberts, ob sie bereit seien, jeden der anderen, wenn er gewählt würde, anzuerkennen, gaben Leopold und Lothar eine zustimmende Antwort. Friedrich erklärte, sich zunächst mit den Seinen beraten zu müssen. Darauf wurde am folgenden Tag Lothar in tumultuarischer Form zum König ausgerufen. Die Bayern erhoben zwar dagegen Einspruch, doch wurde ihr Herzog Heinrich der Schwarze für Lothar dadurch gewonnen, daß man vermutlich damals schon die Vermählung seines Sohnes Heinrich (des Stolzen) mit

Lothars einziger Tochter Gertrud verabredete. So konnte am 30. VIII. Lothar in aller Form zum König gewählt und am 13. IX. in Aachen gekrönt werden. Der Gedanke der freien Wahl hatte sich gegenüber dem Geblütsrecht durchgesetzt. Lothars Wahl war im wesentlichen das Werk des mit dem Sachsenherzog seit langem verbündeten Mainzer Erzbischofs. Sie wurde zugleich aber auch die Wurzel des späteren staufisch-welfischen Gegensatzes, da sich der Welfe Heinrich der Schwarze gegen den Staufer Friedrich entschied, obwohl seine Tochter Judith mit ihm vermählt war. Lothar teilte dem Papst Honorius II. seine Wahl nicht nur mit, sondern erbat und erhielt auch deren Bestätigung (»confirmatio«). Die Nachricht der ›Narratio‹, daß er nach seiner Wahl in einer Abmachung mit den Fürsten wesentliche Rechte des Wormser Konkordats preisgegeben habe, trifft nicht zu[1].

Lothar stand damals im Alter von 50 Jahren. Während seiner herzoglichen Regierung hatte er seine anfänglich bescheidene herrschaftliche Stellung in Sachsen vor allem dadurch erweitern können, daß er 1117 nach dem Tod seiner Schwiegermutter Gertrud von Braunschweig das reiche Erbe der Brunonen und der Katlenburger erhielt. Auch sonst hatte er seine herzoglichen Rechte erfolgreich ausgebaut[2]. Trotz dieser Machtstellung in Sachsen hatte Lothar in den ersten Jahren als König mit großen Schwierigkeiten zu kämpfen. Zum erstenmal mußte jetzt Reichs- und Hausgut getrennt werden, weil der Erbe des Königs nicht dessen Nachfolger geworden war. Die Forderung an Friedrich von Schwaben, das von ihm seit dem Tod Heinrichs V. verwaltete Reichsgut herauszugeben, führte zum *Kampf mit den Staufern*. Friedrich verfiel der Reichsacht, da er Lothars Forderung ablehnte (Weihnachten 1125). Eine Reichsheerfahrt wurde gegen ihn beschlossen, konnte aber wegen der böhmischen Thronwirren nicht ausgeführt werden. Lothar mußte Anfang 1126 gegen *Böhmen* ziehen, da der neue Böhmenherzog Sobeslaw die Anerkennung der deutschen Lehnshoheit verweigerte. Der Feldzug endete jedoch mit einer Niederlage bei Kulm; Sobeslaw hat allerdings später Lothars Oberhoheit anerkannt und ihm mehrmals Waffenhilfe geleistet.

Erst im Sommer 1127 konnte Lothar den Kampf gegen die Staufer aufnehmen mit der Belagerung Nürnbergs, eines der staufischen Stützpunkte. Trotz der Unterstützung durch den neuen Bayernherzog, seinen Schwiegersohn Heinrich den Stolzen, war es ihm aber nicht möglich, den Ort zu erobern. Dieser

Mißerfolg des Königs ermutigte die staufische Partei, *Konrad*, den jüngeren Bruder Herzog Friedrichs von Schwaben, im Dezember 1127 in Nürnberg zum *Gegenkönig* zu erheben. Obwohl er vom Papst und den deutschen Bischöfen gebannt wurde, zog Konrad 1128 nach Italien, um die mathildischen Güter in seine Hand zu bringen und damit für sein Gegenkönigtum eine feste Machtbasis zu schaffen. Er fand hier zwar eine gewisse Anhängerschaft und wurde sogar vom Mailänder Erzbischof in Monza zum italienischen König gekrönt; sein Hauptziel aber, die Besitzergreifung der mathildischen Güter, hat er nicht erreicht. Unverrichteterdinge mußte er 1130 nach Deutschland zurückkehren. Auch hier war inzwischen ein Wandel eingetreten. Im Dezember 1129 fiel Speyer, im Herbst des nächsten Jahres nach längerer Belagerung auch Nürnberg in die Hand Lothars[3].

Während dieser Kämpfe mit den Staufern hatte Lothar auch in die *Grenzverhältnisse im Südwesten und Nordwesten* des Reiches eingegriffen. Nach dem Tode Graf Wilhelms von Hochburgund (1127) übertrug er die Wahrnehmung der Herrschaftsrechte in Burgund an Konrad von Zähringen, den er dadurch im Kampf mit den Staufern für sich gewinnen wollte[4]. Im Streit der Häuser von Brabant und Limburg um das Herzogtum Niederlothringen entschied er sich für Walram von Limburg. Der Zerfall Niederlothringens in die beiden Herzogtümer Brabant und Limburg wurde in diesen Kämpfen endgültig besiegelt. In Lothars eigenem Herzogtum Sachsen kam es nach dem Tod Markgraf Heinrichs von Stade zu Kämpfen um die Nordmark. Albrecht der Bär, der dabei zu den Gegnern Lothars gehörte, verlor deshalb 1131 die Ostmark. Eine Stütze der königlichen Gewalt in Ostsachsen wurde Norbert von Xanten, dem Lothar 1126 das Erzbistum Magdeburg übertrug[5].

1 W. BERNHARDI, Lothar von Supplinburg (Jbb. d. dt. Gesch., 1879), ist wegen der Zusammenstellung des Quellenmaterials noch immer wichtig, in vielen Einzelheiten jedoch überholt. Die ›Narratio de electione Lotharii‹ (SS 12, S. 109) ist im Kloster Göttweig von einem Anhänger der Welfen, vielleicht vom Abt des Klosters selbst verfaßt; vgl. H. KALBFUSS, Zur Entstehung der Narratio de electione Lotharii, MIÖG 31 (1910). Zur Wahl zuletzt H. SPROEMBERG, Eine rheinische Königskandidatur i. J. 1125, in: Aus Gesch. und Landeskunde (Festschr. f. F. Steinbach 1960). Die zuletzt von HALLER, Papsttum [2]2, S. 512, vertretene Anschauung, daß das in c. 6 der Narratio erwähnte Pactum mit den Fürsten tatsächlich abgeschlossen wurde, ist nicht haltbar, dazu J. BAUERMANN, Die Frage der Bischofswahlen auf dem Würzburger Reichstag von 1133, in: Krit. Beiträge zur Gesch. des MA (Festschr. f. R.

Holtzmann 1933, Ndr. 1965), S. 117, Anm. 46; auch in: ders., Von der Elbe bis zum Rhein, Gesammelte Studien (1968), S. 121, Anm. 46.

[2] Zu Lothars herzoglicher Regierung H. W. VOGT (s. o. Kap. 18, Anm. 2).

[3] Zu den Kämpfen mit den Staufern E. WADLE, Reichsgut und Königsherrschaft unter Lothar III. (1969).

[4] H. BÜTTNER, Staufer und Zähringer im polit. Kräftespiel zwischen Bodensee und Genfersee während des 12. Jh. (1961).

[5] J. BAUERMANN, Eb. Norbert von Magdeburg, Sachsen und Anh. 11 (1935); auch in: ders., Ges. Studien (s. Anm. 1), S. 95 ff.

Kapitel 26
Das Schisma des Jahres 1130 und Lothars erster Romzug

Bereits bei der Wahl Honorius' II. waren die Spannungen im Kardinalkollegium deutlich hervorgetreten. Sie verschärften sich noch durch den Gegensatz der beiden damals in Rom führenden Adelsgeschlechter, der Pierleoni und der Frangipani. Seit den Tagen Nikolaus' II. waren die von Haus aus jüdischen Pierleoni in Rom die Finanzhelfer des Reformpapsttums gewesen. Petrus, ein Angehöriger des Geschlechts, wurde zu Beginn des 12. Jh. Mönch in Cluny und später unter Paschalis II. Kardinal. Auch die Frangipani hatten ungeachtet ihres Gegensatzes zu den Pierleoni die Reformer unterstützt.

Beim Tod des Papstes Honorius (14. II. 1130) kamen diese Gegensätze zum offenen Ausbruch. Noch am Todestag des Papstes erhob unter der Führung des Kanzlers Haimerich eine Gruppe meist jüngerer Kardinäle, Vertreter der neuen religiösen Bestrebungen, den Kardinal Gregor von St. Angelo in einem überstürzten Wahlverfahren als *Innocenz II.* zum Papst, während eine allerdings nur schwache Mehrheit Petrus Pierleoni als *Anaklet II.* zum Papst wählte. Dieser fand in Rom weitgehende Anerkennung, während Innocenz sich nur kurze Zeit in Rom halten konnte und die Stadt schließlich verlassen mußte, um in Frankreich Hilfe zu suchen[1].

Die Frage, wer von beiden der rechtmäßige Papst sei, stand zur Entscheidung für das ganze Abendland. Beide Päpste bemühten sich überall um Anerkennung, insbesondere suchten sie Lothar für sich zu gewinnen. Während dieser sich noch zurückhielt, erklärten sich unter dem *Einfluß Bernhards von Clairvaux* Frankreich und bald darauf auch England für Innocenz II. Auch die Orden traten auf seine Seite, ebenso die Regularkanoniker, aus deren Reihe er hervorgegangen war.

Anaklet II. fand demgegenüber nicht nur in weiten Teilen Nord- und Mittelitaliens, sondern auch bei den *Normannen* Hilfe. Innerhalb der normannischen Welt hatte sich das Kräfteverhältnis in den letzten Jahren völlig verschoben. Nach dem Tod Graf Rogers I. von Sizilien (1101) war ihm, zunächst unter der vormundschaftlichen Regierung seiner Mutter, sein junger Sohn *Roger II.* gefolgt, eine der bedeutendsten Herrscherpersönlichkeiten seiner Zeit. Dieser Aufstieg der sizilischen Dynastie wurde dadurch begünstigt, daß die Linie Robert Guiskards auf dem Festland 1125 ausstarb. Damals war es Roger II. gelungen, Apulien in seine Hand zu bringen. Honorius II. hatte ihn notgedrungen 1128 als Herzog anerkennen und mit Apulien belehnen müssen. Anaklet sicherte sich jetzt die Hilfe Rogers, indem er mit ihm zusammentraf und seine Lande Apulien, Kalabrien und Sizilien zu einem Königreich erhob und ihm zu Lehen gab (September 1130). Roger erkannte Anaklet als Papst an und versprach ihm seine Hilfe, doch mußte der Papst dafür dem neuen König auch die Herrschaft über die Gebiete von Capua und Neapel bestätigen und ihm weitgehende Rechte gegenüber der Kirche Siziliens zugestehen. Mit dieser *Begründung des sizilisch-süditalienischen Königreiches* waren die Normannen ein maßgebender Machtfaktor im Mittelmeerraum geworden[2].

Wenige Wochen später (Oktober 1130) fiel auf einer Synode zu Würzburg die *Entscheidung Lothars und der deutschen Kirche* in der Frage der Papstwahl. Der König und die Synode sprachen sich unter dem bestimmenden Einfluß Erzbischof Norberts für Innocenz II. aus. Bei einer *Zusammenkunft von Papst und König in Lüttich* im März 1131 war auch Bernhard von Clairvaux zugegen. Dort erwies Lothar dem Papst bei dessen Ankunft eine besondere Ehre, indem er ihm nicht nur durch das Zügelführen den Stratordienst leistete, sondern auch den Steigbügel hielt, ihm also auch den Marschalldienst erwies, eine Handlung, die so ausgedeutet werden konnte, als ob sich Lothar damit als Lehnsmann des Papstes bekannt habe[3]. Lothar versprach die Rückführung des Papstes nach Rom, verlangte dafür aber eine Gegenleistung. Er wies darauf hin, wie sehr seine Königsmacht durch den Verzicht auf die Investitur geschädigt sei, und erhob deshalb die Forderung auf Rückgabe des Investiturrechts. Unter dem Eindruck der Beredsamkeit Bernhards gab er aber diesen Versuch, zu dem Rechtszustand vor dem Wormser Konkordat zurückzukehren, zunächst wieder auf.

Die inneren Verhältnisse Deutschlands machten es unmöglich, den *Romzug* noch im gleichen Jahr auszuführen. Erst im Spätsommer 1132 konnte Lothar mit einem verhältnismäßig kleinen Heer nach Süden aufbrechen. Hier hatten sich die Verhältnisse für Innocenz etwas günstiger gestaltet. Roger II. war durch schwere Aufstände im Inneren seines Reiches, vor allem durch Kämpfe mit den Fürsten Robert von Capua und Rainulf von Alife, so stark beansprucht, daß er Anaklet II. keine wirksame Hilfe leisten konnte. In Oberitalien fand Lothar nur bei einem Teil der Städte Anerkennung. Trotzdem zog er Anfang 1133 mit Innocenz II. nach Süden weiter, um ihn in Rom zu inthronisieren. Es war ihm jedoch nur möglich, einen Teil der Stadt in seine Hand zu bringen. Die Peterskirche und die Leostadt konnte er nicht in Besitz nehmen. Daraus ergaben sich für die *Kaiserkrönung* neue Schwierigkeiten; erst am 4. VI. 1133 konnten Lothar und Richenza im Lateran gekrönt werden.

Bei den Verhandlungen über die Kaiserkrönung wiederholte Lothar die *Forderung* von Lüttich auf *Wiederherstellung* des alten *Investiturrechts*. Sein Verlangen stieß abermals auf Widerstand, diesmal vor allem bei Norbert von Magdeburg. Dafür erreichte aber der Kaiser nicht nur eine allgemein gehaltene Bestätigung der »debitae et canonicae consuetudines«, sondern vor allem auch eine Erklärung des Inhalts, daß künftig jeder Gewählte vor seinem Amtsantritt die königliche Investitur mit den Regalien erbitten müsse[4]. Norbert setzte beim Papst durch, daß seinem Magdeburger Erzbistum wieder die ihm ursprünglich von Otto d. Gr. zugedachten Gebiete im Osten, also auch Pommern und Polen, unterstellt wurden; doch blieb eine solche Bestätigung der alten Magdeburger Ansprüche ohne reale Bedeutung. Die Selbständigkeit der polnischen Kirche war nicht mehr zu beseitigen. Ebensowenig bedeutete es, wenn dem Hamburger Erzbischof Adalbero die Metropolitanrechte in Skandinavien bestätigt wurden. Das 1103/04 gegründete dänische Erzbistum Lund blieb bestehen.

Ein besonders wichtiger Gegenstand der Verhandlungen war die seit dem zweiten Romzug Heinrichs V. ungeklärte Frage der *mathildischen Besitzungen*. Eine Lösung wurde in der Form gefunden, daß Lothar das Eigentumsrecht der römischen Kirche anerkannte, dafür aber die Besitzungen gegen eine jährliche Zinszahlung von 100 Pfund Silber wiedererhielt. Eine förmliche Belehnung durch den Papst erfolgte jedoch nicht.

Innocenz erteilte Lothar nur die Investitur mit dem geistlichen Symbol des Ringes, dagegen wurde bestimmt, daß Lothars Schwiegersohn Heinrich der Stolze, dem die Güter weiterverliehen wurden, dem Papst den Lehnseid leisten sollte. Der Erwerb dieser umfangreichen Besitzungen bedeutete einen großen Machtzuwachs für den Kaiser und die Welfen, die jetzt in Italien neben dem alten Hausgut der Este eine neue territoriale Basis gewannen. Die Vorgänge bei der Kaiserkrönung wurden noch unter Innocenz II. im Lateran auf einem aus drei Szenen bestehenden Gemälde dargestellt, das bildlich nur den höheren Rang des Papstes zum Ausdruck brachte. Durch die dem Bild beigefügte Überschrift »Rex venit ante fores iurans prius urbis honores, / post homo fit papae, sumit quo dante coronam« mußte jedoch der Eindruck entstehen, als ob Lothar bei seiner Krönung ein Lehnsmann des Papstes geworden sei[5]. Daß er keineswegs gewillt war, irgendwelche oberherrlichen Ansprüche der Kurie anzuerkennen, zeigt sein weiteres Verhalten. Zu einem kriegerischen Vorgehen gegen Roger war er nicht zu bewegen. Bald nach seiner Kaiserkrönung kehrte er nach Deutschland zurück. Im September 1133 auf einem Reichstag in Würzburg erkannte er zwar die Wahl eines neuen Regensburger Bischofs an, obwohl dieser ohne königliche Investitur von den Regalien Besitz ergriffen hatte, brachte aber deutlich zum Ausdruck, daß er dieses Vorgehen aufs nachdrücklichste mißbilligte[6].

[1] Zur Doppelwahl von 1130 vor allem die in Kap. 23, Anm. 2, zitierten Arbeiten von H.-W. KLEWITZ, Das Ende des Reformpapsttums, und F. J. SCHMALE, Studien zum Schisma d. J. 1130. P.F PALUMBO, Lo scisma del 1130 (1942) und Nuovi studi sullo scisma di Anacleto II., Bull. dell'Ist. stor. ital. 75 (1963 = ders., Studi medievali, 1965, S. 363 ff.), erklärt zu Unrecht das Schisma nur aus den politischen Verhältnissen in Rom. Zur Sache jetzt auch M. DA BERGAMO, La duplice elezione papale del 1130, Contributi dell'Ist. di storia medievale 1 (Public. dell'Università cattolice del S. Cuore, Milano, 1968).

[2] E. CASPAR, Roger II. und die Gründung der normannisch-sicilischen Monarchie (1904, Ndr. 1963); F. CHALANDON, Histoire de la domination normande en Italie et en Sicile 1 (1907, Ndr. 1960); Atti del convegno internaz. di studi Ruggeriani (1955). Zu seiner Königserhebung zuletzt R. ELZE, Zum Königtum Rogers II. von Sizilien, in: Festschr. P. E. Schramm, Bd. 1 (1964), mit weiterer Lit.

[3] Über diese Vorgänge R. HOLTZMANN, Der Kaiser als Marschall des Papstes (1928); dazu E. EICHMANN, Das Officium stratoris et strepae, HZ 142 (1930), mit dessen Einwänden sich HOLTZMANN, Zum Strator- und Marschalldienst, HZ 145 (1932), auseinandersetzt.

[4] Das im Text teilweise verstümmelte Privileg Innocenz' II. Const. 1 n. 116; zur Interpretation vor allem J. BAUERMANN in: Festschr. R. Holtzmann (1933), S. 112 f., der mit Recht betont, daß

Lothar sich nicht mit der einfachen Wiederholung d. Calixtinum v. 1122 begnügt hat.

[5] Die Urkunde Innocenz' II. über die mathildischen Besitzungen Const. 1 n. 117. Die Umschrift des Bildes, das erst auf Verlangen Friedrichs I. beseitigt wurde, bei Rahewin, Gesta 3 c. 10. Eine späte Kopie dieses Bildes aus dem Cod. Barbar. Lat. 2738 der Vatikanischen Bibliothek bringt G. LADNER, I mosaici e gli affreschi ecclesiastico-politici nell' antico Palazzo Lateranense, Riv. di archeol. crist 12 (1935); jetzt in: ders., Die Papstbildnisse des Altertums und des Mittelalters 2 (1970) Taf. 3; auch bei M. MACCARONE, Papato e impero dalla elezione di Federico I alla morte di Adriano IV (1959), tav. 1; zur Interpretation außerdem F. KEMPF, Kanonistik und kuriale Politik im 12. Jh., Arch. Hist. Pontif. 1 (1963); A. FRUGONI, »A pictura cepit«, Bull. dell'Ist. stor. ital. 78 (1967); W. HEINEMEYER, beneficium – non feudum, sed bonum factum, Arch. f. Dipl. 15 (1969).

[6] Zum Würzburger Reichstag BAUERMANN, s. o. Kap. 25, Anm. 1.

Kapitel 27
Der Norden und Osten des Reiches unter Lothar

Bereits als Herzog hatte Lothar den Verhältnissen an der Nordostgrenze Sachsens sein besonderes Augenmerk zugewandt und durch seine Feldzüge gegen die Slaven, die ihn 1114 bis in das Gebiet der Rugianer führten, und durch die Einsetzung der Schauenburger eine Sicherung des Grenzgebietes erreicht (Kap. 20). Damit waren die Voraussetzungen für die damals im rechtselbischen Gebiet einsetzende deutsche Siedlung und den Neubeginn der kirchlichen Mission geschaffen.

Diese *Missionsarbeit* der deutschen Kirche fand noch in den letzten Jahren Heinrichs V. in *Pommern* ein neues Wirkungsfeld. Boleslaw III. (Schiefmund) von Polen hatte die alte Angriffspolitik der Piasten gegen Pommern wieder aufgenommen und 1121/22 den Herzog Wratislaw von Stettin unterworfen. Da er zur Christianisierung des eroberten Gebietes in der polnischen Geistlichkeit keine geeignete Persönlichkeit fand, richtete er 1123 an Bischof *Otto von Bamberg* die Bitte, mit der Mission bei den Pommern zu beginnen. Otto leistete dieser Aufforderung Folge. Im nächsten Jahr zog er über Prag und Gnesen nach Pommern und entfaltete in Pyritz, Kammin, Wollin, Stettin und anderen Orten seine Predigt- und Tauftätigkeit. Im Jahr darauf kehrte er auf dem gleichen Weg zurück. Durch Streitigkeiten zwischen den pommerschen Fürsten und dem Polenherzog wurden aber die ersten Früchte seiner Arbeit bald wieder in Frage gestellt. Deshalb unternahm Otto 1128/29 einen zweiten Zug nach Pommern, diesmal jedoch in Fühlungnahme mit König Lothar, Erzbischof Norbert von Magdeburg und Albrecht dem Bären. Norbert benutzte diese Missionsreise, um die alten Ansprüche seines Erzstiftes auf Pommern wieder geltend zu machen. Durch diese Frage, ob Pommern kirchlich Magdeburg oder Gnesen unterstellt werden sollte, wurde der Abschluß der pommerschen Kirchenorganisation noch verzögert; erst nach dem Tod Ottos (1139), den man später als »Apostel der Pommern« verehrte, wurde das Bistum Wollin 1140 gegründet. Es wurde keinem Erzbistum untergeordnet, sondern stand als exemtes Bistum direkt unter der Kurie[1].

Etwa gleichzeitig wurde im Erzbistum Hamburg-Bremen die Missionsarbeit wieder aufgenommen. Auf Veranlassung des Erzbischofs Adalbero begann der Bremer Kanoniker und Scholaster *Vicelin* 1126 *in Wagrien* mit der Predigttätigkeit, wobei der christliche Slavenfürst Heinrich in Altlübeck eine wertvolle Stütze für ihn war. Nach dessen baldigem Tod (1127) nahm dieser Versuch ein rasches Ende; doch fand Vicelin in der Landpfarrei Faldera auf sächsischem Boden dicht an der slavischen Grenze ein neues Wirkungsfeld. Unter seiner Leitung entstand hier in den nächsten Jahren das wichtigste Augustiner-Chorherrenstift Neumünster[2]. Lothar selbst griff in diese Grenzfragen ein, indem er den dänischen Prinzen Knud Laward, der als Statthalter des dänischen Königs Niels in Schleswig residierte, mit Wagrien belehnte. Knuds Regierung war jedoch nur von kurzer Dauer; bereits im Januar 1131 wurde er von seinem Vetter Magnus, dem Sohn König Niels', ermordet. Der Tod seines Lehnsmannes veranlaßte Lothar zum sofortigen *Vorgehen gegen Dänemark*. Noch im Sommer des gleichen Jahres zog er nach Jütland; doch kam es nicht zum Kampf, da sich Niels und Magnus unterwarfen, dem deutschen König die Huldigung leisteten und eine Sühne für die Ermordung Knuds zu zahlen versprachen. Da während Lothars Italienzug deutsche Kaufleute in Dänemark ermordet wurden, sah sich der Kaiser nach seiner Rückkehr veranlaßt, sich erneut mit den Verhältnissen in Dänemark zu befassen. Die beiden Dänenherrscher kamen einer kriegerischen Auseinandersetzung abermals zuvor; auf einem Reichstag zu Halberstadt (Ostern 1134) leistete Magnus in aller Form Lehnshuldigung und erhielt aus Lothars Hand die Krone. Die dänischen Thronwirren fanden damit aber kein Ende. In den Kämpfen mit Erich Emune, dem Bruder Knuds, wurden Niels und Magnus bald erschlagen. Erich Emune war jetzt der anerkannte König

Dänemarks; auf einem Hoftag zu Magdeburg 1135 erkannte er durch seine Gesandten die deutsche Lehnshoheit erneut an, die auch unter seinem Nachfolger Erich Lam gewahrt wurde[3].

Die *Missionsarbeit in Wagrien* hatte inzwischen nur wenige Fortschritte machen können. Es war deshalb von entscheidender Bedeutung, daß es Vicelin im Frühjahr 1134 gelang, den Kaiser zu einem Besuch des Landes zu veranlassen. Lothar ließ damals auf dem Kalkfelsen bei *Segeberg* östlich der Trave eine Burg bauen und in deren Schutz ein Chorherrenstift anlegen, das er Vicelin übertrug[4].

Im Jahr 1134 fällte er noch eine andere, für die Geschichte des deutschen Ostens wichtige Entscheidung. *Albrecht der Bär*, der auf dem ersten Italienzug dem Kaiser treue Dienste geleistet hatte, wurde mit der *Nordmark* belehnt, die durch den Tod Markgraf Konrads von Plötzkau erledigt war. Damit kam diese Mark endgültig in die Hand der *Askanier*. Zwei Jahre später schlug Albrecht einen Slavenaufstand nieder und konnte seine Herrschaft über die Prignitz ausdehnen. Schon vorher nahm er mit dem christlichen Hevellerfürsten Pribislaw von Brandenburg, der den Titel eines »rex« führte, Beziehungen auf[5]. Die Mark Lausitz wurde 1136 an *Konrad von Wettin* übergeben, der seitdem die Mark *Meißen und Lausitz* in seiner Hand vereinigte[6]. Lothars Ziel war es auch, den Handel zwischen den Ostseeländern und dem Reich zu heben. Er sicherte deshalb, vermutlich auf dem Halberstädter Hoftag von 1134, den Kaufleuten auf der *Insel Gotland* weitgehenden Schutz in seinem Machtbereich zu; ob damals auch deutsche Kaufleute auf der Insel ein Schutzprivileg erhielten, ist unsicher[7].

Überhaupt stand in den Jahren nach dem ersten Romzug *Lothar auf dem Höhepunkt seiner Macht*. Die Fehden, die seine ersten Regierungsjahre erschwert hatten, fanden ein friedliches Ende. Die *Staufer* mußten sich *unterwerfen*. Herzog Friedrich erkannte den Kaiser auf dem Hoftag zu Fulda 1134 an und erhielt im nächsten Jahr volle Verzeihung. Auch sein Bruder Konrad hat 1135 den Königstitel abgelegt. Die Festigung der königlichen Stellung im Inneren gab Lothar auch die Möglichkeit, als Schiedsrichter in die ungarischen Thronwirren einzugreifen, wo sich Bela II. mit seiner Hilfe durchsetzen konnte. Auch der Polenherzog Boleslaw III. erschien auf einem Hoftag in Merseburg im August 1135, um den für zwölf Jahre rückständigen Tribut nachzuzahlen und Pommern östlich der Oder vom Kaiser zu Lehen zu nehmen. Vorpommern wurde vermutlich damals Albrecht dem Bären zuerkannt, dessen Machtbereich sich nunmehr bis zur Peene erstreckte[8].

Dieser *Merseburger Hoftag* 1135 brachte das allgemeine Ansehen Lothars deutlich zum Ausdruck. Neben anderen Gesandtschaften waren auch Boten des griechischen Kaisers Johannes Komnenos und des venezianischen Dogen anwesend. Sie baten Lothar, *gegen Roger II. von Sizilien* vorzugehen, dessen Eroberungspolitik nicht nur das byzantinische Reich bedrohte, sondern auch den Handel Venedigs empfindlich störte, und versprachen, einen solchen Feldzug mit Geld zu unterstützen. Eine deutsche Gegengesandtschaft unter Bischof Anselm von Havelberg ging zu weiteren Verhandlungen nach Byzanz. Wie in den Tagen Heinrichs IV. und Alexios' I. schien sich abermals ein Zusammengehen der beiden Mächte gegen den normannischen Erobererstaat anzubahnen.

[1] Die umfangreiche Lit. zu Otto von Bamberg zusammengestellt bei E. FRHR. VON GUTTENBERG, Das Bistum Bamberg 1, Germania sacra II, 1 (1936), S. 115 ff.; zu seiner Missionstätigkeit jetzt H. HEYDEN, KiG Pommerns 1 ([2] 1957), S. 5 ff.; J. PETERSOHN, Apostolus Pomeranorum, HJb 86 (1966); ders., Probleme der Otto-Viten und ihrer Interpretation, DA 27 (1971).

[2] Zu den Anfängen der Mission und Siedlung in Ostholstein V. PAULS in: Gesch. Schleswig-Holsteins 3 (1937), und W. LAMMERS, Das HochMA bis zur Schlacht von Bornhöved, ebd. 4 (1961 ff.); B. SCHMEIDLER, Neumünster in Holstein, seine Urkunden und seine kirchliche Entwicklung im 12. Jh., Zs. d. Ges. f. schlesw.-holst. Gesch. 68 (1940).

[3] W. KOPPE, Schleswig und die Schleswiger (1066–1134), in: Städtewesen und Bürgertum (Gedächtnisschr. f. F. Rörig 1953); K. JORDAN, Heinrich der Löwe und Dänemark, in: Geschichtl. Kräfte und Entscheidungen (Festschr. f. O. Becker 1954).

[4] K. JORDAN, Die Anfänge des Stiftes Segeberg, Zs. d. Ges. f. schlesw.-holst. Gesch. 74/75 (1951).

[5] Die Quellen zu Albrecht dem Bären bei KRABBO, Regesten d. Markgrafen von Brandenburg aus askanischem Haus (1910 f.); über ihn zuletzt J. SCHULTZE, Die Mark Brandenburg 1 (1961). Zu Pribislaw: H. D. KAHL, Slawen und Deutsche in der brandenb. Gesch. des 12. Jh. (1964).

[6] W. HOPPE, Mgf. Konrad v. Meißen, NA f. sächs. Gesch. 40 (1919), auch in dess. Ausgew. Aufsätze (1964).

[7] Über das verlorene Privileg Lothars für die Kaufleute auf Gotland: A. HOFMEISTER, Heinrich der Löwe und die Anfänge Wisbys, Zs. f. lüb. Gesch. 23 (1926); dazu F. RÖRIG, Reichssymbolik auf Gotland, Hans. Geschbl. 64 (1940), auch in: ders., Wirtschaftskräfte im MA, ([2]1971), S. 460 ff.

[8] R. HOLTZMANN, Kaiserpolitik und dt. Grenzpolitik im hohen MA, Zs. f. dt. Geisteswiss. 1 (1938), auch in: ders., Aufsätze z. dt. Gesch. im Mittelelberaum (1962), bes. S. 311; zur kirchenrechtlichen Situation im Norden und Osten H. BEUMANN, Das päpstliche Schisma von 1130, Lothar III. und die Metropolitanrechte in Polen und Dänemark, in: Deutsche Ostsiedlung in Mittelalter und Neuzeit (1971).

Kapitel 28
Der zweite Italienzug und Lothars Tod

Die Verhältnisse in Italien hatten sich bald nach dem Abzug des Kaisers für Innocenz II. sehr ungünstig gestaltet. Noch im Sommer 1133 erschien Roger II. auf dem Festland, konnte seiner Gegner in Apulien Herr werden und ganz Süditalien mit Ausnahme von Capua und Neapel in seine Hand bringen. Innocenz mußte Rom verlassen und in Pisa Zuflucht suchen. Bei einem neuen Angriff Rogers fiel auch Capua in seine Hand; Robert von Capua ging nach Deutschland, um Lothar zum Eingreifen zu bewegen. Da auch Bernhard von Clairvaux an Lothar die dringende Aufforderung richtete, dem sizilischen Usurpator die Krone zu entreißen, wurde ein *neuer Romzug* für den Sommer 1136 angesetzt. Diesmal sammelte sich eine beträchtliche Streitmacht um den Kaiser. Sein Schwiegersohn Heinrich der Stolze stellte allein ein Kontingent von 1500 Rittern. Auch Konrad von Staufen befand sich im Gefolge des Kaisers. Die Befriedung Oberitaliens mußte die erste Aufgabe sein. Auf einem *Reichstag zu Roncaglia* Anfang November 1136 erließ der Kaiser ein *Lehnsgesetz*, das den Valvassoren verbot, ihre Lehen weiterzuvergeben oder zu veräußern (Const. 1 n. 120). Die Städte Oberitaliens öffneten dem Kaiser ihre Tore, nur Cremona leistete Widerstand und verfiel der Reichsacht. Zu Beginn des Jahres 1137 konnte man *nach Süden* weiterziehen. Während der Kaiser selbst mit einer Heeresabteilung an der adriatischen Küste gegen Bari vorrückte, stießen die übrigen Truppen unter Heinrich dem Stolzen durch Tuszien nach Süden vor, eroberten das wichtige Benevent und vereinigten sich dann mit dem Heer des Kaisers vor Bari. Der Fall dieses Hafenplatzes war ein sichtbarer Erfolg. Roger bot daher Friedensverhandlungen an, doch scheiterte sein Angebot am Widerspruch des Papstes.

Die Feindseligkeiten nahmen ihren Fortgang. Bei der starken Sommerhitze machte sich aber im deutschen Heer eine *Opposition gegen die Fortsetzung des Krieges* bemerkbar. Zudem kam es zu Differenzen zwischen Kaiser und Papst, als man an die Neuordnung der eroberten Gebiete ging. Während Robert von Capua wieder in seinem Fürstentum eingesetzt wurde, sollte Rainulf von Alife mit Apulien belehnt werden. Kaiser und Papst nahmen dabei jeder das Recht der Belehnung für sich in Anspruch. Schließlich einigte man sich dahin, daß sie beide die

Fahnenlanze als Belehnungssymbol ergriffen und sie gemeinsam dem neuen Herzog übergaben (August 1137)[1].

Lothar, der auf dem Rückmarsch seinem Schwiegersohn die Markgrafschaft Tuszien übertrug, wurde bald von einer schweren Krankheit ergriffen. Wohl konnte er noch die Alpen überschreiten, am 4. XII. 1137 ist er aber in dem Dorf Breitenwang bei Reutte in Tirol gestorben. Vor seinem Tod übergab er Heinrich dem Stolzen die Reichsinsignien. Ebenso erhielt der Welfe damals das Herzogtum Sachsen, doch ist fraglich, ob es ihm formell übertragen wurde. Die Leiche des Kaisers wurde in dem von ihm gegründeten Stift Königslutter beigesetzt.

In *Italien* war mit der Einsetzung Rainulfs kein dauernder Erfolg erzielt. Roger setzte seinem Gegner hart zu und konnte nach Abzug des deutschen Heeres sein Königreich zum großen Teil wiedererobern. Innocenz II. mußte sich deshalb dazu verstehen, den Normannenkönig als Schiedsrichter in seinem Streit mit Anaklet anzuerkennen. Ehe es aber dazu kam, ist *Anaklet II.* am 25. I. 1138 *gestorben*. Damit ging das *Schisma zu Ende*. Innocenz sprach auf einem Laterankonzil 1139 den Bann über Roger II. aus und zog gegen ihn zu Felde. Am Garigliano geriet er aber in dessen Gefangenschaft und mußte im *Vertrag zu Mignano* im Juli 1139 die Abmachungen zwischen Anaklet und Roger feierlich anerkennen, durch erneute Belehnung Rogers die Gründung der normannisch-sizilischen Monarchie legitimieren.

Als Gegner der salischen Partei war Lothar auf den Thron gekommen. Als König bog er aber in die vorbezeichnete Linie der deutschen Königspolitik ein und ist keineswegs, wie man gelegentlich gemeint hat, ein unselbständiger, von der Kirche abhängiger Herrscher gewesen. Seine wiederholten Forderungen auf Rückgabe der Investitur zeigen das Bestreben, die Königsrechte gegenüber der Kirche wieder stärker zur Geltung zu bringen. Seine größten Leistungen liegen jedoch zweifellos im Osten. Für die damals einsetzende ostdeutsche Siedlung hat er durch die militärische Befriedung des Grenzgebietes die politischen Voraussetzungen geschaffen und zugleich die Fürstengeschlechter berufen, die fortan die Träger dieser Siedlungsarbeit in den einzelnen Grenzlandschaften werden sollten[2].

[1] Über die Verhältnisse in Süditalien vgl. die Zusammenstellung des Materials bei KEHR, Italia pontificia 8, S. 41 ff.; dazu seine Untersuchung: Die Belehnun-

gen der südital. Normannenfürsten (s. o. Kap. 2, Anm. 6), S. 41 f. und DEÉR, Papsttum und Normannen (s. o. Kap. 2).

[2] Zur Würdigung Lothars jetzt: F. J. SCHMALE, Lothar III. und Friedrich I. als Könige, in: Probleme des 12. Jh. (1968).

Kapitel 29
Konrad III. und die Welfen

Nach Lothars Tod durfte sich sein welfischer Schwiegersohn Heinrich der Stolze mit Recht als künftiger König betrachten. Als Herzog von Bayern und Sachsen, als Markgraf von Tuszien und Herr eines reichen Hausbesitzes in Schwaben, Bayern, Sachsen und Italien war er der mächtigste Fürst des Reiches. Da er aber auf dem letzten Italienzug wiederholt gegenüber der Kurie als Verfechter der Reichsrechte aufgetreten war, war Innocenz II. gegen seine Wahl. Auch in Deutschland fand er entschiedene Widersacher. Da der Mainzer Stuhl nach dem Tod Adalberts noch vakant, der neue Kölner Erzbischof Arnold I. noch nicht geweiht war, lag die Leitung der Wahl in den Händen Alberos von Trier. Dieser berief, ohne den ursprünglich von den Fürsten auf Pfingsten angesetzten Wahltermin abzuwarten, seine Anhänger nach Koblenz und ließ hier am 7. III. 1138 Konrad von Staufen zum deutschen König wählen. Wenige Tage später wurde Konrad III. von einem päpstlichen Legaten in Aachen zum König gekrönt. *Konrads Wahl* wurde von einer kleinen Minderheit vollzogen, sie war keineswegs eine Rückkehr zum Geblütsrecht, sondern abermals eine »freie Wahl«. Trotzdem fand Konrad bald allgemeine Anerkennung. Sogar *Heinrich der Stolze* lieferte ihm die Reichsinsignien aus und gab damit seinen Anspruch auf die Krone auf. Die Huldigung lehnte er aber ab, weil der König seine Ansprüche auf Sachsen nicht anerkannte, wenigstens die Auslieferung eines der beiden Herzogtümer verlangte. Er verfiel deshalb auf dem Reichstag zu Würzburg im Juli 1138 der Reichsacht; beide Herzogtümer wurden ihm entzogen. Sachsen kam an Albrecht den Bären, Bayern wurde zu Beginn des folgenden Jahres dem Markgrafen Leopold IV. von Österreich aus dem Hause der *Babenberger* übertragen, einen Halbbruder des Königs, dessen Mutter Agnes als Witwe Herzog Friedrichs I. von Schwaben den Markgrafen Leopold III. von Österreich geheiratet hatte.

Die Babenberger sind in der Folgezeit die wichtigste Stütze des Staufers geworden[1].

Diese Maßnahmen Konrads bedeuteten den Ausbruch des offenen *Kampfes zwischen Staufern und Welfen.* Heinrich der Stolze konnte ihn zunächst erfolgreich führen; Albrecht der Bär mußte aus Sachsen weichen. Die *Kämpfe im Herzogtum Sachsen* blieben nicht ohne Rückwirkung auf die Verhältnisse in Nordelbingen. Da Adolf II. von Holstein, der wohl im Jahr 1130 seinem Vater gefolgt war, treu zu den Welfen hielt, setzte ihn Albrecht der Bär ab und belehnte Heinrich von Badwide (aus dem Lüneburgischen) mit der Grenzgrafschaft Holstein-Stormarn. Auf die Dauer konnte sich dieser gegenüber Graf Adolf nicht durchsetzen. Der plötzliche *Tod Heinrichs des Stolzen* (20. X. 1139) brachte zunächst keine Entspannung. Sein damals etwa zehnjähriger Sohn Heinrich (der Löwe) fand in Sachsen als Herzog allgemeine Anerkennung; seine Großmutter Richenza, die Witwe Kaiser Lothars, wurde hier die Führerin der welfischen Sache.

In *Süddeutschland* wurde Welf VI., der Bruder Heinrichs des Stolzen, die Seele des Widerstands. Im August 1140 konnte er Leopold IV. bei Valley an der Mangfall besiegen. Jetzt ging Konrad III. selbst zum Angriff auf die schwäbischen Besitzungen der Welfen vor. Seit November 1140 belagerte er die Burg Weinsberg in der Nähe von Heilbronn. Welf eilte zum Entsatz herbei, wurde aber geschlagen. Darauf mußte die welfische Besatzung der Burg kapitulieren. Die Erzählung, daß damals die Frauen der Burg die ihnen von Konrad gewährte Erlaubnis, so viel Habe mitzunehmen wie sie tragen könnten, dazu benutzt hätten, um ihre Männer aus der Burg zu tragen und dadurch vor Tod oder Gefangennahme zu schützen, ist durchaus glaubwürdig[2].

Trotz dieses Erfolgs des Königs zogen sich die Kämpfe weiter hin. Als Richenza 1141 starb, setzte Welf VI. allein den Widerstand fort. Erst im nächsten Jahr bahnte sich eine *friedliche Verständigung* an. Albrecht der Bär legte den Titel eines Herzogs von Sachsen ab und leistete auf einem *Fürstentag in Frankfurt* im Mai 1142 endgültig auf das Herzogtum Verzicht, erhielt dafür aber seine übrigen Besitzungen, insbesondere die Nordmark zurück. Ob Pribislaw von Brandenburg ihn schon damals oder erst zu einem späteren Zeitpunkt als Erben eingesetzt hat, läßt sich nicht entscheiden[3]. Heinrich der Löwe wurde als Herzog von Sachsen anerkannt, mußte aber auf

Bayern verzichten. Ein Ausgleich zwischen Welfen und Babenbergern sollte durch eine Ehe der verwitweten Herzogin Gertrud, der Tochter Kaiser Lothars, mit Heinrich II. Jasomirgott erreicht werden, der seinem Bruder Leopold IV. 1141 als Markgraf von Österreich gefolgt war und der jetzt mit dem Herzogtum Bayern belehnt wurde. Die Hoffnungen, die an diese Eheschließung geknüpft wurden, erfüllten sich jedoch nicht, da Gertrud bereits 1143 bei der Geburt eines Kindes starb. Zudem hat Welf VI. den Verzicht seines Neffen auf Bayern nicht anerkannt und den Kampf gegen die Babenberger in Süddeutschland fortgesetzt. Er fand dabei nicht nur finanzielle Hilfe Rogers II. von Sizilien, sondern gelegentlich auch die Unterstützung seines staufischen Neffen Friedrich, der nach dem Tod seines Vaters Friedrich II. die Nachfolge im Herzogtum Schwaben antrat (1147).

Von wechselndem Erfolg war Konrads Vorgehen an der *Ostgrenze* des Reiches, in *Böhmen*, *Polen* und *Ungarn*. In *Böhmen* konnte sich nach dem Tod Herzog Sobeslaws (1140) dessen Neffe Wladislaw, den jener zu seinem Nachfolger bestimmt hatte, mit Konrads Hilfe durchsetzen. 1142 zog der König bis nach Prag. In *Polen* brachen nach dem Tod Boleslaws III. (1139) unter seinen Söhnen dynastische Wirren aus, aus denen Boleslaw IV. als Sieger hervorging. Sein älterer Bruder Wladislaw II., mit einer Stiefschwester Konrads III. vermählt, mußte das Land verlassen. Der Versuch des Königs, seinen Schwager in sein Land zurückzuführen (1146), endete mit einem Mißerfolg. Das Verhältnis zu *Ungarn* und dessen neuem König Geza II. (1141–1162) war zunächst gut. König Konrads ältester Sohn Heinrich war 1139 als kleiner Knabe mit Gezas Schwester Sophie vermählt worden. Später kam es jedoch zu einer Entfremdung zwischen Geza und Konrad, als dieser einen anderen Thronprätendenten in Ungarn begünstigte, der auch die Hilfe der Byzantiner fand. Geza ging deshalb zum Angriff gegen das Reich vor und brachte Heinrich Jasomirgott im September 1146 an der Leitha eine schwere Niederlage bei[4].

Erfolgreicher waren Konrads Bemühungen, seine Stellung im *Westen* und *Süden* des Reiches zu festigen. Das Herzogtum Niederlothringen übertrug er nach dem Tod Herzog Walrams (1139) an Gottfried von Löwen, einen Verwandten der Königin. Die Pfalzgrafschaft bei Rhein erhielt sein Schwager Hermann von Stahleck (1142). Vor allem aber hatte Konrad wesentlichen Anteil an der *Erweiterung der staufischen Hausmacht* im

Süden des Reiches. Durch seine Ehe mit Gertrud von Sulzbach verstärkte er die Stellung der Staufer in Franken, durch den Erwerb von Eger nach dem Aussterben der Diepoldinger (1146) konnte er das Reichs- und Hausgut im bayrischen Nordgau vermehren[5]. Wie er bemüht war, in seiner Territorialpolitik das salische Erbe weiterzuführen, so knüpfte er auch im Aufbau seiner Kanzlei an deren Organisation unter Heinrich V. an[6]. Sein wichtigster Berater in allen politischen Fragen wurde Abt Wibald von Stablo, der zeitweilig als Notar in der Kanzlei tätig war und 1146 auch die wichtige Reichsabtei Corvey erhielt[7].

[1] W. Bernhardi, Konrad III. (Jb. d. dt. Gesch., 1883), als Materialsammlung noch wichtig.

[2] Die Erzählung geht auf die verlorenen Paderborner Annalen zurück, ist also zeitgenössisch; vgl. DW[9] 6537, bes. die Arbeiten von R. Holtzmann, im wesentlichen zustimmend K. Weller, Die neuere Forschung von den treuen Weinsberger Weibern, Zs. f. württ. Landesgesch. 4 (1940). Zu Welf VI. s. H. Pörnbacher, Hg. Welf VI., in: Lebensbilder aus dem Bayerischen Schwaben 8 (1962); K. Feldmann, Welf VI. und sein Sohn (Diss. Tübingen 1971).

[3] J. Schultze, Die Mark und das Reich, Jb. f. die Gesch. Mittel- u. Ostdeutschlands 3 (1954); ders., Mark Brandenburg 1 (1961), S. 69.

[4] W. Ohnsorge, Die Bedeutung der dt.-byzant. Beziehungen im 12. Jh. für den dt. Osten, Dt. Arch. f. Landes- u. Volksforsch. 5 (1941), auch in: ders., Abendland und Byzanz (1958).

[5] K. Bosl, Reichsministerialität, S. 121 ff.; H. Büttner, Staufer und Welfen im polit. Kräftespiel zwischen Bodensee und Iller während des 12. Jh., Zs. f. württ. Landesgesch. 20 (1961); ders., Staufische Territorialpolitik im 12. Jh., Württembergisch-Franken 47 (1963), und H. Werle, s. o. Kap. 11, Anm. 2.

[6] F. Hausmann, Reichskanzlei, s. Kap. 20, Anm. 2; J. Kunisch, Konrad III., Arnold von Wied und der Kapellenbau von Schwarzrheindorf (1966); W. Grebe, Eb. Arnold von Köln in der Reichs- und Territorialpolitik, Jb. Köln. Gesch. Ver. 42 (1968).

[7] Über Wibald s. F. Hausmann, Reichskanzlei, S. 167 ff., und in: Westfäl. Lebensbilder 7 (1959).

Kapitel 30
Der zweite Kreuzzug und die abendländische Bündnispolitik um die Mitte des 12. Jahrhunderts

Die außenpolitische Lage des Reiches blieb nach dem Tod Kaiser Lothars zunächst unverändert. Bestimmend für Konrads Politik war der Gegensatz zu den Normannen, zumal Roger II. auch nach dem Vertrag von Mignano (s. Kap. 28) seine Expansionspolitik gegenüber der Kurie fortsetzte. Die gemeinsame Gegnerschaft gegen die Normannen führte zu einer weiteren

Annäherung zwischen *Byzanz* und dem *deutschen Königtum*. Seit 1139 herrscht ein reger diplomatischer Verkehr zwischen beiden Mächten. Ein Ehebündnis zwischen Manuel, dem Sohn des Kaisers Johannes, und Bertha von Sulzbach, der Schwägerin Konrads, wurde damals verabredet. Drei Jahre nach seiner Thronbesteigung schloß Manuel (1143–1180) die Ehe mit Bertha, die in Byzanz den Namen Irene annahm. In den diplomatischen Verhandlungen wurden aber nicht nur Macht-, sondern auch Titulaturfragen erörtert. König Konrad III. beanspruchte dabei für sich, obgleich es nie zu seiner Kaiserkrönung durch den Papst kam, den Titel eines Kaisers der Römer, um seine Gleichberechtigung gegenüber dem Basileus zum Ausdruck zu bringen[1].

In Rom war inzwischen die Lage für das Papsttum immer schwieriger geworden. Zu der Bedrohung durch die Normannen kam ein neuer Gegner in Rom selbst. Wie in den Städten Norditaliens machte sich auch hier eine *kommunale Bewegung* geltend. Im Sommer 1143 zogen die Bürger aufs Kapitol und setzten den »heiligen Senat der Stadt« als eigene Behörde ein[2]. Nach dem Tod Innocenz' II. (24. IX. 1143) konnte sich diese stadtrömische Bewegung unter den kurzen Pontifikaten seiner beiden Nachfolger Cölestin II. und Lucius II. noch festigen. Auch *Eugen III.*, ein Schüler Bernhards von Clairvaux, 1145 zum Papst gewählt, konnte sich ihr gegenüber nicht durchsetzen und mußte deshalb seine Residenz nach Viterbo verlegen[3]. Wirksame Hilfe konnte er nur vom deutschen König erhoffen. Hatte Bernhard diesen schon 1145 zur Hilfe für den Papst aufgefordert, so suchte ihn Eugen selbst im nächsten Jahr durch eine Gesandtschaft für einen Romzug zu gewinnen.

In dieser gespannten Lage des Abendlandes schuf die Nachricht vom *Fall Edessas* eine völlig veränderte Situation. Die Eroberung dieses nordöstlichen Bollwerks der vier Kreuzfahrerstaaten durch Zengi, den Herrscher von Mosul und Aleppo, im Dezember 1144, brachte auch diese in eine bedrohliche Lage. Da sie selbst nicht imstande waren, dieser Gefahr entgegenzutreten, suchten sie im Abendland um Hilfe nach. Eugen III. richtete deshalb an den französischen König Ludwig VII. und alle Franzosen den *Aufruf zu einer neuen Kreuzfahrt*. Am Weihnachtsfest 1145 gab der König seinen Entschluß bekannt, selbst in das Heilige Land zu ziehen. *Bernhard von Clairvaux*, vom Papst mit der Kreuzzugspredigt betraut, entfachte durch seine Beredsamkeit eine gewaltige *Kreuzzugsbewegung* weit über Frankreich hinaus. In Deutschland wurden die Volksmassen durch Kreuzprediger in den rheinischen Städten zu grausamen Judenverfolgungen hingerissen. Bernhard ging selbst nach Deutschland, um dem Einhalt zu gebieten, vor allem aber um auch König Konrad III. für die Kreuzzugsidee zu gewinnen. Dieser verhielt sich zunächst im Hinblick auf die schwierige Lage im Inneren des Reiches ablehnend. Unter dem Eindruck einer gewaltigen Predigt des Abtes von Clairvaux entschloß er sich aber am 27. XII. 1146 in Speyer, das Kreuz zu nehmen. Viele deutsche Fürsten, unter ihnen auch Herzog Friedrich von Schwaben, Heinrich Jasomirgott und Welf VI. folgten seinem Beispiel.

Vor Antritt der Kreuzfahrt mußten die inneren Fehden beigelegt werden. Auf einem *Reichstag zu Frankfurt* im März 1147 wurde ein allgemeiner Reichsfrieden verkündet und Konrads damals zehnjähriger Sohn Heinrich zum König gewählt, um für alle Fälle die Nachfolge zu sichern. Erzbischof Heinrich von Mainz sollte während der Abwesenheit Konrads die Geschäfte des Reiches führen[4]. Heinrich der Löwe erhob hier die Forderung auf Rückgabe des Herzogtums Bayern, das seinem Vater widerrechtlich abgesprochen worden sei, erklärte sich aber bereit, diesen Anspruch bis nach Beendigung der Kreuzfahrt zurückzustellen. Dagegen erreichten die sächsischen Fürsten ein anderes für sie wichtiges Zugeständnis: Eine Kreuzfahrt gegen die noch heidnischen Slaven sollte als Erfüllung ihres Kreuzzugsgelübdes gelten.

Fast das ganze Abendland hatte sich unter dem Zeichen des Kreuzes zusammengefunden. Auch Roger II. war zeitweilig geneigt, sich an dem *Kreuzzug* zu beteiligen, wenn Ludwig VII. von Frankreich seinen Weg über Sizilien nähme. Der Zug sollte dadurch eine antibyzantinische Spitze erhalten und ebenso wie der erste Kreuzzug den normannischen Eroberungsplänen im Mittelmeer dienen. Ludwig lehnte aber diese Forderung ab und wählte den Landweg über Ungarn. Die *deutschen Kreuzfahrer* waren inzwischen im Mai 1147 von Regensburg aufgebrochen und durch Ungarn und Bulgarien gezogen; im September kamen sie vor Konstantinopel an, um bald nach Kleinasien überzusetzen. Entgegen dem Rat Manuels schlug das Hauptheer unter König Konrad den Weg durch das Innere ein, nur eine kleinere Abteilung unter Führung des Bischofs Otto von Freising zog an der Küste entlang. Mangel an Lebensmitteln und ständige Kämpfe mit den Türken zwangen Konrad bald zur Umkehr. Nach furchtbaren Verlusten vereinigten sich die Reste seines Heeres mit den nachfolgenden französischen Kreuzfahrern, die inzwischen bis Nicäa gelangt waren. Auch die Heeresabteilung unter Otto von Freising wurde bei Laodicäa von den Türken fast aufgerieben. Konrad III., der bei den Kämpfen verwundet wurde, brachte den Winter in Byzanz zu. Das *französische Kreuzfahrerheer* erlitt in den Kämpfen mit den Türken ebenfalls schwere Verluste, Ludwig selbst und andere Ritter konnten aber auf dem Seeweg Antiochia erreichen. Im nächsten Frühjahr fuhr Konrad III. zu See nach Jerusalem, wo er mit Ludwig VII. zusammentraf. Nachdem jedoch ein Vorstoß gegen Damaskus ohne Erfolg geblieben war, verließ Konrad im September 1148 das Heilige Land, verbrachte den Winter in Byzanz und kehrte im Frühjahr 1149 nach Deutschland zurück. Ludwig VII. hielt sich noch bis Ostern 1149 in Jerusalem auf und trat dann über Sizilien die Rückfahrt an[5].

Mit dem Mißerfolg der beiden Könige war der zweite Kreuzzug völlig gescheitert. Nach seinem unglücklichen Ausgang brachen wieder die alten *Spannungen im Abendland* auf, die man vorher mühselig beigelegt hatte. Roger II. hatte den Kreuzzug benutzt, um seinerseits gegen das Ostreich vorzugehen. Im Sommer 1147 besetzte er Korfu und unternahm von hier aus Plünderzüge nach Griechenland. Da Kaiser Manuel gleichzeitig in Kämpfe an der Nordgrenze seines Reiches verwickelt war, konnte er den Normannen nicht wirksam entgegentreten. Er mußte deshalb versuchen, Bundesgenossen gegen Roger zu gewinnen. Während des Aufenthaltes Konrads III. am Hof Manuels wurde im Winter 1148/49 in Byzanz oder vermutlich im Oktober 1148 in *Saloniki* ein *Vertrag* geschlossen über ein gemeinsames kriegerisches Vorgehen der beiden Mächte gegen Roger. Manuel wollte den Kampf Konrads in Italien mit Truppen und Geld unterstützen, dafür verpflichtete sich Konrad, dem byzantinischen Kaiser Teile des Normannenreiches nach dessen Eroberung abzutreten. Auch die Seestädte Venedig und Pisa sollten in diese Koalition einbezogen werden. Gleichzeitig wurde der Babenberger Heinrich Jasomirgott mit Manuels Nichte Theodora vermählt[6].

Roger II., der die seinem Reich drohende Gefahr schon länger erkannt hatte, war seinerseits bestrebt, ein *Gegenbündnis* zustande zu bringen. Welf VI., den er schon früher im Kampf gegen die Staufer unterstützt hatte, traf im Sommer 1148 auf der Rückkehr aus Palästina mit ihm zusammen und versprach, den Kampf gegen die Staufer und Babenberger von neuem aufzunehmen. Im nächsten Jahr wurde auch Ludwig VII., der im Juli 1149 in Kalabrien landete, für dieses Bündnis gewonnen. Auch der Papst selbst hat zeitweilig daran gedacht, ihrem Bündnis beizutreten. Ebenso stand Roger II. mit Geza II. von Ungarn im Bunde. Ein neuer europäischer Krieg schien das Ergebnis des zweiten Kreuzzugs zu werden; nur die Weigerung des Papstes, der Koalition gegen Manuel und Konrad beizutreten, hat ihn verhindert.

[1] W. OHNSORGE, »Kaiser« Konrad III., MÖIG 46 (1932), auch in: ders., Abendland u. Byzanz (1958); R. M. HERKENRATH, Regnum und Imperium. Das »Reich« in der frühstaufischen Kanzlei (1969); O. ENGELS, Beiträge zur Geschichte der Staufer im 12. Jh. (I), DA 27 (1971).

[2] A. FRUGONI, Sulla »Renovatio Senatus« del 1143 e l'Ordo equestris, Bull. dell'Ist. stor. ital. 62 (1950); A. ROTA, Il »Consilium Urbis« del sec. XII, Arch. Soc. Rom. 75 (1952); ders., La costituzione originaria del comune di Roma, Bull. dell'Ist. stor. ital. 64 (1953).

[3] H. GLEBER, Papst Eugen III. unter Berücksichtigung seiner politischen Tätigkeit (1936).

[4] H. BÜTTNER, Eb. Heinrich I. v. Mainz und die Staufer, ZKiG 69 (1958).

[5] Die Lit. zum zweiten Kreuzzug bei H. E. MAYER, Bibliographie, s. o. Kap. 15, Anm. 2, Nr. 2058 ff.; zusammenfassend jetzt ders., Gesch. der Kreuzzüge, S. 96 ff.

[6] Über diese Bündnisverhandlungen: P. RASSOW, Honor imperii. Die neue Politik Barbarossas ([2]1962); K. HEILIG, Ostrom und das dt. Reich um die Mitte des 12. Jh., in: Kaisertum und Herzogsgewalt im Zeitalter Friedrichs I. (1944, Ndr. 1952), S. 159 ff.; P. LAMMA, Comneni e Staufer 1 (1955), S. 56 ff.

Kapitel 31
Die Anfänge Heinrichs des Löwen und der Slavenkreuzzug des Jahres 1147

Der Frankfurter Fürstentag 1142 hatte den Ausgleich zwischen Heinrich dem Löwen und Albrecht dem Bären gebracht. Damit war für den jungen Herzog die Möglichkeit gegeben, auch in *Nordelbingen* den Kämpfen zwischen Adolf von Holstein und Heinrich von Badwide ein Ende zu bereiten. Bereits 1143 setzte er Adolf wieder in seine Herrschaft ein; Heinrich von Badwide wurde dadurch entschädigt, daß ihm die neugeschaffene Grafschaft Ratzeburg übertragen wurde. Graf Adolf begann jetzt mit der *Besiedlung Wagriens* und rief nicht nur die benachbarten Holsaten und Stormarer, sondern auch Westfalen, Holländer und Friesen ins Land. 1143 oder 1144 erbaute er südlich der alten, inzwischen zerstörten slavischen Siedlungsstätte die deutsche Marktsiedlung *Lübeck*, die durch ihre Lage am Einfluß der Wakenitz in die Trave bald als Handelsplatz Bedeutung gewann[1].

Diese ersten Erfolge wurden durch den *Wendenkreuzzug* des Jahres 1147 fast vollständig vernichtet. Der Obodritenfürst Niklot kam dem Angriff zuvor, überfiel Lübeck und vernichtete die Siedlungen auf dem flachen Land. Beim Herannahen des Kreuzfahrerheeres zogen sich die Obodriten in ihre Burgen zurück. Die Wendenfahrer hatten sich in zwei Heere geteilt, ein kleineres drang unter der Führung Heinrichs des Löwen, Konrads von Zähringen und des Bremer Erzbischofs Adalbero in das Obodritenland ein und belagerte, von den Dänen unterstützt, die Feste Dobin am Schweriner See. Niklot konnte sich in ihr jedoch halten. Als sich die Wenden zu einer Scheintaufe verstanden, gab man die Belagerung der Burg auf.

Auch das Hauptheer, das unter der Führung Albrechts des Bären und Konrads von Meißen von der Mittelelbe aus durch das Land der Lutizen teils gegen Demmin, teils gegen Stettin vorstieß, hatte wenig Erfolg. Die Belagerung Demmins mußte man ergebnislos abbrechen; mit Fürst Ratibor von Stettin kam es zu Abmachungen wegen der Christianisierung seines Landes; dann löste sich auch dieses Heer auf.

Die Enttäuschung über den Ausgang des Unternehmens, wie sie in einer Reihe von Quellen laut wird, darf nicht darüber hinwegtäuschen, daß man nach zeitgenössischen Anschauungen mit der Taufe der Heiden das Ziel erreicht hatte. Bischof Anselm von Havelberg, der das Hauptheer als päpstlicher Legat begleitet hatte, konnte jetzt in seinem Bistum seine Tätigkeit aufnehmen. Schon am Ende der 30er Jahre hatte Wigger, der Propst des Magdeburger Prämonstratenserstiftes, mit der Gründung des Stiftes Leitzkau den ersten Schritt für den Neubeginn der kirchlichen Arbeit im *Bistum Brandenburg* getan. Während des Wendenkreuzzugs wurden in der Prignitz kleine deutsche Grundherrschaften errichtet, die eine wichtige Voraussetzung für die deutsche Besiedlung dieses Gebietes bildeten[2].

Der weitere Aufbau der kirchlichen Organisation in Nordelbingen brachte einen scharfen *Zusammenstoß* zwischen *Heinrich* dem Löwen und dem neuen Bremer Erzbischof *Hartwig* von *Stade*. Der Gegensatz zwischen beiden war schon älter; 1144 hatte Hartwig, damals Dompropst in Bremen, nach dem Tod seines Bruders Rudolf von Stade das Erbgut seines Hauses der Bremer Kirche geschenkt, dafür aber die von der Bremer Kirche zu Lehen gehende Grafschaft Stade auf Lebenszeit erhalten. Heinrich hatte demgegenüber die *Stader Erbschaft* für sich in Anspruch genommen, den Erzbischof Adalbero gefangengesetzt und zur Auslieferung der Stader Besitzungen gezwungen. Als jetzt Hartwig als Erzbischof von Bremen daranging, die seit 1066 nicht mehr bestehenden Bistümer Oldenburg, Ratzeburg und Mecklenburg wieder zu begründen, zunächst Vicelin zum Bischof von Oldenburg weihte und für Mecklenburg den Mönch Emmehard zum Bischof berief, trat ihm Heinrich abermals entgegen und nahm als Markgraf das Recht der Bischofseinsetzung in diesen Gebieten für sich in Anspruch. Da Vicelin sich weigerte, aus seiner Hand die Investitur zu empfangen, ließ ihm Heinrich durch Graf Adolf von Holstein die Zehnten sperren und legte damit die Tätigkeit des Missionars in Wagrien fast ganz lahm. Erst im Winter 1150/51 fügte sich Vicelin, ließ sich vom Herzog mit seinem Bistum investieren und konnte bis zu seinem Tod (1154) eine größere Wirksamkeit entfalten[3].

Als im Jahr 1150 Pribislaw von Brandenburg ohne Kinder starb, nahm aufgrund der zwischen ihm und Albrecht dem Bären getroffenen Abmachungen dieser das Land mit Hilfe der Witwe des Fürsten in Besitz. Pribislaws Verwandter Jaxa von Köpenick versuchte, Albrecht die Erbschaft streitig zu machen. Doch war die *Mark Brandenburg*, wie sie fortan hieß, seit 1157 fest in der Hand des Askaniers. Auch im Machtbereich Albrechts des Bären konnte seitdem die deutsche Siedlung Fortschritte machen[4].

[1] Quellenmaterial für Heinrich den Löwen zusammengestellt bei J. HEYDEL, Das Itinerar Heinrichs d. L., Niedersächs. Jb. 6 (1929). Eine moderne wissenschaftliche Biographie fehlt noch. Kurze Würdigungen: K. HAMPE, Herrschergestalten des dt. MA (1927, [6]1955), und H. MAU, Heinrich d. L. (1943); K. JORDAN, NDB 8. Zu seiner Politik in Nordelbingen: K. JORDAN, Die Bistumsgründungen Heinrichs d. L. (1939, Ndr. 1962); ders., Nordelbingen u. Lübeck in der Politik Heinrichs d. L., Zs. f. lüb. Gesch. 39 (1959). Weitere Lit., insbes. zu seiner Territorial- u. Städtepolitik, s. u. Kap. 40.

[2] Lit. z. Wendenkreuzzug: H. E. MAYER, Bibliographie zur Gesch. d. Kreuzzüge (1960), Nr. 2058 ff. Zur Beurteilung vor allem H. D. KAHL, Zum Ergebnis des Wendenkreuzzuges von 1147, Wichmann-Jb. 11/12 (1957/58), auch in: Heidenmission und Kreuzzugsgedanke in d. dt. Ostpolitik des MA, hg. v. H. BEUMANN (1963); ders., Slawen und Deutsche, s. Kap. 27, Anm. 5; J. SCHULTZE, Die Mark Brandenburg 1 (1961), beide mit weiterer Lit.

[3] Zu Hartwig von Bremen: G. GLAESKE, Erzbischöfe von Hamburg-Bremen, s. Kap. 4, Anm. 3. Zum Streit mit Heinrich d. L. auch JORDAN, Bistumsgründungen (s. o. Anm. 1), S. 81 ff.; H. WOHLTMANN, Die Gesch. d. Stadt Stade (1956); M. HOHMANN, Das Erzstift Bremen und die Grafschaft Stade im 12. und frühen 13. Jh., Stader Jb. 1969.

[4] Dazu die in Anm. 2 zitierten Bücher von SCHULTZE und KAHL.

Kapitel 32
Der Ausgang Konrads III.

In Deutschland waren während der Abwesenheit des Königs die *inneren Fehden* weitergegangen. Welf VI. nahm noch 1148 von neuem den Kampf in Süddeutschland gegen die Staufer auf. So konnte Konrad nach seiner Rückkehr nicht an die Ausführung des mit Manuel verabredeten Feldzugs gegen Roger denken. Er mußte sich zunächst gegen Welf wenden und konnte ihn durch die siegreiche Schlacht bei Flochberg westlich von Nördlingen zum Frieden zwingen (1150). Dafür machte jetzt Heinrich der Löwe, der sich mit Clementia, der Tochter Konrads von Zähringen, vermählt hatte, seine Ansprüche auf Bayern erneut geltend und erschien Anfang 1151 selbst in Schwaben. Mehreren Reichstagen, auf denen diese Frage entschieden werden sollte, blieb er fern. So entschloß sich Konrad, im nächsten Winter zum Angriff gegen die welfische Machtstellung vorzugehen. Er versuchte Braunschweig zu erobern, mußte aber die Belagerung abbrechen, da Heinrich zum Entsatz der bedrohten Stadt plötzlich aus Süddeutschland zurückkehrte.

In *Rom* hatte sich die Lage für Eugen III. noch mehr zugespitzt. Die stadtrömische Opposition gegen die päpstliche Herrschaft hatte durch *Arnold von Brescia* seit 1145 neue Impulse erhalten. Arnold war in jungen Jahren Schüler Abaelards gewesen und in seiner Vaterstadt Brescia als Leiter eines Chorherrenstifts in einen scharfen Gegensatz zur herrschenden bischöflichen Partei geraten, da er sich gegen die Verweltlichung des Klerus wandte und die Rückkehr der Kirche zur Armut und Einfachheit verlangte. Er mußte Italien verlassen, zusammen mit seinem Lehrer Abaelard wurde er auf dem Konzil von Sens (1140) wegen Irrlehren gebannt und fand nach einem ruhelosen Wanderleben schließlich in Rom als Büßer Zuflucht. Bald nahm er aber auch hier seine Predigttätigkeit wieder auf und wandte sich gegen die weltliche Herrschaft des Papstes. So wurde er der natürliche Bundesgenosse für die stadtrömische Bewegung, deren Kampf gegen den päpstlichen Stadtherrn er die ideelle Rechtfertigung gab[1]. Da man sich im Kampf gegen den Papst nicht stark genug fühlte, suchte man in Rom Verbindung mit dem deutschen König und lud ihn im Herbst 1149 in feierlicher Weise ein, in Rom seinen Sitz zu nehmen und die Kaiserkrone aus der Hand des römischen

Volkes zu empfangen. Obwohl Konrad sich nach dem Fehlschlag des Kreuzzugs zunächst dem Einfluß der kurialen Partei entzogen hatte, konnte er sich zu einem solchen Schritte, der den endgültigen Bruch mit dem Papst bedeutet hätte, nicht verstehen und wies das Angebot der Römer ab. So kam es in Rom zu einer zeitweiligen Verständigung zwischen dem Papst und seinem Gegner. Eugen III. konnte Ende 1149 für kurze Zeit nach Rom zurückkehren, mußte aber die Stadt bald wieder verlassen. Er richtete nun seinerseits an Konrad die dringende Aufforderung, ihm zu Hilfe zu kommen, und stellte ihm dafür die Kaiserkrönung in Aussicht. Als *Termin für die Romfahrt* wurde der September 1152 bestimmt. Ehe es aber dazu kam, ist der König am 15. II. 1152 in Bamberg gestorben. Sein ältester Sohn, der junge König Heinrich, war ihm bereits zwei Jahre vorher im Tod vorausgegangen. Da sein zweiter Sohn Friedrich noch ein Knabe von sechs Jahren war, bestimmte der König auf seinem Totenbett seinen Neffen Herzog Friedrich von Schwaben zu seinem Nachfolger.

Konrad war als König der inneren Schwierigkeiten nicht Herr geworden, aber auch in den großen abendländischen Entscheidungen hatte das deutsche Königtum unter ihm seine führende Stellung eingebüßt. Seine Regierung ist deshalb meist negativ beurteilt worden. Erst die neuere Forschung hat erkannt, daß er durch die Versuche, die staufische Macht im Reich auszubauen, wichtige Voraussetzungen für die Politik seines Nachfolgers geschaffen hat[2].

Ein Jahr nach ihm, am 8. VII. 1153, starb Eugen III., wenige Wochen später schloß Bernhard von Clairvaux die Augen; 1154 starb Roger II. Das Zeitalter Bernhards von Clairvaux ging damit zu Ende.

[1] A. FRUGONI, Arnaldo da Brescia nelle fonti del secolo XII (1954).

[2] F. GELDNER, Die neuere Beurteilung Kg. Konrads III., in: Monumentum Bambergense (Festg. f. B. Kraft, 1955); F. HAUSMANN, Die Anfänge des staufischen Zeitalters unter Konrad III., in: Probleme des 12. Jh. (Vortr. u. Forsch. d. Konstanzer Arbeitskr. 12, 1968).

Kapitel 33
Die Anfänge Friedrichs I.

Bereits wenige Wochen nach dem Tod Konrads III. wurde sein Neffe *Friedrich* am 4. III. 1152 von den Fürsten in Frankfurt *zum König gewählt* und am 9. III. in Aachen gekrönt. Ein Versuch des Mainzer Erzbischofs Heinrich, dem unmündigen Sohn Konrads die Krone zu verschaffen, scheiterte. War die Erhebung seiner beiden Vorgänger das Werk der Kirche gewesen, so kam Friedrich I. durch die *Wahl der Fürsten* auf den Thron. Er empfahl sich vor allem auch deshalb, weil er durch seine Mutter Judith eng mit den Welfen verwandt war. So war der damals etwa dreißigjährige König nach den Worten Ottos von Freising berufen, als »Verwandter beider Geschlechter gleichwie ein Eckstein den klaffenden Riß der beiden Wände zu vereinigen«[1].

Noch in Aachen wurden die *Grundlinien der neuen Politik* festgelegt. Die Privilegien der Kirche sollten, wie es in der Wahlanzeige an den Papst (Const. 1 n. 137) heißt, gewahrt bleiben und die Erhabenheit des römischen Reiches zu seiner alten Kraft reformiert werden. Dabei teilte Friedrich dem Papst seine Wahl nur mit, bat aber nicht um deren Bestätigung. Wenn Eugen III. von sich aus die Wahl approbierte, so kam diesem Schritt keine Rechtskraft zu[2]. Ebensowenig fand der Wunsch der geistlichen Fürsten auf baldige Durchführung des Romzugs Zustimmung.

Die Wiederherstellung des inneren Friedens und der Ausgleich mit den Welfen mußten die vordringlichsten Aufgaben des neuen Herrschers sein. Das Herzogtum Schwaben überließ er seinem Vetter Friedrich (von Rothenburg), behielt es aber in vormundschaftlicher Verwaltung[3]. In die erste Regierungszeit fällt wahrscheinlich auch ein großes *Landfriedensgesetz*, das die Strafen gegen Friedensbrecher gegenüber früheren Friedensordnungen verschärfte (Const. 1 n. 40). Auf seinem *ersten Reichstag*, den er zu Pfingsten 1152 in *Merseburg* abhielt, entschied er den *dänischen Thronstreit*, der nach dem Tod König Erich Lams (1146) zwischen seinen Vettern Sven, Knud und Waldemar, dem Sohn des ermordeten Knud Laward, ausgebrochen war. Friedrich erkannte Sven, für den sich schon Konrad eingesetzt hatte, als König an. Dieser nahm sein Reich vom deutschen König in feierlicher Form zu Lehen; die beiden anderen Prätendenten wurden mit einzelnen Gebieten Dänemarks entschädigt.

In *Sachsen* selbst war es zu neuen Zwistigkeiten zwischen Heinrich dem Löwen und Albrecht dem Bären um das Erbe der Grafen Bernhard von Plötzkau (an der Saale) und Hermann von Winzenburg (östlich der mittleren Leine) gekommen. Ein Ausgleich konnte in Merseburg noch nicht erzielt werden. Erst auf einem Würzburger Reichstag im Oktober 1152 legte der König den Streit bei: Heinrich erhielt das Winzenburger, Albrecht das Plötzkauer Erbe. Schon vorher hat Friedrich Heinrich dem Löwen wohl die Reichsvogtei Goslar als Lehen überlassen[4]. In Würzburg sollte auch die *Frage des bayerischen Herzogtums* entschieden werden. Heinrich Jasomirgott leistete jedoch einer Vorladung nicht Folge, so daß ein neuer Termin angesetzt werden mußte. Schon vorher war dem König der Ausgleich mit Welf VI. geglückt, dem er die Markgrafschaft Tuszien, das Herzogtum Spoleto, Sardinien, Korsika und die mathildischen Besitzungen übertrug.

Auf dem Würzburger Reichstag wurde schließlich für den Herbst 1154 die *Romfahrt beschlossen.* Der König begann deshalb im Winter 1152/53 Verhandlungen mit der römischen Kurie. Sie führten zum Abschluß eines *Vertrags in Konstanz* (23. III. 1153), der schon in der Form eines bilateralen Vertrags die neue Stellung Friedrichs gegenüber der Kurie deutlich werden läßt. Den Verpflichtungen des Königs stehen entsprechende Zusagen des Papstes gegenüber. Friedrich verpflichtete sich, 1. keinen Frieden mit den Römern oder Normannen ohne Zustimmung des Papstes zu schließen, die Römer zu unterwerfen und den Zustand der römischen Kirche, wie er vor hundert Jahren bestanden hatte, wiederherzustellen; 2. den »honor papatus« und die Regalien des römischen Stuhles gegen jedermann zu verteidigen; 3. dem »König der Griechen« keine territorialen Zugeständnisse auf italienischem Boden zu machen. Demgegenüber versprach der Papst 1. die Kaiserkrönung, sobald Friedrich nach Italien käme; 2. gegen alle diejenigen mit kirchlichen Mitteln vorzugehen, die den »honor imperii« verletzen würden; 3. dem »König der Griechen« keine Zugeständnisse territorialer Art in Italien zu machen. Die Wiederherstellung des Reiches in seiner territorialen Unversehrtheit war also das Programm des Konstanzer Vertrags, wenn auch der Begriff »honor imperii« sehr allgemein gehalten war[5].

Die gemeinsamen Gegner des Königs und des Papstes waren die Normannen und die stadtrömische Bewegung. Zugleich aber erhielt auch die *Politik des Reiches gegenüber Byzanz* ein neues

Gesicht. Zwar wurde zunächst noch kein Bruch vollzogen. Noch 1153 schickte Manuel eine Gesandtschaft an Friedrich, um ihm ein Bündnis gegen Roger vorzuschlagen. Friedrich ging darauf ein und regte sogar den Plan einer Heirat mit einer byzantinischen Prinzessin an. Gegenüber den Abmachungen Konrads III. wurde jedoch die Grundlage dieser deutsch-byzantinischen Politik dadurch geändert, daß Friedrich nicht bereit war, den Griechen irgendwelche Konzessionen in Italien zu machen[6].

Die Kurie kam in Konstanz dem König noch in einem anderen Punkt entgegen. Mit ihrer Zustimmung trennte der Konstanzer Bischof die Ehe Friedrichs mit seiner ersten Gemahlin Adela von Vohburg, die sich des Ehebruchs schuldig gemacht hatte[7]. Das Einvernehmen zeigte sich auch in der *Politik gegenüber der deutschen Kirche*. Erzbischof Heinrich von Mainz, Friedrichs Gegner, wurde von päpstlichen Legaten noch im gleichen Jahr suspendiert, an seine Stelle trat der bisherige Kanzler Arnold von Selnhofen; ebenso wurden die Bistümer Minden, Hildesheim und Eichstätt nach den Wünschen des Königs neu besetzt. Lediglich die Neubesetzung des Magdeburger Stuhles führte zu Differenzen. Hier war Anfang 1152 eine Doppelwahl erfolgt. Beide Parteien wandten sich an Friedrich. Dieser erteilte jedoch keinem der beiden Kandidaten die Zustimmung, sondern lenkte die Wahl auf Bischof Wichmann von Zeitz-Naumburg, dem er dann auch die Regalien erteilte. Gegen diese Wahl, die dem Verbot der Translation auf ein anderes Bistum widersprach, erhob Eugen III. Protest und weigerte sich, dem Gewählten das Pallium zu erteilen. Erst nach Eugens Tod hat sein Nachfolger Anastasius IV. Wichmanns Erhebung anerkannt[8].

Einen wichtigen Erfolg errang Friedrich auch im Südwesten des Reiches. Um die Stellung des Reiches dort zu festigen, überließ er 1152 dem Herzog Berthold von Zähringen *Burgund und die Provence* und schloß mit ihm einen Vertrag über die Ausübung der Herrschaftsrechte in diesen Gebieten (Const. 1 n. 141). Dafür mußte sich Berthold von Zähringen zur Hilfeleistung für den Romzug verpflichten[9].

Die wichtigste Voraussetzung für den Romzug war die *Regelung der bayerischen Frage*. Heinrich Jasomirgott erklärte auf einem Reichstag zu Pfingsten 1153 in Worms, daß er nicht gesetzmäßig geladen sei, und bestritt auch die Rechtmäßigkeit einer Ladung auf einen neuen Hoftag in Speyer. Als er einer dritten Ladung auf den *Reichstag zu Goslar* (Juni 1154) nicht

Folge leistete, wurde durch Fürstenspruch das Herzogtum Bayern ihm entzogen und Heinrich dem Löwen zuerkannt. Wenn auch der Babenberger zunächst noch im Besitz des Herzogtums blieb, war der Streitfall damit grundsätzlich zugunsten des Welfen entschieden[10]. Der Goslarer Reichstag brachte auch die Entscheidung der zwischen Heinrich dem Löwen und Hartwig von Bremen strittigen Investiturfrage (s. o. Kap. 31). Auch hier fiel der Spruch zugunsten des Herzogs aus: Das Recht, die Bischöfe von Oldenburg, Ratzeburg und Mecklenburg zu investieren, wurde ihm zuerkannt, doch erklärte Friedrich ausdrücklich, daß es sich dabei um die Ausübung eines königlichen Rechtes durch den Herzog handle (Const. 1 n. 147)[11]. Mit beiden Entscheidungen wurde für lange Zeit der *staufisch-welfische Gegensatz beseitigt;* der Nordosten des Reiches wurde weitgehend als Interessensphäre Heinrichs anerkannt, der hier auch der Vertreter der Reichsgewalt wurde.

[1] Grundlegend für die Gesch. Friedrichs I. immer noch W. v. Giesebrecht, Gesch. der dt. Kaiserzeit 5/6, da H. Simonsfeld, Jb. d. dt. Reiches unter Friedrich I. (Bd. 1, 1908), nur bis 1158 führt und die Reg. Imp. wie die Diplomata für seine Regierung noch ausstehen. Neuere Biographien: E. Otto, Friedrich Barbarossa (1940); K. Jordan, Friedrich Barbarossa (²1967); M. Pacaut, Frédéric Barberousse (1967, dt. 1969); P. Munz, Frederick Barbarossa (1969). Knappere Würdigungen: H. Heimpel, K. Fr. Barb. und die Wende der staufischen Zeit (1942) und Friedrich I., NDB 5 (1961) mit Lit.; E. Maschke, Friedrich I., in: Die Großen Deutschen 1 (²1956); Th. Mayer, Friedrich I. u. Heinrich d. Löwe (1957), aus: Kaisertum und Herzogsgewalt, s. o. Kap. 30, Anm. 5; G. Barraclough, Fr. Barb. und das 12. Jh., in: ders., Gesch. in einer sich wandelnden Welt (1957), S. 86 ff. Zum Geburtsjahr (wohl 1122): H. Grundmann, Der Cappenberger Barbarossakopf und die Anfänge des Stiftes Cappenberg (1959), S. 27 ff.; zur Wahl jetzt, die bisherige Forschung teilweise modifizierend, O. Engels, Beiträge zur Geschichte der Staufer DA 27 (1971).

[2] F. Kempf, Der »favor apostolicus« bei der Wahl Friedrich Barbarossas und im dt. Thronstreit, in: Speculum historiale (Festschr. f. J. Spörl, 1965).

[3] H. Schreibmüller, Hg. Friedrich IV. von Schwaben und Rothenburg, Zs. f. bayer. Landesgesch. 18 (1955).

[4] K. Jordan, Goslar und das Reich im 12. Jh., Niedersächs. Jb. 35 (1963); anderer Ansicht W. Heinemann, Das Bistum Hildesheim im Kräftespiel der Reichs- und Territorialpolitik vornehmlich des 12. Jh. (1968), S. 235 ff.; dazu jetzt S. Wilke, Das Goslarer Reichsgebiet (s. o. Kap. 6) S. 91 ff., u. W. Petke, Die Grafen von Wöltingerode-Wohldenberg (1971) S. 303 ff.

[5] Text des Vertrages Const. 1 n. 144/5; dazu vor allem P. Rassow, Honor imperii. Die neue Politik Friedrich Barbarossas 1152–1159 (²1961) mit neuer Edition, S. 115 ff.; M. Maccarone, Papato e impero (s. o. Kap. 26, Anm. 5), S. 49 ff. mit Text, vgl. aber dazu P. Classen, HZ 195 (1962), S. 377 ff.

[6] Friedrichs Politik gegenüber Byzanz: W. Ohnsorge, Zu den außenpolit. Anfängen Friedrich Barbarossas, QFItA 32 (1942), auch in: ders., Abendland und Byzanz (1958); P. Lamma, Comneni e Staufer 1 (1955).

7 E. RUNDNAGEL, Die Ehescheidung Friedrich Barbarossas, in: Festschr. R. Holtzmann (1933, Ndr. 1965).

8 W. HOPPE, Eb. Wichmann v. Magdeburg, in: Geschbll. f. Stadt und Land Magdeburg 43/44 (1908/9), auch in: Ausgew. Aufsätze (1965).

9 H. BÜTTNER, Staufer und Zähringer, s. o. Kap. 25, Anm. 4; ders., Friedrich Barbarossa u. Burgund, in: Probleme d. 12. Jh. (1968).

10 Über das Prozeßverfahren gegen Heinrich Jasomirgott zuletzt H. FICHTENAU, Von der Mark zum Herzogtum (²1965), S. 32 ff.

11 JORDAN, Bistumsgründungen Heinrichs d. L. (s. o. Kap. 31, Anm. 1), S. 85 ff.

Kapitel 34
Barbarossas erster Italienzug 1154/55

Nachdem auf dem Goslarer Reichstag die innere Befriedung des Reiches gesichert war, konnte Friedrich im Oktober 1154 den Romzug antreten. Ein verhältnismäßig kleines Ritterheer, bei dem sich auch Heinrich der Löwe befand, leistete ihm Gefolgschaft. In *Oberitalien* hatte sich die Lage in den letzten Jahrzehnten völlig verändert. Seitdem dort die *städtische Bewegung* im Investiturstreit von der Kurie im Namen der Kirchenfreiheit begünstigt wurde, hatten die oberitalienischen Städte, nicht zuletzt gefördert durch die Kreuzzugsbewegung, einen starken wirtschaftlichen Aufstieg genommen. Das Bürgertum hatte es aber auch verstanden, die Stadtherrschaft in seine Hand zu bekommen, indem es die geistlichen Stadtherren verdrängte und durch selbstgewählte »consules« ersetzte. Das Fernbleiben der deutschen Könige, die seit Jahrzehnten nur noch gelegentlich italienischen Boden betreten hatten, begünstigte diese Entwicklung. Es hatte auch dazu geführt, daß die Städte in zunehmendem Maße Reichsrechte und Reichsgüter usurpierten. So waren mächtige Stadtstaaten entstanden, die sich oft gegenseitig befehdeten. Die bedeutendste dieser Städte war Mailand, bereits in den Tagen Heinrichs IV. die Stütze der antikaiserlichen Partei. Schon auf dem Reichstag zu Konstanz 1153 hatten Lodi, Pavia, Cremona und andere Städte bei Friedrich I. über das herrische Verhalten Mailands Klage geführt. An eine Auseinandersetzung mit dieser kommunalen Bewegung konnte Friedrich zunächst noch nicht denken. Die Kaiserkrönung und die Unterstützung des Papstes im Kampf mit Römern und Normannen waren die wichtigsten Anliegen des Zuges. Er begnügte sich damit, auf einem *Reichstag zu Roncaglia* (Dezember 1154) die Huldigung der Städte entgegenzunehmen und ein *Lehnsgesetz* zu erlassen, das vor allem die Veräußerung von

Lehen verbot[1]. Mailand wurde zum Frieden mit Pavia gezwungen, verfiel aber der Reichsacht, weil es sich dem königlichen Gericht entzog. Allerdings konnte der Kaiser diese Acht noch nicht vollstrecken; nur Tortona, das mit Mailand verbündet war, wurde im April 1155 erobert und zerstört. Über Bologna, wo der Kaiser zum erstenmal mit den Vertretern der römischen Rechtsschule, insbesondere den berühmten Gelehrten Martinus und Bulgarus, in Berührung kam und wo er vielleicht schon damals den Studenten ein Schutzprivileg ausstellte, ging der Zug nach Tuszien weiter[2].

In Rom war nach dem kurzen Pontifikat Anastasius' IV. auf dem päpstlichen Stuhl *Hadrian IV.* gefolgt, der einzige Engländer (Nikolaus Breakspear), der jemals Papst gewesen ist[3]. Zusammen mit seinem *Kanzler Roland*, der in Bologna als einer der bekanntesten Kirchenrechtslehrer seiner Zeit gewirkt hatte, war er ein eifriger Verfechter der kurialen Machtansprüche. Durch Verhängung des Interdikts über die Stadt Rom konnte er die Entfernung Arnolds von Brescia erzwingen, doch blieb der alte Gegensatz zwischen Papst und Bürgerschaft bestehen. Hadrians Lage in Rom wurde dadurch besonders schwierig, daß der normannische König Wilhelm I. den Angriff auf den Kirchenstaat begann, weil ihm Hadrian den Königstitel verweigerte. In dieser Situation war dem Papst an einem baldigen Einvernehmen mit Friedrich viel gelegen. Nachdem er schon im Januar 1155 durch eine Gesandtschaft den *Konstanzer Vertrag erneuert* hatte, forderte er jetzt die Auslieferung Arnolds von Brescia und ein Sicherheitsversprechen des Königs für den Papst und die römische Kirche. Nach Erfüllung dieser Wünsche trafen Friedrich und Hadrian am 8. VI. bei *Sutri* nördlich von Rom zusammen. Der Papst forderte hier vom König den Marschall- und Stratordienst. Friedrich weigerte sich, da diese Dienstleistungen die vasallische Abhängkeit zum Ausdruck brächten. Erst als von kurialer Seite betont wurde, daß es sich hierbei um einen alten Brauch und um einen reinen Ehrendienst handle, erklärte sich Friedrich nach einem Weistum der Fürsten bereit, das Pferd des Papstes zu führen und den Steigbügel zu halten. Hadrian versprach dafür, das Laterangemälde aus den Tagen Innocenz' II. mit seiner anstößigen Überschrift beseitigen zu lassen (s. o. Kap. 26)[4].

Auf dem Weitermarsch nach Rom erschien bei Friedrich eine Gesandtschaft der römischen Volkes, die ihm die Kaiserkrone aus eigener Machtvollkommenheit anbot, dafür aber die Zahlung einer Geldsumme und die Bestätigung der Rechte und Privilegien der Stadt forderte. Friedrich lehnte dies ab, mußte aber jetzt mit dem Widerstand der Römer gegen seine *Kaiserkrönung* rechnen. Noch am Tage der Krönung, die Papst Hadrian am 18. VI. 1155 in der Peterskirche vollzog, brach ein Aufstand in der Stadt aus, den das deutsche Heer, vor allem Heinrich der Löwe mit seinen Rittern, niederschlug. Arnold von Brescia, der in die Hand Friedrichs gefallen war, wurde ausgeliefert und auf Befehl des Stadtpräfekten hingerichtet.

Nach den Abmachungen des Konstanzer Vertrags hätte jetzt Friedrich nicht nur die Römer unterwerfen, sondern auch gegen die Normannen vorgehen müssen. Die Voraussetzungen dafür waren nicht ungünstig. In Apulien hatten sich die Barone gegen ihren König erhoben; griechische Truppen waren Anfang 1155 an der Ostküste Italiens gelandet und in siegreichem Vordringen. Auf Verlangen der deutschen Fürsten brach jedoch Friedrich im Spätsommer seinen Zug ab und trat die *Rückkehr nach Deutschland* an. In Ancona traf er mit Gesandten des byzantinischen Kaisers zusammen. Die Frage eines deutsch-byzantinischen Ehebündnisses wurde weiter verhandelt; Abt Wibald von Stablo ging als kaiserlicher Gesandter nach dem Osten. Im September 1155 betrat Friedrich nach einem schwierigen Alpenübergang, bei dem das Heer einem Anschlag der Veroneser an der Etschbrücke mit Mühe entging, wieder deutschen Boden.

Mit dem vorzeitigen Abzug Friedrichs war die Politik des Konstanzer Vertrags keineswegs aufgegeben. Eine spätere Durchführung lag durchaus im Bereich der Möglichkeiten. In den nächsten Monaten nahmen aber die Dinge in *Italien* eine Entwicklung, die den Papst zu einer Schwenkung in seiner Politik veranlaßte. Nach anfänglichen Erfolgen der Aufständischen in Apulien konnte König Wilhelm, der von einer schweren Krankheit genesen war, mit einem Heer wieder auf dem Festland erscheinen und nicht nur des süditalienischen Aufstands Herr werden, sondern auch die Griechen zur Räumung Italiens zwingen. Der Papst, der 1155 seine Residenz in Benevent genommen hatte, geriet dadurch in eine äußerst schwierige Lage. Im *Vertrag zu Benevent* (Juni 1156) kam es zu einer Verständigung zwischen ihm und den Normannen. Wilhelm I. erhielt von ihm die Belehnung mit Sizilien, Apulien und Capua einschließlich des Marserlandes und brauchte sich nur zu einer Zinszahlung für die festländischen Besitzungen zu verpflichten. Für Sizilien selbst erhielt er außerdem weitgehende Zugeständnisse auf dem Gebiet der Kirchenhoheit: Der Papst verzichtete auf das Legateninstitut und die Appellation der Geistlichkeit an die römische Kurie. Der Beneventer Vertrag bedeutete den endgültigen *Friedensschluß zwischen* dem *Papsttum* und dem *normannischen Königreich*. Die Kurie gab ihren Widerstand gegen das Bestehen eines normannischen Großreiches auf[5].

Gleichzeitig kam es zu einer *Entfremdung zwischen Friedrich I.* und *Byzanz*. Das byzantinische Heiratsprojekt zerschlug sich. Im Frühjahr 1156 verfolgte Friedrich sogar den Plan eines Reichskrieges gegen Byzanz; mit der Niederlage der Griechen in Italien wurde er allerdings überflüssig. Zwei Jahre später (1158) wurde durch Vermittlung des Papstes ein Frieden zwischen Manuel I. und Wilhelm I. auf 30 Jahre abgeschlossen. Die beiden Reiche, bis dahin unversöhnliche Gegner, schlossen sich gegen das abendländische Kaisertum zusammen[6].

[1] Zum Ort der Reichstage zu Roncaglia (auf dem linken Po-Ufer nordwestl. von Piacenza) E. Nasalli-Rocca, Nuove vedute sulla questione topografica delle »Roncaglie« delle Diete, Arch. stor. lombard. 85 (1959).

[2] H. Koeppler, Frederic Barbarossa and the Schools of Bologna, EHR 54 (1939); W. Ullmann, The Medieval Interpretation of Frederic I's Autentica »Habita«, in: Studi in memoria di P. Koschaker 1 (1953). Zu den Beziehungen Friedrichs zur Rechtsschule von Bologna: G. de Vergottini, Lo Studio di Bologna, l'Impero, il Papato, in: Studi e memorie per la storia dell'Università di Bologna, NS 1 (1956); P. Kibre, Scholary Privilegs in the Middle Ages (1961), S. 10 ff., und einschränkend H. Appelt, Friedrich Barbarossa und das römische Recht, Röm. hist. Mitteil. 5 (1961/62).

[3] P. Classen, Zur Geschichte Papst Anastasius' IV., QFItA 48 (1968); W. Ullmann, The Pontificate of Adrian IV, Cambridge Hist. Journ. 11 (1955).

[4] Über die Verhandlungen in Sutri: R. Holtzmann und E. Eichmann, s. o. Kap. 26, Anm. 3, und Maccarone, ebd., Anm. 5, S. 117 ff.

[5] Text des Beneventer Vertrags Const. 1 n. 413/14, dazu Kehr, Belehnungen der südital. Normannenfürsten (s. Bd. 3, Kap. 27, Anm. 11), S. 46 ff., und Maccarone, S. 141 ff.

[6] P. Lamma, Comneni e Staufer 1 (1955), S. 275 ff.

Kapitel 35
Das Reich 1155–1158

Nach seiner Rückkehr brachte der Kaiser zunächst die *bayerische Frage* zu einem friedlichen Abschluß. Bereits im Oktober 1155 belehnte er auf einem Reichstag zu Regensburg Heinrich den Löwen mit dem Herzogtum. Heinrich Jasomirgott gab seinen Widerstand zunächst nicht auf und erklärte sich erst nach weiteren Verhandlungen im Juni 1156 zum Verzicht auf Bayern bereit. Dafür wurde die Mark Österreich von Bayern abgetrennt und in ein Herzogtum umgewandelt. So konnte Friedrich auf einem Reichstag zu Regensburg im September 1156 den Streit endgültig schlichten. Der Babenberger gab dem Kaiser in aller Form Bayern zurück, das dem Welfen übertragen wurde. Heinrich der Löwe seinerseits leistete auf die Mark Verzicht, die als Herzogtum Heinrich Jasomirgott und seiner Gemahlin Theodora in Form eines Reichslehens übergeben wurde. Dabei erhielt der neue Herzog besondere Vorrechte. Das *Herzogtum Österreich* sollte sowohl in männlicher wie in weiblicher Linie erblich sein; im Fall ihres kinderlosen Todes durften Heinrich und Theodora dem königlichen Lehnsherrn einen Nachfolger vorschlagen (»ius affectandi)«. Innerhalb des Herzogtums sollte alle Gerichtsbarkeit nur mit Zustimmung des Herzogs ausgeübt werden. Die Lehnspflichten gegenüber dem Reich wurden dahingehend festgelegt, daß der Herzog nur die königlichen Hoftage besuchen mußte, die in Bayern abgehalten wurden und sich auch nur an Heerfahrten in die angrenzenden Gebiete zu beteiligen hatte. Dieses »*privilegium minus*« – so genannt im Unterschied zu dem um die Mitte des 14. Jh. in Österreich gefälschten »privilegium maius« – bedeutet einen wichtigen Markstein in der verfassungsrechtlichen Entwicklung vom alten Stammesherzogtum zum neuen territorialen Herzogtum und für die Ausbildung der Landesherrschaft in Deutschland. Für Friedrich I. mußte sich dieser Ausgleich zwischen den Welfen und Babenbergern auch deshalb günstig auswirken, weil er von jetzt an in Heinrich Jasomirgott einen wertvollen Bundesgenossen dem gegenüber stets unruhigen Ungarn fand[1].

Seit dem Beginn der Regierung Friedrichs I. hat neben Wibald, der 1158 auf der Rückreise von einer Gesandtschaft nach Byzanz in Griechenland starb, Bischof *Eberhard von Bamberg* als Berater des Königs eine wichtige Rolle gespielt[2]. Sein Einfluß ist vor allem auch in der königlichen Kanzlei spürbar. Neben ihm trat seit 1156 *Rainald von Dassel* als maßgebende Persönlichkeit am Königshof immer stärker in den Vordergrund. Abkömmling eines angesehenen sächsischen Grafengeschlechts, hatte er an der Domschule von Hildesheim und in Frankreich eine gelehrte Bildung genossen und dann nicht nur in Hildesheim am Dom und an einem anderen Stift, sondern auch in Goslar und am Domstift von Münster die Würde eines Propstes bekleidet. 1156 übertrug ihm Friedrich das Amt des Reichskanzlers. Rainald, der noch ganz im Denken des Reichsepiskopats wurzelte, hat die Politik Barbarossas zwar nicht grundsätzlich bestimmt; in seiner ungestümen Art hat er aber etwa ein Jahrzehnt hindurch einen starken Einfluß auf den Kaiser ausgeübt[3].

Im Jahr 1156 konnte der König die Stellung seines Hauses auch im *Westen* und *Südwesten* des Reiches ausbauen. Nach dem kinderlosen Tod des Pfalzgrafen Hermann von Stahleck verlieh er gegen Ende des Jahres die *rheinische Pfalzgrafschaft* seinem Stiefbruder Konrad. Damit war das Gebiet am Mittelrhein weitgehend in den staufischen Machtbereich eingegliedert[4]. Bereits im Juni 1156 vermählte er sich mit der damals etwa 12 bis 14 Jahre alten Beatrix von Burgund, die nach dem Tod ihres Oheims und Vormunds Wilhelm von Mâcon in den Besitz ihres reichen Erbes gekommen war. *Hochburgund* und die *Provence* mit ihren wichtigen Alpenstraßen kamen damit wieder unter unmittelbare Herrschaft des Kaisers. Berthold von Zähringen, der bisher die Rechte eines Rektors in Burgund ausgeübt hatte (s. Kap. 33), wurde zwar mit der Vogtei und den Regalien der Bistümer Genf, Lausanne und Sitten entschädigt; die Beseitigung der Herrschaftsrechte der Zähringer in Burgund entfremdete sie aber den Staufern. Im Herbst 1157 erschien Friedrich auf einem Reichstag zu Besançon (s. Kap. 36), um hier die Huldigung des Landes entgegenzunehmen[5].

Damals griff der Kaiser zum erstenmal in die *Verhältnisse im Osten* ein. Herzog Boleslaw IV. von *Polen* hatte alle Forderungen, seinen seit Jahren vertriebenen Bruder Wladislaw an der Regierung teilhaben zu lassen, abgelehnt. Als er sich auch weigerte, die Lehnshoheit des Reiches anzuerkennen und den schuldigen Tribut zu zahlen, zog Friedrich im Sommer 1157 mit einem sächsisch-thüringischen Aufgebot, bei dem sich auch Heinrich der Löwe befand, von Halle aus gegen Polen. Das deutsche Heer drang über die Oder bis nach Posen vor.

Jetzt unterwarf sich Boleslaw, leistete dem Kaiser den Huldigungseid und zahlte ihm eine Geldbuße. Er versprach weiter, zum nächsten Italienzug eine Mannschaft von 300 Rittern zu stellen und die Zwistigkeiten mit seinem Bruder binnen Jahresfrist beizulegen. Da er dieses Versprechen nicht hielt, lud ihn Friedrich später auf einen Hoftag und erreichte 1163 die Herausgabe *Schlesiens* an die beiden Söhne des inzwischen verstorbenen Wladislaw; Boleslaw (der Lange) erhielt das Herzogtum Breslau, Mieszko das Herzogtum Ratibor. Wenn beide auch unter polnischer Oberhoheit blieben, so hat sich durch diese Maßnahme Friedrichs I. doch die allmähliche Loslösung Schlesiens von Polen und sein Anschluß an das Reich angebahnt[6]. Unter dem Eindruck der Niederlage Polens gab Geza II. von *Ungarn* seine feindliche Haltung gegenüber dem Reich auf und suchte die Annäherung an Friedrich, um dessen Unterstützung im Streit mit seinem Bruder Stephan zu erhalten. Durch eine Gesandtschaft versprach er ebenfalls, auf dem in Aussicht genommenen Italienzug Hilfe zu leisten. Wladislaw von *Böhmen*, der sich in diesen Wirren im Osten als eine feste Stütze der Krone erwiesen hatte, wurde Anfang 1158 zum König erhoben[7].

In *Nordelbingen* hatte Heinrich der Löwe unmittelbar nach dem Goslarer Reichstag des Jahres 1154 von dem ihm erteilten Recht Gebrauch gemacht und das Bistum Ratzeburg gegründet. Propst Evermod aus dem Magdeburger Prämonstratenserstift wurde der erste Bischof. Das Bistum Oldenburg wurde nach Vicelins Tod dem herzoglichen Kaplan Gerold übertragen, der von Papst Hadrian IV. im Juni 1155 in Rom die Weihe erhielt. Das von Adolf von Holstein gegründete *Lübeck* hatte in den letzten Jahren den Handel des alten herzoglichen Handelsplatzes Bardowick schwer beeinträchtigt. Heinrich hatte deshalb über Lübeck ein Marktverbot verhängt. Nach einem Brand der Stadt versuchte er 1157/58, weiter landeinwärts an der Wakenitz eine eigene Stadt zu errichten, die sogenannte Löwenstadt. Die ungünstige Lage des Ortes zwang ihn, diese Gründung wieder aufzugeben; er erreichte aber, daß Adolf von Holstein ihm nun die Halbinsel zwischen Wakenitz und Trave gegen eine hohe Entschädigung abtrat. So konnte der Herzog im Verein mit den Kaufleuten der ersten Stadt 1159 an die Neugründung Lübecks gehen, das einige Jahre später mit Stadtrecht bewidmet wurde. Durch Handelsverträge mit den Ländern des Nordens und Ostens sicherte er ihr bald eine führende Stellung im Ostseehandel[8]. Auch sonst ließ er der deutschen Ostseeschiffahrt, die von Lübeck ihren Ausgangspunkt nahm, seinen Schutz angedeihen. Als es in den nächsten Jahren auf der Insel *Gotland* zu Streitigkeiten zwischen den Kaufleuten und den Einheimischen kam, griff er schlichtend ein, bestätigte die von Kaiser Lothar erlassene Friedensordnung und konnte die volle Gleichberechtigung der Deutschen auf Gotland durchsetzen[9].

Schon vorher hatte er in *Bayern* eine wichtige Maßnahme getroffen. Im Jahr 1157 zerstörte er die bei Föhring über die Isar führende Brücke, hob die hier dem Bischof von Freising gehörende Markt- und Zollstätte auf und legte Brücke, Markt und Zollstätte stromaufwärts bei einer Örtlichkeit »Munichen« neu an. Friedrich I. hat dieses gewaltsame Vorgehen, durch das der Herzog die wichtige Salzhandelsstraße von Reichenhall nach Augsburg unter seine Herrschaft brachte, 1158 gebilligt. Damit war *München* gegründet; doch hat der Ort wohl erst nach dem Sturz des Löwen Stadtrecht erhalten[10].

In *Dänemark* hatte Friedrichs Schiedsspruch von 1152 (Kap. 33) die Thronstreitigkeiten nicht beenden können. König Sven erwies sich bald als unfähig und geriet in neue Kämpfe mit seinen Widersachern Knud und Waldemar. Knud wurde ermordet, Sven fiel 1157 in der Schlacht auf der Gratheheide; Waldemar war damit der anerkannte Herrscher des Reiches. Er suchte seine Herrschaft dadurch zu sichern, daß er Friedrich um die Belehnung mit Dänemark bat, die ihm persönlich allerdings erst nach Beendigung des zweiten Italienzugs im Sommer 1162 erteilt werden konnte[11].

[1] Das Privilegium minus Const. 1 n. 159; letzter Druck bei H. FICHTENAU, Von der Mark zum Herzogtum ([2]1965). Zur Überlieferung FICHTENAU, MIÖG 73 (1965). Zur Interpretation K. J. HEILIG, Ostrom und das dt. Reich um die Mitte des 12. Jh., in: Kaisertum und Herzogsgewalt im Zeitalter Friedrichs I. (Schriften der MGH 9, 1944), der die in neuerer Zeit gelegentlich bezweifelte Echtheit dieser nur abschriftlich erhaltenen Urkunde urkundenkritisch und inhaltlich nachgewiesen hat, den Einfluß byzantinischer Rechtsanschauungen auf das Privileg aber stark überschätzt. Vgl. dazu TH. MAYER, Das österr. Priv. minus, Mitteil. oberösterr. Landesarchiv 5 (1957), auch in: ders., Mal. Studien (1959); H. APPELT, Die Erhebung Österreichs zum Herzogtum, Bll. f. dt. Landesgesch. 95 (1959); TH. MAYER, Die Würzburger Herzogsurkunde von 1168 und das Priv. minus, in: Aus Gesch. u. Landeskunde (Festschr. f. F. Steinbach 1960); H. C. FAUSSNER, Herzog und Reichsgut im bairisch-österreich. Rechtsgebiet im 12. Jh., ZRG GA 85 (1968); H. BÜTTNER, Das politische Handeln Friedrich Barbarossas im Jahre 1156, Bll. dt. LG. 106 (1970). Welches Gebiet unter den »tres comitatus« zu verstehen ist, die nach dem Bericht Ottos v. Freising

(Gesta II 55) neben der Mark das neue Herzogtum bildeten, läßt sich nicht entscheiden, dazu M. Uhlirz, Bemerkungen zum Priv. minus und zu der Frage der »tres comitatus«, Südostforsch. 20 (1961), und H. Fichtenau (s. o.) mit älterer Lit. Zur Fälschung des Priv. maius durch Hg. Rudolf IV. (1358/59) vgl. Bd. 5, Kap. 52, Anm. 7.

2 W. Föhl, B. Eberhard II. von Bamberg, ein Staatsmann Friedrichs I., als Verfasser von Briefen und Urkunden, MIÖG 50 (1936); O. Meyer, B. Eberhard II. von Bamberg (1146–1170), Mittler im Wandel seiner Zeit (1964). Die Annahme von N. Höing, Die »Trierer Stilübungen«. Ein Denkmal der Frühzeit K. Friedrich Barbarossas, Arch. f. Dipl. 1/2 (1955/56), daß Eberhard auch diese »Stilübungen« verfaßt hat, in denen die Idee der Leitung der dt. Kirche durch den Eb. von Trier erörtert wird, ist kaum haltbar, vgl. H. E. Mayer, DA 13 (1957), S. 556 f., und W. Goez, Translatio Imperii (1958), S. 142 ff.

3 W. Föhl, Studien zu R. v. D., Jb. Köln. Gesch.-Ver. 17 (1935) u. 20 (1938); A. Stelzmann, R. v. D. und seine Reichspolitik, ebd. 25 (1950); R. M. Herkenrath, R. v. D., Reichskanzler und Eb. von Köln (Diss. Ms. Graz 1962); ders., R. v. D. als Verfasser und Schreiber von Kaiserurkunden, MIÖG 72 (1964).

4 H. Werle, Staufische Hausmachtpolitik, s. o. Kap. 11, Anm. 2.

5 H. Büttner, s. o. Kap. 25, Anm. 4, und Kap. 33, Anm. 9; J. Y. Mariotte, Le comté de Bourgogne sous les Hohenstaufen (1963).

6 R. Holtzmann, Der Polenfeldzug Friedrich Barbarossas 1157 u. die Begründung der schlesischen Herzogtümer, Zs. d. Vereins f. Gesch. Schlesiens 56 (1923).

7 W. Wegener, Böhmen-Mähren u. das Reich im HochMA (1959); H. Appelt, Böhmische Königswürde und staufisches Kaisertum, in: Aus Reichsgeschichte und nordischer Geschichte (1972) mit weiterer Lit.

8 K. Jordan, Die Städtepolitik Heinrichs d. L., Hans. Gesch.bll. 78 (1960) mit Lit.; J. Bärmann, Die Städtegründungen Heinrichs d. L. u. die Stadtverfassung des 12. Jh. (1961); B. Diestelkamp, Welfische Städtegründungen u. Stadtrechte des 12. Jh., ZRG GA 81 (1964). Zur Chronologie der Ereignisse A. v. Brandt, Zs. d. Vereins f. lüb. Gesch. 39 (1959), S. 5 ff.

9 Urk. Heinrichs d. L. Nr. 48 u. 49; dazu F. Rörig, Reichssymbolik auf Gotland, Hans. Gesch.bll. 64 (1940), auch in: ders., Wirtschaftskräfte im MA (1959). Zu den Einwänden, die H. Yrwing, Gotland under äldre medeltid (1940) und Till frågan om tyskarna på Gotland under 1100 talet, Sv. Hist. Tidskr. (1954), gegen R.s Interpretation dieser Urkunden erhoben hat, vgl. schon Rörig, Gotland u. Heinrich d. L., Hans. Gesch.bll. 65/66 (1941), u. jetzt A. v. Brandt, Wieder einmal: die Gotland-Urkunden Heinrichs d. L., ebd. 74 (1956).

10 Zu den in vieler Hinsicht kontroversen Anfängen Münchens s. Jordan und Bärmann (wie Anm. 8) mit Hinweis auf die ältere Lit.

11 Jordan, Heinrich d. L. u. Dänemark, s. o. Kap. 27, Anm. 3.

Kapitel 36
Der Reichstag zu Besançon und der Beginn des zweiten Italienzugs

Die Spannungen, die der Vertrag von Benevent (Kap. 34) im Verhältnis zwischen Friedrich I. und der römischen Kurie hervorgerufen hatte, wurden durch die Ereignisse des Jahres 1157 noch verschärft. Zu Beginn des Jahres übertrug Hadrian IV. in Rom dem Erzbischof Eskil von Lund den Primat über die schwedische Kirche. Als Eskil auf der Rückkehr von Rom in Burgund überfallen und gefangengenommen wurde, unternahm Friedrich trotz päpstlicher Ermahnungen nichts zu seiner Befreiung, da Eskil zu den Gegnern des 1152 von Friedrich in Dänemark eingesetzten Königs Sven gehört hatte[1].

Dagegen erhob eine päpstliche Gesandtschaft, zu der außer dem Kanzler Roland noch der Kardinalpriester Bernhard gehörte, auf dem *Reichstag zu Besançon* im Oktober 1157 (s. Kap. 35) heftige Beschwerden. In einem Schreiben erinnerte Hadrian den Kaiser daran, daß er ihm die Machtfülle des Kaisertums übertragen habe, ihm aber auch gern noch größere »beneficia« überlassen hätte. Als Rainald diesen zweideutigen Begriff »beneficium« bei der Übersetzung des Schreibens im Sinne des Lehnrechts mit »Lehen« wiedergab, erhob sich auf dem Reichstag ein Sturm der Entrüstung. Durch die Frage eines der Legaten: »Von wem hat denn der Kaiser das Kaisertum, wenn nicht vom Herrn Papst?«, wurde diese Erregung noch gesteigert. Nur durch das persönliche Dazwischentreten des Kaisers wurden Tätlichkeiten verhütet. Die päpstlichen Gesandten, in deren Gepäck belastende Schriftstücke gefunden wurden, mußten das Reich verlassen; Appellationen und Reisen der deutschen Geistlichen nach Rom wurden untersagt. In seiner Antwort wies Friedrich die päpstliche Auffassung vom Kaisertum mit Entschiedenheit zurück. Hadrian versuchte zwar, den deutschen Episkopat für sich zu gewinnen, aber dieser stellte sich ganz auf die Seite des Kaisers. Auch Heinrich der Löwe legte der Kurie eine nachgiebige Haltung nahe. Hadrian mußte erkennen, daß er nicht mehr mit einer innerdeutschen Opposition weltlicher oder geistlicher Fürsten rechnen konnte. So trat er den Rückzug an. Durch eine neue Gesandtschaft ließ er erklären, das Wort »beneficium« sei nicht in der Bedeutung von Lehen (»feudum«), sondern von Wohltat (»bonumfactum«) gebraucht[2].

In den Manifesten, die die kaiserliche Kanzlei über diese

Vorgänge in die Welt hinausgehen ließ und die vielleicht unter Mitwirkung von Rainald von Dassel verfaßt worden sind, findet das *monarchische Bewußtsein* im Kreis um Barbarossa zum erstenmal seinen programmatischen Ausdruck. Mit der Lehre vom friedlichen Nebeneinander- und Zusammenwirken beider Gewalten knüpft diese staufische Staatstheorie an die traditionellen christlich-naturrechtlichen Anschauungen vom Herrscheramt an, wie sie die kaiserliche Publizistik während des Investiturstreits im Sinne der alten Zweigewaltenlehre vertreten hatte. Zugleich proklamierte Barbarossa aber die Unabhängigkeit des Kaisertums von der Kirche, wenn er erklärte, daß er die Krone des Reiches allein der Gnade Gottes und der freien Wahl der Fürsten verdanke[3].

Für die Fortentwicklung der Kaiseridee beginnt daneben das *römische Recht* in diesen Jahren eine Rolle zu spielen. Seit 1157 kommt in der Sprache der Reichskanzlei der Begriff »sacrum imperium« auf. Die Heiligkeit des Reiches ist darin begründet, daß Friedrich nicht nur die Tradition Karls d. Gr. und seiner Nachfolger, sondern auch die der ersten christlichen Kaiser weiterführt. Die deutschen Herrscher sind die rechtmäßigen Erben der römischen Imperatores und dürfen deshalb auch die alten imperialen Rechte in Italien wahrnehmen.

Mit dieser Betonung des römischen Rechts ergab sich auch die Frage, ob und in welchem Sinn der Kaiser auch eine *Weltherrschaft* beanspruchen dürfe. Der Gedanke, daß ihm das »dominium mundi« gebühre, findet sich wiederholt in der Dichtung der Zeit. So feiert der Archipoeta, ein mit Namen nicht bekannter Dichter aus der Umgebung Rainalds von Dassel, wohl der begabteste Vertreter der damals in Deutschland aufkommenden Vagantendichtung, in einem Hymnus Barbarossa als den »Herrn der Welt«. Auch das ›Spiel vom Antichrist‹, das um 1160 von einem oberdeutschen Geistlichen (vielleicht im Kloster Tegernsee) gedichtet wurde, lebt in dieser Vorstellung vom Kaiser als dem Weltherrscher, dem sich die Fürsten der übrigen Länder beugen müssen. Friedrich selbst lag dieser Gedanke fern. Sein Ziel war eine Bündnispolitik mit den abendländischen Staaten. Auch eine besondere »auctoritas« hat er ihnen gegenüber nicht beansprucht. Allerdings hat die Reichskanzlei die Weltherrschaftsidee gelegentlich als diplomatische Waffe benutzt; ebenso riefen Begriffe wie »rex provinciarum« und »regulus«, die man am Hof des Kaisers für ausländische Fürsten gebrauchte, Mißverständnisse hervor, auch wenn sie keine Lehnsabhängigkeit vom Reich meinten. So kam es außerhalb des Reiches, insbesondere in England, wiederholt zu scharfer Zurückweisung vermeintlicher Weltherrschaftsansprüche des Kaisertums[4].

Die *Erneuerung des Reiches*, wie Barbarossa sie zu Beginn seiner Regierung als Amt verkündet hatte (s. Kap. 33), sollte vornehmlich die Wiederherstellung der Reichsrechte in Deutschland und Italien sein. Der Wiederaufrichtung der Reichsgewalt in Italien sollte der *zweite Italienzug* dienen, den Friedrich im Sommer 1158 antrat. Es galt, in Ober- und Mittelitalien alle jene Rechte und Besitzungen des Königtums wiederzugewinnen, die im Laufe der letzten Jahrzehnte weitgehend verlorengegangen waren. Dadurch sollte das Königtum in Italien auch eine starke wirtschaftliche Machtgrundlage erhalten. So spielen in der Italienpolitik Friedrichs I. fiskalische und wirtschaftliche Gesichtspunkte von Anfang an eine beträchtliche Rolle; doch wäre es falsch, von einem Ausweichen des deutschen Königtums nach Italien zu sprechen, wie dies gelegentlich geschehen ist.

Mitte Juni 1158 brach der Kaiser mit einem stattlichen Heer nach Italien auf[5]. Rainald von Dassel und der bayerische Pfalzgraf Otto von Wittelsbach wurden vorher schon nach Italien geschickt, um den Zug diplomatisch vorzubereiten. Ein Teil der Städte leistete ihnen den Treueid; bei seiner Ankunft in Italien erhielt das kaiserliche Heer weiteren Zuzug. Nur *Mailand* versuchte den *Widerstand* fortzusetzen, wurde aber nach mehrwöchiger Belagerung am 7. IX. bezwungen und mußte die Bedingungen Friedrichs annehmen. Alle Einwohner der Stadt legten dem Kaiser den Treueid ab. Die Stadt zahlte nicht nur eine große Geldbuße, sondern gab auch die Regalien zurück. Sie behielt zwar das Recht, ihre Konsuln zu wählen, doch mußten diese vom Kaiser bestätigt werden[6].

Mit der Niederwerfung Mailands war das wichtigste militärische Ziel des Zuges nach kurzer Zeit erreicht. Friedrich konnte jetzt an die *politische Neuordnung* des Landes gehen. Das war die Aufgabe des *Reichstags*, der am 11. XI. 1158 auf den *Ronkalischen Feldern* in der Poebene zusammentrat. Zur Feststellung der Regalien wurde eine Kommission eingesetzt, die aus vier angesehenen Bologneser Juristen und 28 Vertretern der Städte bestand. Als *Regalien* bezeichnete man die Verfügung über die Herzogtümer, Markgrafschaften und Grafschaften, das Ernennungsrecht der Konsuln, die Hoheit über alle Verkehrswege und deren Einkünfte, das Münzrecht und das Recht zur Erbauung von Pfalzen und andere Rechte. Alle Herren und Städte mußten auf diese Regalien verzichten, soweit sie nicht ihren rechtmäßigen Besitz durch ausdrückliche Verleihungen nachweisen konnten. An dieses Weistum der Regalien schlossen sich drei weitere Gesetze an. Das erste betraf die Ausübung der dem Kaiser zustehenden Gerichtsbarkeit; das zweite bestimmte, daß der Kaiser an jedem beliebigen Ort eine Pfalz besitzen durfte, während das dritte die Formen der vom Grund und Boden oder von Personen zu zahlenden Abgaben an Hand der früher üblichen Steuern festlegte. Seinen Abschluß erhielt das umfangreiche Gesetzgebungswerk durch einen allgemeinen Landfrieden und ein Lehnsgesetz, das die Bestimmungen des ersten in Italien erlassenen Lehnsgesetzes von 1154 (Kap. 34) bestätigte und verschärfte. Auch das Privileg für die Studenten in Bologna ist damals erneuert worden[7].

Wenn auch diese *Ronkalischen Gesetze* in einzelnen Wendungen den Einfluß des römischen Rechts erkennen lassen, so brachten sie tatsächlich doch nur eine Wiederherstellung der alten Königsgewalt, wie sie bis zur Mitte des 11. Jh. bestanden hatte. Für das staufische Königtum ergab sich daraus ein außerordentlicher Machtzuwachs; Rahewin schätzt die jährlichen Einnahmen aus den Regalien auf 30000 Pfund Silber. Sie sollten nicht wieder in Form von Lehen ausgegeben, sondern von königlichen Beamten verwaltet werden.

Für die Städte hätte die Verwirklichung dieser Beschlüsse das Ende der seit Jahrzehnten erworbenen städtischen Freiheit und Selbstverwaltung bedeutet. Ihre Rechtsauffassung stand im Gegensatz zu der des Kaisers. So mußte es bei der Durchführung dieser Beschlüsse fast zwangsläufig zu *Widerstand* kommen. Im Anschluß an den Reichstag wurden kaiserliche Gesandte in die einzelnen Städte geschickt, um dem Kaiser ergebene Männer als Rektoren oder Podestàs einzusetzen und die Regalien im einzelnen zu bestimmen. Diese kaiserlichen Legaten dehnten ihre Tätigkeit über die Lombardei hinaus allmählich auf die Toskana aus[8]. Während sich ein Teil der Städte fügte, so Pavia, Cremona, Piacenza und Lodi, stieß Friedrich in Mailand und Crema auf Widerstand. Beide Städte verfielen deshalb in den nächsten Monaten der Acht. Im Juli 1159 begann Friedrich mit der Belagerung Cremas. Erst im Januar 1160 ergab sich die Stadt nach hartnäckiger Verteidigung. Der Kaiser verschonte die Einwohner, ließ ihre Stadt aber dem Erdboden gleichmachen[9]. Der *Widerstand Mailands* dagegen blieb ungebrochen.

[1] V. J. Koudelka, Neuaufgefundene Papsturkunden des 12. Jh., Röm. hist. Mitteil. 3 (1960); W. Seegrün, Das Papsttum und Skandinavien (s. o. Kap. 7, Anm. 8), S. 171 ff.

[2] Über die Vorgänge zu Besançon ist Rahewin, Gesta III c. 8 ff. die wichtigste Quelle. Die in seine Darstellung aufgenommenen Schriftstücke und Manifeste des Kaisers und Papstes auch Const. 1 n. 164 ff.; dazu außer den DW[9] 6581 angeführten Arbeiten von Schrörs und Hiling: W. Ullmann, Cardinal Roland and Besançon, Misc. Hist. Pontif. 18 (1954); ders., Über eine kanonistische Vorlage Friedrichs I., ZRG KA 46 (1960); Maccarone, Papato e impero (s. o. Kap. 26, Anm. 5), S. 159 ff., jedoch sehr anfechtbar; F. Kempf, Kanonistik und kuriale Politik im 12. Jh., Arch. Hist. Pontif. 1 (1963); Heinemeyer, beneficium ... (s. o. Kap. 26, Anm. 5).

[3] Zur Frage, ob Rainald der Verfasser ist: E. Otto, Friedrich Barbarossa seinen Briefen, DA 5 (1942); dazu jedoch Herkenrath, R. v. D., s. o. Kap. 35, Anm. 3).

[4] Die Überbetonung eines »staufischen Reichsgedankens«, der sich grundsätzlich vom älteren Reichsgedanken unterschieden hätte (vgl. die Arbeiten von M. Krammer und H. Bloch, DW[9] 7018, 7033), ist in der neueren Forschung korrigiert: R. Schlierer, Weltherrschaftsgedanke und altdeutsches Kaisertum (Diss. Tübingen 1934); J. Haller, Der Reichsgedanke der staufischen Zeit, WaG 5 (1939), auch in: Reden und Aufsätze ([2]1941); R. Holtzmann, Der Weltherrschaftsgedanke des mal. Kaisertums und die Souveränität der Staaten, HZ 159 (1939; selbst. Ndr. 1953), dessen These von einer besonderen universalen »auctoritas« des Kaisers inzwischen aber widerlegt ist; vgl. dazu wie überhaupt zur staufischen Kaiseridee W. Holtzmann, Das mal. Imperium und die werdenden Nationen (1953); ders., Imperium u. Nationen, in: X. Congresso internaz. di scienze stor., Roma 1955, Relazioni 3; H. J. Kirfel, Weltherrschaftsidee und Bündnispolitik (1959); H. Appelt, Die Kaiseridee Friedrich Barbarossas (1967), der den Einfluß des römischen Rechts wohl etwas unterschätzt; G. Koch, Auf dem Wege zum Sacrum Imperium (1972). Zur Interpretation des bei Rahewin Gesta III c. 7 überlieferten Briefes Heinrichs II. von England, auf den R. Holtzmann seine Theorie vor allem stützte, jetzt H. E. Mayer, Staufische Weltherrschaft?, in: Festschr. K. Pivec (1966). – Zum Archipoeta und dessen Kaiserhymnus: W. Stach, Salve mundi domine, Berr. d. Sächs. Akad. 91, 3 (1939); P. Klopsch, Zum Kaiserhymnus des Archipoeta, Euphorion 54 (1960); K. Langosch, Der Primas und der Archipoeta, die Fürsten der Vagantenlyrik, in: ders., Profile des lat. Mittelalters (1965); ders., Die Lieder des Archipoeta, lat. u. dt. (1965). Zum Ludus de Antichristo: K. Langosch, Geistliche Spiele, Latein. Dramen des MA (1957); A. Grünberg, Das religiöse Drama des MA (1965), mit Lit.; Der Antichrist, hg. und übersetzt v. G. Günther (1970).

[5] Über die wechselnde Teilnahme der Reichsfürsten an diesem Zug G. Gattermann, Die dt. Fürsten auf der Reichsheerfahrt (Diss. Ms. Frankfurt 1956).

[6] Die Meinung von A. Erler, Die Ronkal. Gesetze d. J. 1158 und die oberital. Städtefreiheit, ZRG GA 61 (1941), daß Friedrich damals Mailand nicht unterworfen, sondern mit ihm ein Bündnis geschlossen habe, ist nicht haltbar.

[7] Die Gesetze von Roncaglia Const. 1 n. 175–178; dazu P. W. Finsterwalder, Die Gesetze von Ronkalia, ZRG GA 51 (1931); erst V. Colorni, Le tre leggi perdute di Roncaglia (1158) ritrovate in un manoscritto parigiano, in: Scritti in memoria di A. Giuffrè (1966, dt. Sonderausgabe 1969), fand den Text der drei

Gesetze über die kaiserl. Gerichtsbarkeit, die Pfalzen und die Abgaben. Eine Zusammenstellung der finanziellen Einkünfte des Kaisers in Italien bei G. DEIBEL, Die ital. Einkünfte K. Friedrichs I., Neue Heidelb. Jbb. 1932.

[8] H. APPELT, Friedrich und die ital. Kommunen, MIÖG 72 (1964); A. HAVERKAMP, Die Regalien-, Schutz- und Steuerpolitik in Italien unter Friedrich Barbarossa bis zur Entstehung des Lombardenbundes, Zs. f. bayer. Landesgesch. 29 (1966); C. BRÜHL, Fodrum, Gistum, Servitium regis (1968); dazu HAVERKAMP, Zs. f. bayer. Ldsgesch. 31 (1968); ders. Herrschaftsformen der Frühstaufer in Reichsitalien (1970/71); BRÜHL, Die Finanzpolitik Friedrich Barbarossas in Italien, HZ 213 (1971). D. v. D. NAHMER, Die Reichsverwaltung in Toscana unter Friedrich I. und Heinrich IV. (Diss. Freiburg i. Br. 1965); G. FASOLI, Federico Barbarossa e le città lombarde, in: Probleme d. 12. Jh. (1968).

[9] A. BOSISIO, Crema ai tempi di Federico Barbarossa, Arch. stor. lombard. 87 (1961).

Kapitel 37
Ausbruch des alexandrinischen Schismas. Ende des zweiten Italienzugs

Der *Gegensatz zwischen Friedrich I. und Hadrian IV.*, der seit dem Beneventer Vertrag bestand und durch den Reichstag von Besançon verschärft worden war, wurde durch die Restitutionspolitik des Kaisers in Italien noch mehr vertieft. Die Regaliengesetzgebung beschränkte sich nicht nur auf die Lombardei, sondern betraf auch die Toskana und machte selbst vor dem Kirchenstaat nicht halt. Durch eine Gesandtschaft verlangte der Papst die Auslieferung der mathildischen Besitzungen und führte gegen kaiserliche Übergriffe auf päpstliches Gebiet Beschwerde. Friedrich seinerseits machte dem Papst wegen der Nichteinhaltung des Konstanzer Vertrags Vorwürfe und lehnte dessen Erneuerung ab. Den Vorschlag des Kaisers, ein Schiedsgericht einzusetzen, wies Hadrian zurück. Er knüpfte vielmehr neue Verhandlungen mit den Normannen und den Städten der Lombardei an, während Friedrich mit der stadtrömischen Bewegung durch Otto von Wittelsbach Fühlung nahm. Ehe es aber zum Ausbruch von Feindseligkeiten kam, ist *Hadrian IV.* am 1. IX. 1159 in Anagni *gestorben.*

Sein Tod ließ den *Zwiespalt im Kardinalkolleg* akut werden. Die Mehrheit der Kardinäle wählte am 7. IX. den bisherigen Kanzler Roland, den Exponenten der Politik Hadrians IV., während sich eine Minderheit für den Kardinal Oktavian entschied, einen Angehörigen des kaiserfreundlichen Geschlechtes der Monticelli, dessen Wahl durch Otto von Wittelsbach begünstigt wurde. Bei der Wahlhandlung war es zu tumultuarischen Vorgängen gekommen, Oktavian selbst entriß seinem Gegner den Papstmantel und ließ sich damit bekleiden. Roland mußte mit seinem Anhang die Stadt verlassen und wurde als *Alexander III.* geweiht; Oktavian nahm den Namen *Viktor IV.* an[1].

Die rasche Beseitigung des *Schismas* mußte das Ziel der kaiserlichen Politik sein. Äußerlich wahrte Friedrich die Neutralität, wenn er auch von Anfang an auf seiten Viktors stand, da er annehmen konnte, daß Alexander auch als Papst jene gegen den Kaiser gerichtete Politik fortsetzen würde, die er schon unter Hadrian vertreten hatte. Die Beilegung des Papststreites sollte in einer Form geschehen, die Friedrichs Auffassung vom Kaisertum entsprach. Er lud deshalb zu einer allgemeinen *Kirchenversammlung* nach *Pavia* auf den 13. I. 1160 ein. Es fragte sich allerdings, ob die Päpste sich einem solchen vom Kaiser berufenen Konzil unterwerfen würden. Viktor nahm die Einladung an, Alexander dagegen lehnte das Konzil ab, da er als Papst keinen irdischen Richter über sich anerkennen könne. So waren die Aussichten auf eine friedliche Beilegung des Konflikts von Anfang an nur gering. Als das Konzil endlich am 5. II. eröffnet wurde, waren nur etwa 50 Erzbischöfe und Bischöfe aus Deutschland und Norditalien mit ihrem geistlichen Anhang erschienen, außerdem Gesandte der Könige von England, Frankreich, Dänemark, Böhmen und Ungarn. Es fehlte aber fast ganz der französische und englische Klerus. Das Konzil war also von Anfang an kein allgemeines. Nach siebentägigen Verhandlungen wurde Viktor IV. von der großen Majorität der Versammlung als rechtmäßiger Papst anerkannt. Über Alexander III. wurde wegen seiner Weigerung, auf dem Konzil zu erscheinen, und wegen seiner Verbindung mit Mailand und Sizilien der Bann verhängt. In einem umfangreichen Rundschreiben, dem man sogar die Unterschriften abwesender Geistlicher zufügte, wurden die Konzilbeschlüsse der Christenheit verkündet. Gesandtschaften gingen an die abendländischen Fürstenhöfe und nach Konstantinopel, um die allgemeine Zustimmung zu diesen Beschlüssen zu erreichen. Alexander antwortete mit dem Bannstrahl über den Kaiser, dessen wichtigste Ratgeber und Viktor IV. Das *Schisma* war durch das Eingreifen des Kaisers nicht beseitigt, sondern politisch verschärft worden und hat seitdem 18 Jahre lang das ganze Abendland gespalten[2].

In dem *Kampf*, der nun *zwischen Friedrich I. und Alexander III.* ausbrach, war dessen Lage keineswegs ungünstig. Auf Alexanders Seite standen die meisten der Kardinäle, Sizilien, die lombardischen Städte, Venedig, Ungarn, Spanien, Norwegen, Irland und die Fürsten des Orients. Auch den byzantinischen Kaiser Manuel suchte er durch Legaten für sich zu gewinnen. Ein großer Erfolg war vor allem, daß der englische und französische Klerus wohl in Beauvais im Juli 1160 auf seine Seite trat. Zu Viktor IV. hielten zunächst nur die vom Kaiser abhängigen Länder, außer Deutschland Dänemark, Böhmen, Polen und das von Friedrich I. beherrschte Italien. Aber auch der deutsche Klerus stand nicht geschlossen hinter ihm. Die Salzburger Kirchenprovinz bekannte sich unter Führung ihres Erzbischofs Eberhard zu Alexander III.[3].

Friedrich stand in den nächsten Jahren vor einer doppelten Aufgabe: Einmal galt es die *Reichsgewalt in Italien* zu sichern, andrerseits mußte er versuchen, *England und Frankreich* von der Obödienz Alexanders III. abzubringen. Die Auseinandersetzung zwischen dem schwachen französischen König Ludwig VII. und dem englischen König Heinrich II., der zugleich das ganze westliche Frankreich vom französischen König zu Lehen trug, aber weit mächtiger als sein Lehnsherr war, eröffnete in der Folgezeit mehrmals die Möglichkeit, einen der beiden Herrscher für die Anerkennung des kaiserlichen Papstes zu gewinnen.

Hauptbollwerk des *Widerstandes in Italien* war *Mailand.* Nach einjähriger Belagerung mußte die Stadt im März 1162 endgültig kapitulieren. In äußerst demütigender Form wurden die Bewohner zur Unterwerfung gezwungen; der berühmte Mailänder Fahnenwagen wurde dabei dem Kaiser übergeben und niedergelegt. Dann erging ein furchtbares Strafgericht über die Stadt. Die Mauern wurden niedergerissen, die Gräben eingeebnet, so daß das kaiserliche Heer seinen Einzug halten konnte. Auf Verlangen der feindlichen Nachbarstädte ließ Friedrich die Stadt völlig zerstören. Die Bewohner wurden in vier Dörfern angesiedelt und einem kaiserlichen Podestà unterstellt. Nach dem *Fall Mailands* erlosch der Widerstand der anderen Städte in kurzer Zeit. Sie unterwarfen sich unter den gleichen Bedingungen, Vernichtung der Befestigungen, Auslieferung aller Burgen und Aufnahme eines Podestà in die Stadt. Die kaisertreuen Gemeinden, vor allem Cremona, Pavia und Lodi, durften die Regalien unter selbstgewählten Konsuln verwalten. Die ganze Lombardei leistete damit dem Kaiser Gehorsam. Rainald von Dassel, seit 1159 Erzbischof von Köln, aber nach wie vor die treibende Kraft der kaiserlichen Politik in Italien, begann darüber hinaus mit der Reorganisation des Reichsgutes in der Toskana, deren Verwaltung Herzog Welf (s. Kap. 33) vernachlässigt hatte. Verträge mit den Seestädten Genua und Pisa, denen die Regalien und die Wahl der Konsuln zugestanden wurden, sollten den Kampf gegen die Normannen vorbereiten[4].

Der Papst mußte vor der Übermacht des Kaisers weichen und hatte sich um die Jahreswende 1161/62 über Genua nach Südfrankreich begeben. Darauf brach Friedrich im Sommer 1162 die Vorbereitungen zu dem Feldzug gegen die Normannen ab und zog nach Burgund, weil sich ihm die Möglichkeit zu eröffnen schien, durch eine *Verständigung mit Ludwig VII.* von Frankreich das Schisma zu überwinden. Da sich Papst Alexander in den englisch-französischen Auseinandersetzungen auf die Seite Englands gestellt hatte, war es zwischen ihm und Ludwig VII. zu einer Entfremdung gekommen. Dieser nahm durch den ihm verschwägerten Grafen Heinrich von Troyes Verhandlungen mit dem Kaiser auf. Dabei wurde vereinbart, daß beide Herrscher mit den beiden Päpsten am 29. VIII. 1162 an der Saônebrücke bei *St. Jean de Losne* zusammentreffen sollten, um dort durch ein paritätisches Schiedsgericht angesehener Männer entscheiden zu lassen, welcher der beiden Päpste rechtmäßig gewählt sei. Ludwig VII. wurde aber unter dem Druck des alexandrinisch gesinnten Klerus seines Landes wieder schwankend. So kam es am verabredeten Tag zu keiner Zusammenkunft; beide Herrscher erschienen nacheinander an der Saônebrücke. Ludwig erbat einen Aufschub von drei Wochen, um Alexander inzwischen zu bewegen, sich dem geplanten Schiedsgericht zu stellen. Dieser hielt aber an seinem alten Standpunkt fest, daß niemand über ihn richten könne, und konnte zudem eine Annäherung zwischen den Königen Englands und Frankreichs herbeiführen. Da Friedrich erkannte, daß er auf ein Einvernehmen mit Ludwig VII. nicht rechnen konnte, ließ er ohne dessen Mitwirkung durch den Spruch einer *Synode zu St. Jean de Losne* (7./8. IX.) Alexander erneut verurteilen. An dem für eine neue Begegnung festgesetzten Termin erschien der Kaiser nicht selbst an der Saônebrücke, da Alexander den französischen König nicht begleitete, sondern ließ sich durch Rainald von Dassel vertreten. Zwischen diesem und Ludwig kam es zu einem heftigen Wortwechsel, da der König dem deutschen Kaiser die Verletzung der vertraglichen Vereinbarungen vorwarf. So endete die ganze Aktion, die als ein Triumph des Kaisers und seines Papstes gedacht war, mit einem *Mißerfolg*. Barbarossa mußte unverrichteterdinge nach Deutschland zurückkehren[5].

[1] Zur Papstwahl von 1159: HALLER, Papsttum [2]3, S. 145 ff. Die Beteiligung Ottos von Wittelsbach geht aus einem Brief hervor, den W. HOLTZMANN im NA 48 (1930), S. 400 ff., veröffentlicht hat. – Zur Gesch. Alexanders ist die materialreiche, wenn auch in ihrer Auffassung überholte Biographie von H. REUTER, Gesch. Alexanders III. und der Kirche seiner Zeit (3 Bde. 1860–1864), auch heute noch unentbehrlich; M. PACAUT, Alexandre III, Étude sur la conception du pouvoir pontifical dans sa pensée et dans son œuvre (1956), versucht eine systematische Behandlung seiner Gedankenwelt. Zu Viktor IV.: H. SCHWARZMEIER, Zur Familie Viktors IV. in der Sabina, QFItA 48 (1968).

[2] Akten des Konzils zu Pavia Const. 1 n. 189 ff.

[3] Über die Stellung der einzelnen Mächte zu beiden Päpsten vor allem W. OHNSORGE, Die Legaten Alexanders III. im ersten Jahrzehnt seines Pontifikats (1928); ders., Päpstl. und gegenpäpstl. Legaten in Dtld. und Skandinavien 1159 bis 1181 (1929); W. JANSSEN, Die päpstl. Legaten in Frankr. vom Schisma Anaklets bis zum Tode Coelestins III. 1130 bis 1198 (1961); F. BARLOW, The English, Norman and French Councils Called to Deal with Papal Schism of 1159, EHR 51 (1936); anders jetzt M. G. CHENEY, EHR (1969); M. PACAUT, Louis VII et Alexandre III, Rev. d'hist. de l'Église de France 39 (1953); ders., Louis VII et son royaume (1964).

[4] F. GÜTERBOCK, Le lettre del notaio Burcardo intorno alla politica del Barbarossa nello scisma, Bull. dell'Ist. stor. ital. 61 (1949).

[5] Diese in den Quellen stark widersprüchlich dargestellten Vorgänge sind jetzt geklärt durch W. HEINEMEYER, Die Verhandlungen an der Saône im Jahre 1162, DA 20 (1964), u. F. J. SCHMALE, Friedrich I. und Ludwig VII. im Sommer d. J. 1162, Zs. f. bayer. Ldsgesch. 31 (1968).

Kapitel 38
Friedrich I. in Deutschland. Der dritte Italienzug

Nur ein Jahr (September 1162 bis Oktober 1163) blieb Friedrich in Deutschland, um hier den Frieden, vor allem in Sachsen, zu sichern und neue Vorbereitungen für weitere Auseinandersetzungen mit Italien zu treffen. *Heinrich der Löwe* hatte am zweiten Italienzug Barbarossas zunächst nicht teilgenommen. Erst im Sommer 1159 war er mit einem Aufgebot über die Alpen gezogen, um dem Kaiser bei der Belagerung von Crema Hilfe zu leisten. Nach der Eroberung der Stadt und nach dem Konzil von Pavia war er nach Deutschland zurückgekehrt, um dann erst wieder am Reichstag von St. Jean de Losne teilzunehmen. Das Schwergewicht der herzoglichen Politik hatte in diesen Jahren im *Nordosten* gelegen, vor allem im nordelbingischen Gebiet. Nachdem er schon 1158 einen ersten *Vorstoß gegen die Obodriten* unternommen hatte, unterwarf er zwei Jahre später im Verein mit König Waldemar von Dänemark das ganze Obodritenland. Der Fürst Niklot fand in den Kämpfen vor Werle den Tod; seine Söhne Pribislaw und Wratislaw mußten das Land fast vollständig dem Herzog überlassen. Heinrich ging sofort an eine politische Neuordnung, indem er auf den alten slavischen Burgen sächsische Adlige als seine Beamten einsetzte. Statthalter des ganzen Landes wurde Gunzelin von Hagen, der als Graf in Schwerin seinen Sitz nahm. Schwerin, mit Stadtrecht bewidmet, wurde auch der kirchliche Mittelpunkt des Landes und Sitz eines Bistums[1].

Ebenso wie sich der Herzog durch diese Maßnahmen im Gebiet der sächsischen Grenzmark ein geschlossenes Territorium schaffen wollte, versuchte er auch im *altsächsischen Gebiet* seine herzoglichen Rechte stärker zur Geltung zu bringen und seinen Besitzstand auszudehnen. Diese expansive Territorialpolitik führte schon frühzeitig seine Gegner zusammen. Hatte Erzbischof Hartwig von Bremen schon während des ersten Italienzugs den Versuch gemacht, eine Koalition gegen den Herzog zusammenzubringen, so nahmen diese Pläne 1163 festere Gestalt an. Albrecht der Bär, Pfalzgraf Adalbert von Sommerschenburg und Landgraf Ludwig von Thüringen schlossen sich gegen ihn zusammen und suchten auch andere mächtige Fürsten des Reiches zu gewinnen. Dies machte die Intervention des Kaisers erforderlich, der durch sein Eingreifen den Ausbruch des Kampfes in Sachsen verhindern konnte.

In *Mainz* war während seiner Abwesenheit der von ihm eingesetzte Erzbischof Arnold von den Bürgern der Stadt ermordet worden. Der Kaiser hielt deshalb nach seiner Rückkehr im April 1163 über Mainz ein strenges Strafgericht. Alle Privilegien wurden der Stadt abgesprochen, ihre Mauern niedergelegt. Die Neubesetzung des Mainzer Stuhles stieß auf große Schwierigkeiten; schließlich setzte der Kaiser die Wahl Konrads von Wittelsbach durch. Seine Hoffnung, in ihm einen treuen Anhänger der kaiserlichen Partei in Deutschland zu haben, schlug aber fehl. Unter dem Einfluß Eberhards von Salzburg neigte Konrad immer mehr der Partei der Alexandriner zu, die auch sonst an Anhang gewann.

Inzwischen war von seiten Alexanders III. die Diplomatie nicht müßig gewesen. Dabei hielt er sich zunächst den Weg der

Verständigung mit Friedrich offen. Im Sommer 1163 kamen päpstliche Gesandte auf einen Reichstag nach Nürnberg, um durch Vermittlung Eberhards von Salzburg mit dem Kaiser Verhandlungen aufzunehmen. Sie mußten aber unverrichteterdinge abziehen. Diese mangelnde Verhandlungsbereitschaft des Kaisers führte zu einer stärkeren *Annäherung zwischen der Kurie und Byzanz*. Manuel I. entfaltete in jenen Jahren eine starke diplomatische Aktivität und versuchte, vor allem Ludwig VII. von Frankreich zu einer Liga gegen Friedrich I. zu veranlassen. Er war auch bereit, Alexander III. anzuerkennen, doch scheiterten seine weitergehenden Pläne am Widerstand des französischen Königs[2].

Friedrich I. kehrte im Herbst 1163 nach Italien zurück. Mit den Kräften Oberitaliens wollte er nun den Vorstoß gegen Rom und Sizilien unternehmen. Der Beginn des Feldzugs wurde für den 1. V. 1164 festgesetzt; er kam aber nicht mehr zur Ausführung. Wenige Tage vorher, am 20. IV., starb Viktor IV. in Lucca. Sein früher Tod hätte die Möglichkeit zur Beendigung des Schismas gegeben. Rainald von Dassel ließ aber, ohne einen Entscheid des Kaisers abzuwarten, bereits zwei Tage nach Viktors Tod durch die wenigen kaiserlich gesinnten Kardinäle einen neuen *Gegenpapst, Paschalis III.*, wählen. Friedrich hat das Vorgehen Rainalds nachträglich gebilligt; der neue Papst fand jedoch nur bei einem Teil der Anhänger Viktors Anerkennung. Die Partei Alexanders gewann seitdem auch in Deutschland immer mehr Boden, Konrad von Mainz trat offen auf seine Seite. In Italien selbst wurde die Lage für den Kaiser dadurch erschwert, daß Venedig, das sich durch die kaiserliche Machtstellung in Oberitalien bedroht sah, hier den Widerstand gegen ihn organisierte und mit Verona, Vicenza und Padua ein Bündnis gegen ihn schloß. Durch große Zugeständnisse an andere Städte konnte Friedrich zwar eine Ausdehnung dieses Veroneser Bundes verhindern. Sein Versuch, ihn mit Waffengewalt zu sprengen, war aber vergeblich. Der Kaiser kehrte unverrichteterdinge im Herbst 1164 nach Deutschland zurück, um hier neue Vorbereitungen für eine Auseinandersetzung mit seinen Gegnern in Italien zu treffen.

[1] Zur Politik Heinrichs d. L. gegenüber den Obodriten K. JORDAN, Bistumsgründungen (s. o. Kap. 31, Anm. 1), S. 91 ff.

[2] Über die Verhandlungen zwischen Alexander, Manuel und Ludwig VII. in den Jahren 1163/64 W. OHNSORGE, Die Legaten Alexanders III. (s. o. Kap. 37, Anm. 3), S. 69 ff. u. 125 ff.; P. LAMMA, Comneni e Staufer 2 (1957), S. 88 ff.

Kapitel 39
Das Bündnis mit England und der vierte Italienzug Friedrichs I.

Hatte der Zug des Kaisers nach Italien nicht den erhofften militärischen Erfolg gebracht, so schien sich zu Beginn des Jahres 1165 durch den englischen Kirchenstreit die Möglichkeit zu eröffnen, die Front seiner Gegner durch eine *neue diplomatische Aktion* zu sprengen und *England* auf die Seite des Reiches zu ziehen. Im Januar 1164 hatte König Heinrich II. durch die Konstitutionen von Clarendon die Hoheitsrechte des englischen Königtums gegenüber der Geistlichkeit vor allem in Fragen der Gerichtsbarkeit wiederherstellen wollen. Thomas Becket, der als Kanzler die Politik des Königs gegenüber der englischen Kirche unterstützt hatte, war seit seiner Erhebung zum Erzbischof von Canterbury (1162) selbst der schroffste Verfechter der kirchlichen Selbständigkeit geworden. Er weigerte sich, die Konstitutionen von Clarendon anzuerkennen, mußte England verlassen und fand in Frankreich Zuflucht. Alexander III., dessen Hilfe er anrief, nahm eine unklare Haltung ein. Er vermied es zwar, sich offen auf die Seite des Erzbischofs zu stellen, um einen Bruch mit dem englischen König zu verhüten. Unvermeidlich mußte aber dieser englische Kirchenstreit doch zu einer Entfremdung zwischen dem Papst und Heinrich II. führen. In dieser Situation ging Rainald von Dassel im April 1165 als kaiserlicher Gesandter an den Hof Heinrichs II. nach Rouen, um über ein *Bündnis zwischen dem Reich und England* zu verhandeln. Ein doppelter deutsch-englischer Ehebund wurde verabredet: Mathilde, die älteste Tochter Heinrichs II., sollte mit Heinrich dem Löwen vermählt werden, dessen Ehe mit Clementia 1162 geschieden worden war. Die andere Tochter des englischen Königs, Eleonore, wurde mit dem damals noch nicht einjährigen ältesten Sohn des Kaisers verlobt. Heinrich II. sagte die Anerkennung des kaiserlichen Papstes zu und schickte eine Gesandtschaft zu dem *Reichstag*, den Friedrich im Mai 1165 in *Würzburg* abhielt[1].

Unter dem Eindruck dieses neuen außenpolitischen Erfolges entschloß sich Friedrich, trotz einer starken Opposition innerhalb der Geistlichkeit, auf dem *Würzburger Reichstag* zu scharfen Maßnahmen. Alle Anwesenden mußten sich eidlich verpflichten, niemals Alexander oder einen von seiner Partei gewählten Papst anzuerkennen. Der Kaiser selbst legte einen solchen Eid ab, ebenso die weltlichen Fürsten, an ihrer Spitze Heinrich der

Löwe, während sich manche der geistlichen Fürsten der Eidesleistung entzogen. Auch die englischen Gesandten gaben eine entsprechende Erklärung für ihren König ab. Im ganzen Reich sollte eine gleiche Vereidigung innerhalb von sechs Wochen durchgeführt werden. Jeder, der den Eid verweigerte, sollte seiner Ämter und Lehen und seines Eigentums verlustig gehen[2].

Die Würzburger Beschlüsse wurden mit aller Schärfe durchgeführt. Erzbischof Konrad von Mainz wurde als Anhänger Alexanders abgesetzt, an seiner Stelle der königliche Kanzler Christian von Buch erhoben, der seit 1164 die Sache des Kaisers als sein Legat in Italien erfolgreich vertreten hatte. Auch der neue Erzbischof Konrad von Salzburg verfiel wegen seines Widerstands gegen die Würzburger Beschlüsse der Reichsacht[3]. Ausdruck dieser neuen Politik Barbarossas war auch, daß er am 29. XII. 1165 in Aachen die Gebeine *Karls d. Gr.* feierlich erheben und ihn mit Zustimmung des Gegenpapstes *heiligsprechen* ließ, ein Akt, der zugleich eine politische Demonstration gegen das mit Alexander verbündete Frankreich sein sollte[4]. Dabei blieb aber das Bündnis mit England ohne wirklichen Gewinn. Heinrich II. entschloß sich nicht zu einem völligen Bruch mit Alexander, sondern benutzte die Abmachungen mit dem Kaiser nur als Druckmittel gegenüber der Kurie im englischen Kirchenstreit.

Alexander III., dessen Lage in Frankreich infolge des neuerlichen Gegensatzes zwischen England und Frankreich zu unsicher geworden war, hatte sich schon 1165 wieder *nach Italien* begeben. Dort mußte also nun abermals die Entscheidung im Kampf mit ihm gesucht werden. Seine wichtigste Stütze blieben die Normannen auch nach dem Tod Wilhelms I. (1166) unter der für den unmündigen Wilhelm II. eingesetzten vormundschaftlichen Regierung. Auch die *Verhandlungen mit Byzanz* wurden wieder intensiver betrieben. Manuel I. griff seinen alten Plan einer großen Koalition gegen Friedrich I. erneut auf. Sizilien sollte durch die Ehe des jungen Königs Wilhelm mit einer Tochter Manuels gewonnen werden. Dem Papst bot er die Union der Kirche des Ostens mit der des Westens an, wenn Alexander ihn als alleinigen Kaiser anerkennen würde. Auch zu Ludwig VII. wurden die diplomatischen Fäden wieder angeknüpft; allerdings scheiterten diese groß angelegten Koalitionspläne nach längeren Verhandlungen. Alexander konnte sich nicht zu einem solchen Zugeständnis verstehen, das eine jahrhundertealte abendländische Tradition verleugnet hätte;

auch Frankreich und Sizilien gingen nicht auf Manuels Bündnisangebot ein[5].

Angesichts der diplomatischen Aktivität seiner Gegner mußte Friedrich versuchen, möglichst rasch eine Entscheidung auf italienischem Boden zu erzielen. Im Herbst 1166 zog er mit einem großen Heer, bei dem sich zum erstenmal auch kampferprobte Söldner aus Brabant, sogenannte Brabanzonen[6] befanden, auf verschiedenen Wegen *nach Italien*. Nach einem Hoftag zu Lodi, auf dem die Klagen über den Steuerdruck und das harte Regiment der kaiserlichen Podestàs laut wurden, zog der Kaiser im Frühjahr 1167 nach Süden weiter. Auf dem Marsch konnte er nach mehrwöchiger Belagerung das mit den Griechen verbündete Ancona bezwingen. Ein anderes deutsches Heer unter Führung Rainalds von Dassel und Christians von Mainz stieß direkt auf Rom vor und errang am 29. V. bei Tusculum einen glänzenden Sieg über die Römer. Als der Kaiser selbst mit seinen Truppen vor *Rom* erschien, konnte er Ende Juli nach heißem Kampf die Leostadt erobern und damit auch die Peterskirche in seine Hand bringen. Paschalis III. wurde feierlich inthronisiert und krönte Friedrichs Gemahlin Beatrix zur Kaiserin (1. VIII. 1167). Alexander hatte Rom fluchtartig verlassen müssen; Friedrich schien auf dem Höhepunkt seiner Macht zu stehen.

Wenige Tage später brach eine furchtbare *Katastrophe* über das vor den Toren Roms lagernde *deutsche Heer* herein. Ein plötzlicher Wolkenbruch rief in der glühenden Augusthitze eine Malariaseuche hervor, die das Heer in kurzer Zeit dezimierte. Mehr als 2000 Ritter erlagen der Krankheit, darunter Rainald von Dassel, Barbarossas Neffe Friedrich, Herzog von Schwaben, sowie Welf VII., der junge Sohn Welfs VI., und eine Reihe von Bischöfen. Auch Friedrich selbst erkrankte und konnte nur mit größter Mühe die Reste seines Heeres nach dem Norden zurückführen. Der Plan eines Feldzugs gegen die Normannen war zunichte geworden. Die Folge dieses Zusammenbruchs, der den Alexandrinern wie ein Gottesgericht erschien, war ein allgemeiner Abfall in der Lombardei. Schon im Frühjahr hatten sich einige Städte gegen den Kaiser zusammengeschlossen; am 1. XII. erweiterte sich dieser Bund, dem sich auch der Veroneser Bund anschloß, zu einem *lombardischen Städtebund*. Damals umfaßte er bereits 16 Städte und wuchs in der Folgezeit noch an. Sein Ziel war die Beseitigung der deutschen Herrschaft und die Wiederherstellung der alten Städtefreiheit. Der Kaiser verhängte über ihn die Acht, war aber nicht stark genug, um sie zu vollstrecken. Nur unter großen Schwierigkeiten gelangte er 1168 über Burgund nach Deutschland zurück. Der Lombardenbund konnte indessen seine Macht weiter festigen. *Mailand* gewann sein früheres Gebiet zurück, auch Tortona wurde wiederhergestellt. Außerdem wurde im Mai 1168 westlich von Tortona eine Bundesfestung gegründet, der man zu Ehren des Papstes den Namen *Alessandria* gab. Italien war für den Kaiser verloren; auch in Oberitalien konnte in den nächsten Jahren der byzantinische Kaiser seinen Einfluß wieder mehr zur Geltung bringen[7].

Das Jahr 1167 und der Tod Rainalds von Dassel bedeuten einen wichtigen *Einschnitt* in der *Geschichte Barbarossas*. Der Versuch, im Ringen mit der Kurie und den oberitalienischen Städten die Reichsgewalt in Italien wiederherzustellen, war gescheitert; der Kaiser mußte jetzt versuchen, zunächst in Deutschland die Königsmacht planvoll auszubauen, wenn er auf anderem Weg sein Ziel in Italien doch noch erreichen wollte.

1 Zum englischen Kirchenstreit: R. FOREVILLE, L'église et la royauté en Angleterre sous Henri II Plantagenet (1943); A. DUGGAN, Thomas Becket of Canterbury (1952); R. WINSTON, Thomas Becket (1967).

2 Die wichtigsten Aktenstücke zum Würzburger Reichstag Const. 1 n. 223 bis 226; dazu G. RILL, Zur Gesch. der Würzburger Eide von 1165, Würzb. Diözesan. Gesch.bll. 22 (1960).

3 D. HÄGERMANN, Die Urkunden Eb. Christians I. von Mainz als Reichslegat Friedrich Barbarossas in Italien, Arch. f. Dipl. 14 (1968); ders., Beiträge zur Reichslegation Christians von Mainz in Italien, QFItA 49 (1969). Über die Stellung des Erzstiftes Salzburg im Schisma: P. CLASSEN, Gerhoch von Reichersberg (1960), mit Lit.

4 R. FOLZ, La chancellerie de Frederic Ier et la canonisation de Charlemagne, Moyen-âge 76 (1964); E. MEUTHEN, Karl d. Gr. – Barbarossa – Aachen, in: Karl d. Gr., Lebenswerk und Nachleben 4 (1967).

5 P. LAMMA, Comneni e Staufer 2, S. 128 ff.

6 Über die auch sonst verwendeten Söldnertruppen: H. GRUNDMANN, Rotten und Brabanzonen, DA 5 (1942).

7 A. CELLI-FRAENKEL, Quellen zur Gesch. der Malaria in Italien u. ihrer Bedeutung für die dt. Kaiserzüge des MA; O. KESTNER, Alpenpässe u. röm. Malaria in d. mal. Kaiserzeit, HV 30 (1936). – Zum Lombardenbund vor allem A. VIGNATI, Storia diplomatica della lega lombarda (1866, Ndr. mit Ergänzungen von R. MANSELLI 1966); M. PACAUT, Aux origines du guelfisme. Les doctrines de la ligue lombarde, RH 220 (1963); G. FASOLI, La Lega Lombarda, in: Probleme d. 12. Jh. (1968); P. CLASSEN, Mailands Treueid für Manuel Komnenos, Akten des 11. Byzantinisten-Kongresses 1958 (1960); Popolo e stato in Italia nell'età di Federico Barbarossa, Alessandria e la lega lombarda. Relazioni e communicazioni al XXXIII congresso storico subalpino (1970) mit einer Reihe wichtiger Beiträge.

Kapitel 40
Die Festigung der staufischen Königsmacht in Deutschland. Heinrich der Löwe als Herrscher in Sachsen und Bayern

Nach seiner Rückkehr aus Italien blieb der Kaiser sechseinhalb Jahre (vom Frühjahr 1168 bis zum Herbst 1174) in Deutschland, länger als jemals vor- oder nachher während seiner Regierung. Diese Zeit diente vor allem der planmäßigen *Stärkung der königlichen Stellung.* Hatte er bereits seit dem Beginn seiner Regierung die Königsgut- und Hausmachtpolitik Konrads III. weitergeführt, so bringen die Jahre von 1168 bis 1180 den Höhepunkt dieser Entwicklung. Friedrichs Ziel war es vor allem, eine Reihe von *Königslandschaften* zu schaffen. Einer der Schwerpunkte lag dabei in *Schwaben.* Die durch den Tod seines Vetters Friedrich (IV.) von Rothenburg erledigte Herzogswürde übertrug der Kaiser seinem jungen Sohn Friedrich, für den er das Herzogtum zunächst verwaltete. Begünstigt wurde sein Vorgehen dadurch, daß er beim Aussterben mehrerer schwäbischer Geschlechter, so der Lenzburger und der Pfullendorfer Grafen, deren Erbschaft antrat. So konnte er nicht nur den staufischen Herrschaftsbereich im südlichen Schwaben erweitern, sondern auch wichtige Paßlandschaften der Alpen unter seine Kontrolle bringen. Seit den 60er Jahren setzten auch die *Städtegründungen* im Elsaß und in Schwaben ein. Hagenau, der Mittelpunkt eines Reichsgutsbezirks im Elsaß, und Ulm wurden damals mit Stadtrecht bedacht, Schwäbisch Hall gewann als königliche Münzstätte Bedeutung. In ähnlicher Weise wurde die Stellung des königlichen Hauses am Mittelrhein gefestigt, von Ostfranken aus wurde die staufische Herrschaft in die Oberpfalz hinein vorgeschoben.

Vor allem sollte im *mitteldeutschen Osten* ein großes *Reichsterritorium* entstehen. Bereits 1158 hatte der Kaiser den Reichsbesitz um Altenburg mit Erwerbungen im Pleißenland vereinigt. Nach dem Tod Friedrichs von Rothenburg fiel ihm auch das Egerland zu. So erwuchs eine Königslandschaft, die von Leisnig und Colditz im Norden bis nach Eger im Süden reichte und deren Schwerpunkte die Pfalzen Altenburg und Eger wurden. Chemnitz, Altenburg und Zwickau erhielten in den 60er Jahren Stadtrecht. Im nördlichen Thüringen waren der Kyffhäuser und die Pfalz Tilleda Stützpunkte für die Verwaltung des Reichsgutes in der Goldenen Aue. Nördlich des Harzes kam die wichtige Reichsvogtei Goslar am Ende der 60er Jahre wieder an das Reich zurück.

Die tüchtigsten Helfer des Königtums bei dieser Territorialpolitik wurden die *Reichsministerialen*, die von den damals in größerem Umfang errichteten Reichsburgen aus als königliche Beamte sowohl das Reichs- wie das Hausgut verwalteten. Mit ihrer Hilfe konnte Barbarossa auch in den übrigen Gebieten des Reiches das verstreute Königsgut wieder stärker der Krone nutzbar machen[1].

Einen wichtigen Erfolg bedeutete es auch, daß der Kaiser die *Erbfolge im Reich* regeln konnte. Ende 1169 wurde sein damals dreijähriger Sohn Heinrich einmütig von den Fürsten zum König gewählt und zwei Monate später in Aachen gekrönt[2]. Auch gegenüber der *deutschen Kirche* konnte der Kaiser seinen Willen im allgemeinen durchsetzen. Das Kölner Erzbistum erhielt 1167 Philipp von Heinsberg. Widerstände gab es allerdings nach wie vor im Erzstift Salzburg, wo nach Erzbischof Konrads Tod Adalbert, ein Sohn des Böhmenkönigs, zum Nachfolger gewählt wurde. Da er sich zu Alexander bekannte, setzte ihn Friedrich schließlich ab und erhob an seiner Stelle den Propst Heinrich von Berchtesgaden zum Metropoliten, ohne jedoch von ihm eine ausdrückliche Stellungnahme gegen Alexander zu verlangen.

Die gleichen Jahre sehen auch *Heinrich den Löwen* auf dem Höhepunkt seiner Macht. Im *Obodritenland* war durch den siegreichen Feldzug des Jahres 1160 (s. Kap. 38) der Frieden keineswegs endgültig gesichert. Bei einem großen Aufstand brach 1164 die vom Herzog errichtete Herrschaftsorganisation fast vollständig zusammen. In neuen schweren Kämpfen, bei denen Adolf von Holstein fiel, konnte Heinrich der Bewegung Herr werden und sogar Bogislaw von Pommern seiner Lehnshoheit unterwerfen. Trotzdem entschloß er sich 1167, Pribislaw, den Sohn Niklots, wieder in sein väterliches Erbe einzusetzen und ihm das Land als Lehen zu überlassen. Nur Schwerin blieb unter der direkten Herrschaft des Grafen Gunzelin. Im Ostseegebiet hatte Heinrich stets mit Waldemar von Dänemark als Gegenspieler zu rechnen, der Vorpommern und Rügen als dänisches Interessengebiet betrachtete. Als er 1168 Rügen eroberte, leisteten ihm auf Befehl Heinrichs auch die Obodriten Hilfe. Dafür sollte Waldemar dem Herzog die Hälfte der Beute und Tribute abtreten. Waldemars Weigerung, diese Verpflichtung einzuhalten, führte zu jahrelangen Kämpfen, die erst 1171 durch einen Friedensschluß beigelegt wurden. Der Dänenkönig erfüllte die Bedingungen des Herzogs, sein Sohn Knud wurde mit einer Tochter des Herzogs vermählt[3].

Hand in Hand damit ging der *Ausbau der herzoglichen Stellung* im Inneren, vor allem durch eine planmäßige Erwerbspolitik in Ostsachsen, wo Heinrich seine Eigengüter zu erweitern und abzurunden bestrebt war. Mittelpunkt seiner Herrschaft wurde Braunschweig, wo der Herzog neben den älteren Siedlungskernen die Hagenstadt gründete. In unmittelbarer Nähe der neuerrichteten Blasiuskirche baute er die Burg Dankwarderode, die in ihrer Anlage ebenbürtig neben den Kaiserpfalzen der Zeit steht, zur herzoglichen Residenz aus. Auf dem Burgplatz ließ er 1166 als Sinnbild seiner Herrschaft und als Gerichtszeichen das Löwendenkmal errichten. Auch in Stade, Bremen und später in Lüneburg, vielleicht auch an anderen Orten, hat er die Entwicklung zur Stadt gefördert oder durch die Verleihung des Stadtrechtes zum Abschluß gebracht. In den sächsischen Gebieten westlich der Weser brachte Heinrich eine herzogliche Obergewalt vor allem durch die Wahrung des Landfriedens zur Geltung[4]. Neben Sachsen spielt das Herzogtum Bayern, in dem der Herzog in jenen Jahren öfter weilte, nur die Rolle eines Nebenlandes. Seine Maßnahmen lassen hier vor allem das Ziel erkennen, die wichtigen Handelsstraßen des Landes zu beherrschen[5].

Das vielfach gewaltsame Vorgehen des Herzogs, der sich dabei oft über die Rechte anderer Dynasten hinwegsetzte, ließ die alte *Opposition* der übrigen *sächsischen Fürsten* von neuem aufleben. Wenige Wochen nach dem Abzug des Kaisers nach Italien hatte sich im Herbst 1166 ein großer Fürstenbund gegen ihn gebildet, an dem neben Albrecht dem Bären Erzbischof Wichmann von Magdeburg und andere geistliche und weltliche Fürsten beteiligt waren. Auch Rainald von Dassel, damals mit dem Kaiser in Italien, gehörte zu den Gegnern des Herzogs. Die Kämpfe in Ostsachsen, vor allem um die wichtige Feste Haldensleben, zogen sich bis zur Rückkehr des Kaisers hin. Erst nach mehrmaliger Vorladung der streitenden Parteien konnte Friedrich 1168 auf dem Reichstag zu Würzburg einen vorläufigen Frieden in Sachsen erreichen. Nach dem Tod Albrechts des Bären (1170) kam es zunächst zu einer Annäherung zwischen Welfen und Askaniern[6].

Als Schwiegersohn des englischen Königs, dessen Tochter Mathilde er 1168 heiratete, und als mächtigster Territorialfürst des Reiches wuchs Heinrich der Löwe immer mehr in eine königgleiche Stellung hinein. 1172 unternahm er mit einem glänzenden Gefolge eine Pilgerfahrt nach dem Heiligen Land und fand nicht nur bei Kaiser Manuel, sondern auch in Jerusalem und beim Sultan von Ikonium eine glänzende Aufnahme[7].

Friedrich Barbarossa mußte in jenen Jahren noch einmal in die Verhältnisse in *Schlesien* eingreifen. Mit Unterstützung des Böhmenkönigs Wladislaw unternahm er 1172 einen Feldzug gegen Herzog Mieszko III. von Polen, da dieser seinen Neffen Boleslaw von Schlesien aus seinem Herzogtum vertrieben hatte. Der Kaiser zwang ihn, die Lehnshoheit des Reiches anzuerkennen und Boleslaw wieder in sein Herzogtum einzusetzen. Auch in *Ungarn* blieb nach dem Tod Gezas II. (1162) unter dessen Sohn Stephan III. der deutsche Einfluß gewahrt.

[1] Zur Reichs- und Hausgutspolitik Friedrichs K. Bosl, Reichsministerialität (Schriften der MGH 10, 1950), S. 140 ff. und Bd. 7, Kap. 29; F. X. Vollmer, Reichs- und Territorialpolitik K. Friedrichs I. (Diss. Ms. Freiburg i. Br. 1951); ferner H. Werle, s. o. Kap. 11, Anm. 2, und die in Kap. 25, Anm. 4, u. Kap. 29, Anm. 5, genannten Arbeiten von H. Büttner, vor allem Staufische Territorialpolitik im 12. Jh., Württ. Franken 47 (1963). Zu den einzelnen Landschaften: K. Schmid, Gf. Rudolf v. Pfullendorf und K. Friedrich I. (1954); J. Hess-Gotthold, Hausmacht und Politik Friedrich Barb. im Raum des heutigen Pfälzer Waldes (1962); W. Schlesinger, Egerland, Vogtland, Pleißenland, in: Forsch. z. Gesch. Sachsens und Böhmens (1937), auch in: ders., Mitteldt. Beitrr. z. dt. VG des MA (1961); ders., Die Anfänge der Stadt Chemnitz und anderer mitteldt. Städte (1952); H. Patze, Friedrich Barbarossa und der Osten, in: Jb. Gesch. Mittel- u. Ostdtld. 11 (1962), jetzt in: Probleme des 12. Jh. (1968, mit weiterer Lit.).

[2] Die umstrittene Annahme von F. Güterbock, Barbarossas ältester Sohn und die Thronfolge des Zweitgeborenen, HV 29 (1935), daß Heinrich der zweite Sohn des Kaisers gewesen sei, bestätigt mit anderer Begründung und Folgerung G. Baaken, Die Altersfolge der Söhne Friedrich Barbarossas und die Königserhebung Heinrichs VI., DA 24 (1968).

[3] Über diese Kämpfe im Slavenland: O. Eggert (DW[9] 6514); K. Jordan, Bistumsgründungen (s. Kap. 31, Anm. 1), S. 98 ff.; ders., Heinrich d. L. und Dänemark, s. o. Kap. 27, Anm. 3.

[4] Zur Territorialpolitik Heinrichs R. Hildebrand, Der sächs. »Staat« Heinrichs d. L. (1937), teilweise recht anfechtbar; G. Läwen, Die herzogliche Stellung Heinrichs d. L. in Sachsen (1937); K. Jordan, Herzogtum und Stamm in Sachsen während des hohen MA, Niedersächs. Jb. 30 (1958); A. K. Hömberg, Westfalen und das sächs. Herzogtum (1963); H. Lubenow, Die welf. Ministerialen in Sachsen (Diss. Ms. Kiel 1964). Zur Städtepolitik außer den zu Kap. 35 genannten Arbeiten von Bärmann, Jordan und Diestelkamp: K. Jordan und M. Gosebruch, 800 Jahre Braunschweiger Burglöwe (1967).

[5] R. Hildebrand, Studien über die Monarchie Heinrichs d. L. (Diss. Berlin 1931).

[6] Über diese Kämpfe: W. Hoppe, Wichmann v. Magdeburg, s. o. Kap. 33, Anm. 8.

[7] E. Joranson, The Palestine Pilgrimage of Henry the Lion, in: Medieval and Historical Essays in Honor of J. W. Thompson (1938); dazu W. Ohnsorge, DA 6 (1943), auch in: ders., Abendland und Byzanz (1958), S. 456 ff.

Kapitel 41
Der fünfte Italienzug und der Frieden von Venedig

Die Politik Friedrichs I. war seit dem Tod Rainalds auf eine Verständigung abgestellt. Einen neuen Gegenpapst, den nach dem Tod Paschalis' III. im Herbst 1168 dessen Kardinäle als Calixt III. erhoben, hat der Kaiser zunächst nicht ausdrücklich anerkannt. Er nahm vielmehr 1169 durch Vermittlung Bischof Eberhards von Bamberg und der beiden Zisterzienseräbte von Clairvaux und Cîteaux[1] Verhandlungen mit Alexander III. auf. Sie scheiterten daran, daß der Papst die Einbeziehung der Lombarden in einen Friedensschluß verlangte. Auf einem Hoftag zu Fulda erneuerte der Kaiser im Juni 1170 seine Würzburger Erklärung, er werde Alexander nie als Papst anerkennen.

Gleichzeitig setzten neue *außenpolitische Bemühungen* ein, die bisher auf seiten Alexanders stehenden Mächte für den Kaiser zu gewinnen und damit dessen Endsieg in Italien vorzubereiten. Als 1167 der Krieg zwischen England und Frankreich von neuem ausbrach, sandte Friedrich im nächsten Sommer Heinrich den Löwen und die Erzbischöfe von Mainz und Köln zu den *Westmächten*, um den Frieden zu vermitteln, allerdings ohne Erfolg. Nach der Ermordung Thomas Beckets (29. XII. 1170) mußte Heinrich II., der durch diese Bluttat moralisch schwer belastet war, sich der Kurie nähern und die Konstitutionen von Clarendon (s. Kap. 39) aufheben. Demgegenüber suchte Friedrich jetzt stärker eine Annäherung an Frankreich. Im Februar 1171 traf er mit König Ludwig VII. bei Vaucouleurs an der Grenze beider Reiche zusammen. Die Hinwendung zu Frankreich, die sich damit vollzog, bahnt das spätere staufisch-kapetingische Bündnis an. In diese Versuche, die bisherigen Bundesgenossen Alexanders von diesem abzuziehen, gehört auch die Neuaufnahme der *Verhandlungen mit Byzanz*. Erzbischof Christian von Mainz wurde 1170 zu Kaiser Manuel geschickt. Dieser war bereit, auf Verhandlungen mit Barbarossa einzugehen, weil es ihm nicht gelungen war, mit Frankreich oder dem Papst in engere Verbindung zu kommen. Wieder taucht der Plan eines deutsch-byzantinischen Ehebündnisses auf: Ein Sohn des Kaisers sollte eine byzantinische Prinzessin zur Frau erhalten. Durch wechselseitige Gesandtschaften wurden die Fäden in den nächsten Jahren weitergesponnen. Auch Heinrich der Löwe hat vermutlich bei seinem Aufenthalt in Konstantinopel während seiner Pilgerfahrt im Jahre

1172 bei diesen Verhandlungen eine Rolle gespielt. Sie scheiterten aber schließlich daran, daß Friedrich nicht bereit war, dem Ostreich irgendwelche territorialen Zugeständnisse auf italienischem Boden zu machen[2].

Die Entscheidung mußte wieder in Italien gesucht werden. Zur Wiederherstellung der Reichsgewalt wurde Christian von Mainz 1171 als kaiserlicher Legat nach Oberitalien gesandt. Ihm gelang es, Venedig vom Lombardenbund abzuziehen und die Zwistigkeiten zwischen den kaisertreuen Städten beizulegen. So konnte der Kaiser selbst im September 1174 mit einem Heer nach Italien aufbrechen. Heinrich der Löwe und andere Reichsfürsten waren an diesem *fünften Italienzug* nicht beteiligt. Der Kaiser begann den Kampf in der westlichen Lombardei, die schnell zurückerobert wurde, während im Osten Erzbischof Christian weitere Fortschritte machte. Hauptziel des Angriffes wurde die Bundesfeste Alessandria; doch zog sich die Belagerung ohne Erfolg während des ganzen Winters 1174/75 hin. Als ein lombardisches Entsatzheer herannahte, zog ihm der Kaiser entgegen, konnte aber eine offene Schlacht nicht wagen. Auch die Städte waren zu einem friedlichen Ausgleich bereit. So kam es am 16./17. IV. 1175 zum *Vorfrieden von Montebello*. Die Lombarden unterwarfen sich erneut; zur Feststellung eines endgültigen Ausgleichs sollte ein Schiedsgericht von je drei Vertretern des Kaisers und der Städte bestellt werden. Falls man sich nicht einigte, sollten die Konsuln von Cremona eine Entscheidung fällen. Friedrich war zu weitgehenden Zugeständnissen bereit; trotzdem scheiterten die Friedensverhandlungen daran, daß die Städte die Ausdehnung des Friedensschlusses auf den Papst und die Anerkennung Alessandrias als Mitglied ihres Bundes verlangten, während der Kaiser die Zerstörung der Feste forderte[3].

Im Herbst 1175 brachen die Kämpfe von neuem aus. Die Lage war für den Kaiser deshalb besonders mißlich, weil er nach dem Vorfrieden von Montebello einen Teil seines Heeres entlassen hatte. Hilfskräfte aus Deutschland, die Erzbischof Philipp von Köln anwarb, mußten erst abgewartet werden. In dieser schwierigen Situation wandte sich der Kaiser Anfang 1176 an *Heinrich den Löwen*, der sich damals in Bayern aufhielt. In den letzten Januartagen oder Anfang Februar trafen der Kaiser und der Herzog zu einer *Unterredung in Chiavenna* nördlich des Comer Sees zusammen. Dabei hat Friedrich, vermutlich sogar in der Form eines Fußfalles, seinen Vetter um Hilfe gebeten. Da er jedoch die Forderung des Herzogs ablehnte, ihm als Preis die wichtige Reichsstadt Goslar wiederum abzutreten, schlug der Herzog seine Bitte ab. Eine prinzipielle Gegnerschaft des Herzogs gegen die Italienpolitik des Kaisers darf man aus dieser *Hilfsverweigerung* nicht schließen. Auch lehnsrechtlich war der Löwe nicht verpflichtet, Heerfolge zu leisten, da ein allgemeines Aufgebot für diesen Zug nicht ergangen war. Wäre aber Heinrich nicht moralisch zur Hilfeleistung verpflichtet gewesen? Seine Macht in Deutschland beruhte weitgehend auf der Rückendeckung, die ihm der Kaiser in den letzten Jahren immer wieder gegeben hatte. Dafür hätte Friedrich jetzt in dieser kritischen Lage die Unterstützung des Welfen erwarten dürfen. So ist die Hilfsverweigerung zu Chiavenna zwar nicht der Rechtsgrund für den späteren Prozeß gegen den Herzog, wohl aber der wichtigste Anlaß für die Entfremdung zwischen beiden Herrschern geworden[4].

Die deutschen Hilfstruppen, die Philipp von Köln und andere deutsche Fürsten heranführten, waren nur gering. Trotzdem entschloß sich der Kaiser zum Angriff auf Mailand. Obwohl ihm das gegnerische Heer weit überlegen war, begann er am 29. V. 1176 bei *Legnano* (nw. Mailand) den Kampf. Das Mailänder Fußvolk errang einen Sieg über das deutsche Ritterheer. Der Kaiser selbst galt einige Tage für tot.

Wenn auch die Bedeutung dieser Niederlage militärisch nicht sehr groß war – nur ein Teil der kaiserlichen Truppen war von ihr betroffen –, so führte sie doch zu einer politischen Wende, da der Kaiser sich nun dafür entschied, den Weg der Verhandlungen zu beschreiten. Eine Friedensmöglichkeit war dadurch gegeben, daß die Konsuln von Cremona einen neuen Friedensvorschlag machten. Friedrich war auch bereit, darauf einzugehen, doch widersetzten sich jetzt die Städte einer Verständigung.

In den folgenden Monaten und Jahren erwies sich Friedrich als ein Meister des diplomatischen Spiels. Es gelang ihm, seine beiden Gegner, die Kurie und die Lombarden, zu trennen und durch ein *Sonderabkommen mit dem Papst* zu einem Erfolg zu kommen. Der *Vorvertrag von Anagni* (November 1176) sollte die Grundlage für den endgültigen Friedensschluß geben. Friedrich erkannte Alexander als rechtmäßigen Papst an, verpflichtete sich, die dem Papst zustehenden Regalien und Besitzungen zurückzugeben und auf das mathildische Gut zu verzichten. Er erklärte sich weiter zum Friedensschluß mit den

Lombarden bereit. Auch Sizilien sollte in den Friedensvertrag einbezogen werden. Dafür löste der Papst Friedrich vom Bann und erkannte ihn als Kaiser und seinen Sohn Heinrich als römischen König an. Die von Friedrich während des Schismas im deutschen Reich getroffenen kirchlichen Maßnahmen sollten Gültigkeit behalten[5].

Dieser Präliminarfrieden von Anagni war noch ganz ein Sieg der kurialen Forderungen. In weiteren Verhandlungen gelang es jedoch den Unterhändlern des Kaisers, diesen Vertragsentwurf zu seinen Gunsten zu ändern. Vor allem sahen sich die Lombarden durch dieses Sonderabkommen von ihrem päpstlichen Bundesgenossen im Stich gelassen. Die *endgültigen Friedensverhandlungen*, die im April 1177 in Ferrara begannen und in *Venedig* weitergeführt wurden, gerieten zunächst ins Stocken, da der Kaiser seine Forderungen gegenüber den Lombarden erhöhte und dabei auf die Beschlüsse von Roncaglia zurückgriff. Alexander machte jetzt, um wenigstens für die Kurie zu einem Frieden zu kommen, den Vermittlungsvorschlag, daß der Kaiser einen Waffenstillstand mit den Lombarden auf 6 Jahre, mit Sizilien auf 15 Jahre schließen sollte. Friedrich erklärte sich bereit, auf diesen Vorschlag einzugehen, wenn ihm die Einkünfte des mathildischen Gutes auf 15 Jahre zustehen würden. Schließlich vereinbarte man, die Frage der mathildischen Besitzungen im Friedensvertrag nicht zu behandeln; das bedeutete, daß das mathildische Gut auf 15 Jahre im Besitz des Kaisers blieb. So konnte endlich am 24. VII. 1177 der *Frieden in Venedig* feierlich geschlossen werden. Der Papst empfing dort den Kaiser und nahm ihn wieder in die Kirche auf. Friedrich huldigte dem Papst, indem er ihm der Sitte gemäß den Fuß küßte; dieser richtete ihn wieder auf, gab ihm den Friedenskuß und erteilte ihm den Segen. Bei einer zweiten Zusammenkunft leistete der Kaiser dem Papst den Marschalldienst. Am 1. VIII. wurde das Vertragswerk ratifiziert. Wenn auch in dieser Form des Friedensschlusses der Triumph der Kirche äußerlich zum Ausdruck kam, so war der Frieden von Venedig in vieler Hinsicht doch ein Erfolg des Kaisers. Ein großer Gewinn war die Vertagung des endgültigen Friedens mit den Lombarden. Die Zeit konnte jetzt nur noch für den Kaiser arbeiten. Vor allem waren der innere Frieden und die kirchliche Einheit Deutschlands wieder erreicht. Die Bischöfe behielten, nachdem sie den Papst anerkannt hatten, ihre Bistümer. Lediglich der von Heinrich dem Löwen in Halberstadt eingesetzte Bischof Gero mußte weichen und dem verdrängten Bischof Ulrich Platz machen. In Salzburg wurde der in Mainz abgesetzte Konrad von Wittelsbach zum Erzbischof erhoben[6].

Kaiser und Papst weilten bis zum September in Venedig, dann wurde Alexander von Christian von Mainz nach Rom zurückgeführt. Der Kaiser blieb noch ein Jahr in Oberitalien, um zu einer endgültigen Regelung mit den Städten zu kommen. Als dies nicht gelang, zog er 1178 zunächst nach Burgund, wo ihn der Erzbischof von Arles zum König krönte. Im Oktober kehrte er nach Deutschland zurück. Alexander konnte erst nach Überwindung mancher Widerstände im März 1178 seinen Einzug in Rom halten. Das große (dritte) *Laterankonzil*, das er im nächsten Jahr einberief, brachte die wiedererstandene Einheit der Kirche deutlich zum Ausdruck. Um zwiespältige, anfechtbare Papstwahlen künftig zu verhindern, wurde bestimmt, daß für eine gültige Wahl eine Zweidrittelmehrheit der Kardinäle nötig und ausreichend sei. Der Widerstände in Rom selbst wurde Alexander allerdings nicht dauernd Herr. Bald mußte er die Stadt wieder verlassen; am 30. VIII. 1181 ist er in Civita Castellana gestorben.

[1] Dazu W. Holtzmann, NA 48 (1930), auch in: ders., Zur Reichs- u. Papstgesch. des hohen MA (1957), und allgemeiner M. Preiss, Die polit. Tätigkeit und Stellung der Zisterzienser im Schisma (1934).

[2] Zu den dt.-byzantin. Verhandlungen und der mutmaßlichen Rolle Heinrichs d. L. s. W. Ohnsorge, Die Byzanzpolipolitik B.s und der »Landesverrat« Heinrichs d. L., DA 6 (1943), auch in: ders., Abendland und Byzanz (1958).

[3] W. Heinemeyer, Der Friede von Montebello, DA 11 (1954/55).

[4] Wegen der recht widerspruchsvollen Angaben der Quellen wollte F. Güterbock, Der Prozeß Heinrichs d. L. (1909), u. ders., Die Gelnhäuser Urkunde u. d. Prozeß Heinrichs d. L. (1920), eine solche persönliche Zusammenkunft zwischen Kaiser und Herzog bestreiten, hat aber später in seinem Aufsatz: Über Otto von St. Blasien, Burchard von Ursperg und eine unbekannte Welfenquelle, in: Festschr. R. Holtzmann (1933), die Möglichkeit eines solchen Zusammentreffens zugegeben. Zur Goslarforderung: K. Jordan, Goslar und das Reich, s. o. Kap. 33, Anm. 4.

[5] Vertragsentwurf von Anagni Const. 1 n. 249 f.

[6] Die Akten zum Frieden von Venedig Const. 1 n. 259–273.

Kapitel 42
Prozeß und Sturz Heinrichs des Löwen

Der Wende in der Kirchenpolitik des Reiches nach dem Frieden von Venedig mußte nach der Rückkehr des Kaisers die *Neuordnung der inneren Verhältnisse* folgen. Die Hilfsverweigerung Heinrichs des Löwen hatte gezeigt, daß Friedrichs bisherige Politik in Deutschland, die auf dem Ausgleich mit dem Welfen beruhte, nicht mehr durchführbar war. In einem kritischen Augenblick hatte sich dem Kaiser der Fürst versagt, dessen Macht er befestigt und gestützt hatte, dessen Forderungen aber jetzt das Gefüge des Reiches zu zersprengen drohten. Der Gegensatz, wie er in der Zusammenkunft von Chiavenna zwischen beiden aufgebrochen war, wurde durch die Frage der *welfischen Erbschaft* noch mehr vertieft. Da Welf VI. nach dem Tod seines Sohnes Welf keinen Erben mehr besaß, hatte er, vielleicht schon 1172/1173, spätestens 1174 seine italienischen Lehen an Friedrich I. verkauft. Später (wohl 1175 oder 1176) schloß er mit seinem Neffen Heinrich dem Löwen ein Abkommen, nach dem dieser die gesamten schwäbischen Eigengüter Welfs gegen bestimmte Zahlungen erhalten sollte. Als aber der Herzog die geforderte Summe nicht zahlte und der Kaiser dem verschwenderischen Welf das Geld zur Verfügung stellte, hob dieser (etwa 1179) das Abkommen mit Heinrich auf und vermachte sein Erbe dem Kaiser und dessen Söhnen[1].

Die *Kämpfe* zwischen *Heinrich* und seinen *sächsischen Gegnern* flammten seit 1177 erneut auf. Die Rückkehr Bischof Ulrichs von Halberstadt in seine Diözese gab den Anlaß dazu. Da Heinrich die Herausgabe der Halberstädter Kirchenlehen verweigerte, wurde er gebannt. Der Streit zog weitere Kreise; der Kölner Erzbischof Philipp von Heinsberg schloß zu Beginn des Jahres 1178 ein Bündnis mit dem Halberstädter Bischof und fiel in den westfälischen Teil des Herzogtums ein[2]. Als der Kaiser im November 1178 seinen ersten Reichstag nach seiner Rückkehr auf deutschem Boden in Speyer hielt, erschienen beide Parteien mit Klagen vor ihm. Ganz deutlich zeigte sich jetzt der Wandel in der Politik Friedrichs, der nicht mehr wie früher zwischen den Gegnern vermittelte, sondern dem *Rechtsverfahren* seinen Lauf ließ. Er nahm die Klage der Fürsten an und lud nach *Landrecht* den Herzog auf einen Tag zu Worms im Januar 1179. Als Heinrich nicht erschien, erging wohl schon hier durch den Spruch der Fürsten und schwäbischer Großen ein Feststellungsurteil, daß der Herzog im Falle weiterer Rechtsverweigerung der Acht verfallen sei. Da Heinrich auch neuen Ladungen nicht Folge leistete, wurde auf einem Reichstag in Magdeburg Ende Juni 1179 die *Acht* über ihn ausgesprochen. Der Herzog versuchte den Kaiser noch einmal für sich zu gewinnen; doch blieb eine persönliche Unterredung in der Nähe von Haldensleben ergebnislos, da sich Heinrich weigerte, die vom Kaiser geforderte Buße von 5000 Mark zu zahlen. Die Kämpfe in Westfalen und Ostsachsen begannen von neuem; Heinrich veranlaßte die Wenden zu einem Einfall in die Lausitz. Gleichzeitig erhob der Kaiser in einem zweiten *lehnsrechtlichen Verfahren* gegen den Herzog Klage wegen Nichtachtung der kaiserlichen Majestät, die er durch das Versäumnis der Ladungen im landrechtlichen Verfahren begangen hatte. Da der Herzog auch in diesem zweiten Verfahren einer dreimaligen Ladung nicht folgte, wurden ihm in Würzburg im Januar 1180 durch einen Spruch der Fürsten seine *Reichslehen aberkannt.* Ein Jahr nach der Achterklärung, im Juni 1180, verfiel er der Oberacht, damit der vollen Ehr- und Rechtlosigkeit[3].

Bereits vorher, auf einem *Reichstag zu Gelnhausen* im April 1180, begann man über seine Reichslehen neu zu verfügen. Das Herzogtum Sachsen wurde geteilt: Das Gebiet der Kölner und Paderborner Diözese wurde als neues Herzogtum *Westfalen* dem Kölner Erzbischof Philipp übertragen; zum Herzog des übrigen Sachsen wurde Graf Bernhard von Anhalt erhoben, der jüngste Sohn Albrechts des Bären. Pfalzgraf Otto von Wittelsbach wurde im September 1180 zu Altenburg mit *Bayern* belehnt; die *Steiermark* wurde als selbständiges Herzogtum vom bayerischen Kernland abgetrennt und dem bisherigen Markgrafen Ottokar verliehen. Die Grafen von Andechs, bisher Markgrafen von Istrien, führten fortan den Titel eines Herzogs von Kroatien, Dalmatien und Meranien.

Mit der Erklärung der Oberacht begann im Sommer 1180 der allgemeine *Reichskrieg gegen den Löwen.* Bei einer Heerfahrt des Kaisers nach Sachsen im Herbst 1180 kam es überall im Land zu einer Abfallsbewegung. Heinrich konnte sich nur noch im rechtselbischen Gebiet und im nördlichen Sachsen halten, doch ging ihm auch dieses Gebiet bald verloren. Im August 1181 ergab sich *Lübeck*, das zur *Reichsstadt* erhoben wurde. Im Lager vor Lübeck erschienen neben Waldemar I. von Dänemark auch der Obodritenfürst Niklot von Werle und der Pommernfürst Bogislaw, um ihre Länder von Friedrich zu

Lehen zu nehmen[4]. Eine Tochter König Waldemars wurde mit dem jüngeren Kaisersohn Friedrich von Schwaben verlobt. Heinrich der Löwe mußte jetzt seinen Widerstand aufgeben und sich auf einem Reichstag zu Erfurt im November 1181 unterwerfen. Er verzichtete auf seine Reichslehen, erhielt aber von seinem Allodialbesitz Braunschweig und Lüneburg zurück. Außerdem mußte er sich verpflichten, zunächst in die Verbannung zu gehen. Im Sommer 1182 begab er sich zu seinem Schwiegervater Heinrich II. von England; während des Mainzer Hoftages 1184 konnte er vorübergehend, 1185 dauernd nach Deutschland zurückkehren[5].

Der *Sturz Heinrichs des Löwen* hatte für die Geschichte des Reiches tiefgehende Folgen. So notwendig die Beseitigung der überherzoglichen Gewalt des Welfen für das staufische Königtum und den Aufbau des Reiches war, so mußte auf der anderen Seite der Zerfall einer starken Staatsgewalt, die Heinrich im Nordosten des Reiches aufgebaut hatte, für den Fortgang der deutschen Siedlung im nordelbingischen Raum zunächst schädlich sein. Der neue Herzog Bernhard besaß nicht die Macht, um sich hier durchsetzen zu können. So verschob sich das Schwergewicht im Ostseeraum sehr bald zugunsten Dänemarks. Knut IV., der 1182 seinem Vater Waldemar auf den dänischen Königsthron folgte, versagte dem Kaiser trotz mehrfacher Aufforderung die Lehnshuld. Er nahm auch die Politik seines Vaters in Vorpommern wieder auf und konnte 1184 Bogislaw von Pommern zur Anerkennung seiner Lehnshoheit zwingen. Wichtiger noch waren die *Auswirkungen für den inneren Aufbau* des Reiches. Der Sturz des Welfen kam weniger der Reichsgewalt als den Fürsten zugute. Nur mit ihrer Hilfe hatte der Kaiser den Herzog niederwerfen können. Ihnen mußte er deshalb wichtige Zugeständnisse machen. Die Zerschlagung der letzten beiden Stammesherzogtümer Sachsen und Bayern war ein entscheidender Schritt auf dem Wege der *Territorialisierung des Reiches*[6]. Damit steht die *Wandlung des Reichsfürstenstandes* in engstem Zusammenhang. Aus der größeren, nicht scharf abzugrenzenden Gruppe der Reichsfürsten in älterer Zeit bildet sich jetzt ein »jüngerer Reichsfürstenstand« heraus, zu dem nur noch diejenigen zählen, die ihre Lehen direkt vom König erhalten. Hatte das Lehnsrecht beim Prozeß selbst die endgültige Niederwerfung des Herzogs ermöglicht, so tritt es jetzt immer stärker als das für den Aufbau des Reiches bestimmende Recht hervor. Dem Verlangen der Fürsten entsprechend mußte Friedrich die heimgefallenen Reichslehen wieder ausgeben. Ein Leihezwang im rechtlichen Sinn hat aber wohl nicht bestanden. Nicht das Königtum, sondern die Fürsten sind als Sieger aus dem Kampf gegen den Löwen hervorgegangen[7].

[1] Zum Zeitpunkt der Abmachungen Welfs VI. mit Heinrich d. L. und Friedrich I. vgl. E. König in: Historia Welforum. Schwäb. Chron. d. Stauferzeit 1 (1938), S. 135, Anm. 230; Feldmann, Herzog Welf VI. (s. o. Kap. 29, Anm. 2.), S. 76 ff.

[2] W. Biereye, Die Kämpfe gegen Heinrich d. L. in d. J. 1177–1181, in: Forsch. u. Versuche zur Gesch. des MA u. d. Neuzeit (Festschr. f. D. Schäfer, 1915), S. 149 ff.; H. Grundmann, DA 5 (1942), S. 419 ff.

[3] Der Prozeß Heinrichs d. L. ist bis in die jüngste Zeit Gegenstand einer ausgedehnten Kontroverse geblieben: F. Güterbock, Der Prozeß Heinrichs d. L. (1909); ders., Die Gelnhäuser Urkunde und der Prozeß Heinrichs d. L. (1920); J. Haller, Der Sturz Heinrichs d. L., AUF 3 (1911); H. Mitteis, Polit. Prozesse des früheren MA, SB Heidelberg (1926/27, 3, S. 48 ff.; F. Güterbock, Nochmals Gelnhäuser Urkunde, NA 49 (1932); K. H. Ganahl, Neues zum Text der Gelnhäuser Urkunde, MÖIG 53 (1939); E. E. Stengel, Zum Prozeß Heinrichs d. L., DA 5 (1942), auch in: Abh. u. Untersuchungen zur mal. Gesch. (1960); J. Bauermann, Grammatisches zum Prozeßbericht der Gelnhäuser Urkunde, in: Sachsen und Anh. 17 (1941/1943); C. Erdmann, Der Prozeß Heinrichs d. L., in: Kaisertum u. Herzogsgewalt im Zeitalter Friedrichs I. (Schriften der MGH 9, 1944), dazu aber H. Mitteis, Zur stauf. Verfassungsgesch., ZRG GA 65 (1947), S. 325 ff., auch in: Die Rechtsidee in der Gesch. (1957), S. 490 ff.; K. Schambach, Der genaue Tag des Achtspruches u. Oberachtspruches im Prozeß Heinrichs d. L., ZRG GA 69 (1952). Die Kontroverse ging vor allem von dem Text und der Interpretation der wichtigsten Quelle über den Prozeßverlauf aus, der Gelnhäuser Urkunde (bester Druck bei Güterbock, Die Gelnh. Urk., S. 23 ff.). Die von Haller an der entscheidenden, im (1945 verbrannten) Original schadhaften Stelle »quia citatione vocatus« vorgeschlagene Emendation »trina citatione« ist nicht haltbar, ebensowenig aber die von Ganahl für möglich gehaltene Lesung »sollicitatione«; zweifellos ist mit Güterbock »quia citatione« zu lesen, vgl. dazu abschließend Stengel (s. o.). Die beiden Verfahren, das landrechtliche und das lehnsrechtliche, sind aufeinander gefolgt; Schwierigkeiten macht nur bei den widersprechenden Angaben der erzählenden Quellen die Festlegung der einzelnen Termine. Daß im Juni 1179 in Magdeburg (nach Schambach nicht am 24., sondern erst am 29.) die Acht ausgesprochen wurde, ergibt sich aus dem Zeitpunkt der Oberacht. Die Annahme Erdmanns, daß das landrechtliche Verfahren in Magdeburg zunächst steckengeblieben und die Acht erst zusammen mit dem lehnsrechtlichen Urteil im Januar 1180 verhängt sei, läßt sich nicht halten. Richtig ist lediglich Erdmanns Annahme, daß bereits in Worms im Januar 1179 ein Feststellungsurteil der Fürsten über eine spätere Verhängung der Acht ergangen ist. Auch die Meinung Erdmanns, daß im Anschluß an das erste, angeblich nicht zu Ende geführte landrechtliche Verfahren ein zweiter landrechtlicher Prozeß gegen den Herzog angestrebt worden sei, in dem Mgf. Dietrich von Landsberg gegen ihn eine Hochverratsklage erhoben habe, trifft nicht zu. Unter dem Begriff »evidens reatus maiestatis« der Gelnhäuser Urkunde ist zweifellos mit Mitteis und Güterbock die Kontumaz (das Nichterscheinen) im landrechtlichen Verfahren, nicht aber ein angeblicher Hoch- oder Landesverrat des Herzogs zu verstehen. Vgl. dazu abschließend Mitteis, ZRG GA 65 (s. o.)

[4] F. Curschmann, Die Belehnung Hg. Bogislavs I. von Pommern im Lager vor Lübeck, 1181, Pomm. Jb. 31 (1937).

[5] A. L. Poole, Die Welfen in der Verbannung, DA 2 (1938).

[6] Über die Beurteilung des Sturzes Heinrichs d. L. vgl. K. Hampe, Heinrichs d. L. Sturz in politisch-historischer Beurteilung, HZ 109 (1912), und vor allem Th. Mayer, Friedrich I. und Heinrich d. L., in: Kaisertum u. Herzogsgewalt, S. 434 ff. (Sonderausgabe 1957, S. 104 ff.), der hauptsächlich die verfassungsrechtlichen Folgen unterstreicht. Zur Ausbildung des sog. jüngeren Reichsfürstenstandes im Zusammenhang mit dem Prozeß Heinrichs d. L. s. Bd. 7, Kap. 28; dazu G. Tellenbach, Vom karoling. Reichsadel zum dt. Reichsfürstenstand, in: Adel und Bauern im dt. Staat des MA (1943), jetzt auch in: Herrschaft und Staat im MA, hg. v. H. Kämpf (1956); und E. E. Stengel, Land- u. lehnrechtliche Grundlagen des Reichsfürstenstandes, ZRG GA 66 (1948), auch in: Abhh. u. Untersuchungen zur mal. Gesch. (1960).

[7] Gegen die vor allem von H. Mitteis, Polit. Prozesse, S. 116 ff., und ders., Lehnrecht und Staatsgewalt (1933, Ndr. 1958), S. 690 ff., vertretene Ansicht, daß 1180 ein Leihezwang reichsrechtlich festgelegt sei, wendet sich W. Goez, Der Leihezwang (1962), S. 226 ff.

Kapitel 43
Der Konstanzer Frieden und der sechste Italienzug

Nach dem Sturz Heinrichs des Löwen stand der Kaiser auf dem Höhepunkt seiner Macht. Deutlicher Ausdruck für das Ansehen, das das staufische Kaisertum damals über die Grenzen Deutschlands hinaus genoß, war das Hoffest, das Friedrich zu Pfingsten 1184 in Mainz anläßlich der Schwertleite seiner beiden Söhne Friedrich und Heinrich abhielt. Die ritterlich-höfische Kultur der Stauferzeit entfaltete bei diesem Mainzer Fest, an dem nach zeitgenössischer Schätzung 40000 oder sogar 70000 Menschen teilgenommen haben sollen, ihre volle Blüte. Dieser starke Rückhalt des Kaisers in Deutschland erlaubte auch eine endgültige *Klärung der Verhältnisse in Italien.* Als sich der im Frieden zu Venedig vereinbarte sechsjährige Waffenstillstand mit den lombardischen Städten seinem Ende näherte, wurden neue Verhandlungen aufgenommen, die zunächst auf große Schwierigkeiten stießen. Besonders strittig war die Anerkennung der Stadt Alessandria. Hier fand man durch einen Sonderabkommen im März 1183 einen Ausweg. Die Stadt unterwarf sich und wurde unter dem Namen Cäsarea formell neu gegründet, die Bürger leisteten dem Kaiser und seinem Sohn den Treueid. Nachdem die weiteren Friedensbedingungen am 30. IV. 1183 in Piacenza beschworen waren, wurde der Friede am 25. VI. in Konstanz ratifiziert. Der Kaiser verzichtete in diesem *Konstanzer Frieden* auf die Durchführung der ronkalischen Beschlüsse. Die Regalien wurden den Städten teils überlassen, teils gegen eine jährliche Zahlung von 2000 Mark abgelöst. Außerdem mußten die Städte eine einmalige Abfindung von 15000 Mark zahlen. Der Lombardenbund wurde anerkannt und von seinen Mitgliedern auf 30 Jahre beschworen. Die Oberhoheit des Reiches gegenüber den Städten wurde dadurch gewahrt, daß sie ihre Konsuln zwar selbst wählen durften, diese aber vom Kaiser alle fünf Jahre neu investiert werden mußten. Der Kaiser blieb der Form nach der oberste Gerichtsherr; in allen größeren Rechtsfragen durfte an ihn appelliert werden. Wichtiger aber als diese Rechtsfragen waren die politischen Zugeständnisse der Städte: Alle Angehörigen des Bundes mußten dem Kaiser den Treueid leisten und sich verpflichten, ihn bei der Sicherung und Wiedergewinnung der Rechte und Besitzungen des Reiches außerhalb des Bundes in der Lombardei zu unterstützen und ihm bei Durchzug kaiserlicher Truppen eine Heersteuer (fodrum) zu zahlen. So stellt der Konstanzer Vertrag trotz aller kaiserlicher Zugeständnisse als Ganzes doch einen Erfolg Friedrichs dar. Die Grundlage für die Aufrichtung der Reichsgewalt in Italien war, soweit dies mit den Interessen der Städte zu vereinbaren war, erhalten geblieben[1].

Die Möglichkeit einer *neuen Territorialpolitik* blieb dem Kaiser überall *in Italien* offen. Nach dem Verzicht Welfs VI. auf seine italienischen Reichslehen konnten diese Gebiete in der Folgezeit durch Reichsministeriale in die unmittelbare Verwaltung des Reiches genommen werden. In seiner Gesamtheit unterstand das italienische Reichsgut einem Legaten. Ursprünglich lag dieses Amt in der Hand des Erzbischofs Christian von Mainz, später haben es staufische Reichsministeriale innegehabt[2]. Unerledigt blieb noch die Frage der *mathildischen Besitzungen*, die im Vertrag von Venedig auf 15 Jahre dem Kaiser überlassen waren, formal aber als das Eigentum der Kurie galten. Friedrich war nicht gewillt, diese wichtige Stütze in Italien aus seiner Hand zu geben. Er machte deshalb dem Nachfolger Alexanders III., dem hochbetagten *Lucius III.* (1181–1185), den Vorschlag, daß das Reich diese Besitzungen behalten, dafür aber dem Papst und den Kardinälen je ein Zehntel der gesamten jetzigen und künftigen Einnahmen des Reiches in Italien überlassen sollte. Dieser Plan hätte die Kurie finanziell vom Kaisertum abhängig gemacht, also eine Minderung der Selbständigkeit des Papsttums bedeutet. Lucius lehnte ihn deshalb ab. Die Spannungen wurden dadurch noch erhöht, daß es gleichzeitig im Erzstift Trier zu einer Doppelwahl gekommen war und der unterlegene Kandidat Folmar an die Kurie appellierte, obwohl Friedrich I. dem von der Mehrheit gewählten Erzbischof Rudolf die Investitur erteilt hatte. Schließlich erhob der Kaiser beim Papst die Forderung, seinen Sohn Heinrich schon jetzt zum Mitkaiser zu krönen (wie einst Otto II.), ein Verlangen, das gerade bei den Kardinälen auf Widerstand stieß[3].

Zur Regelung aller dieser Fragen trat Friedrich I. im September 1184 seinen sechsten und *letzten Italienzug* an und traf im Oktober mit Lucius III. in Verona zusammen. Obgleich der Kaiser einen Kreuzzug in Aussicht stellte und den Kampf der Kirche gegen die Ketzer durch Androhung der Acht unterstützte, kam man zu keinem Ergebnis. Das Scheitern der Verhandlungen war auch dadurch bedingt, daß Friedrich eine grundsätzliche *Wende in seiner Italienpolitik* vollzog. Am 29. X. 1184 verlobte sich der neunzehnjährige König Heinrich VI. in Augsburg mit der damals 30jährigen Konstanze von Sizilien, einer Tochter Rogers II. Die Verhandlungen, die zu diesem Verlöbnis führten, sind im einzelnen nicht bekannt[4]. Bei Friedrich war zweifellos der Wunsch maßgebend, durch einen Frieden mit dem Normannenreich die Voraussetzung für eine erfolgreiche Politik in Ober- und Mittelitalien zu schaffen. Konstanzes Neffe, König Wilhelm II. (1166–1189), der die aggressive Politik der Normannen gegenüber dem Ostreich nach dem Tod Kaiser Manuels (1180) wieder aufnehmen wollte, brauchte eine Rückendeckung im Westen. Daß aus diesem *staufisch-sizilischen Ehebündnis* sich eine Vereinigung beider Reiche ergeben würde, ließ sich damals noch nicht voraussehen. Wilhelm II. war seit mehreren Jahren mit Johanna, einer Tochter Heinrichs II. von England, vermählt, und niemand konnte ahnen, daß diese Ehe kinderlos bleiben und der junge König bald sterben würde.

Beim Bekanntwerden dieser Verlobung gewann im Kardinalkollegium die Opposition gegen eine Verständigung mit Friedrich I. die Oberhand. Die Verhandlungen in Verona wurden im November 1184 ergebnislos abgebrochen. Friedrich begann jetzt auch in Oberitalien neue Wege zu gehen und schloß zu Beginn des nächsten Jahres ein *Bündnis mit Mailand*. So wollte er die alte Gegnerin des Kaisers für seine Sache gewinnen. In Mailand wurde im Januar 1186 die Hochzeit Heinrichs VI. mit Konstanze gefeiert. Heinrich wurde dabei vom Patriarchen von Aquileja zum König von Italien gekrönt und vielleicht durch die Ernennung zum Cäsar zu imperialem Rang erhoben[5].

Die latente Spannung zwischen Kurie und Kaiserhof wurde noch dadurch verschärft, daß nach dem Tod Lucius' III. (25. XI. 1185) ein heftiger Gegner Friedrichs I., der bisherige Erzbischof von Mailand, als *Urban III.* den päpstlichen Stuhl bestieg. Zwar wurden die in Verona abgebrochenen Verhandlungen wieder aufgenommen, doch gab der Papst neuen Anlaß zu Streitigkeiten, indem er dem Kaiser das bisher gewohnheitsmäßig ausgeübte Spolien- und Regalienrecht streitig machte, in der Hoffnung, dadurch Anhänger im deutschen Episkopat zu gewinnen. Auch entschied er den Trierer Streit zugunsten Folmars und erteilte diesem die Weihe, obwohl er nicht die Regalien vom Kaiser erhalten hatte. Friedrich befahl darauf seinem Sohn Heinrich den Einmarsch in den Kirchenstaat, der bald ganz besetzt wurde. Urban seinerseits trat mit Erzbischof Philipp von Köln, der in den letzten Jahren eine sehr eigenmächtige Politik getrieben hatte, in Verbindung und rief dadurch eine Opposition in Deutschland hervor, der sich auch einige weltliche Fürsten anschlossen, vielleicht auch Heinrich der Löwe. Angesichts dieser bedrohlichen Lage mußte der Kaiser im Sommer 1186 nach Deutschland zurückkehren.

[1] Die Akten über die Verhandlungen und den Friedensschluß Const. 1 n. 284 bis 295, dazu W. LENEL, Der Konstanzer Friede von 1183 und die ital. Politik Friedrichs I., HZ 128 (1923).

[2] H. KAUFFMANN, Die ital. Politik Friedrichs I. nach dem Frieden von Constanz 1183–1189 (1933).

[3] Über diese Auseinandersetzungen Friedrichs mit der römischen Kurie s. DW[9] 6611 f., bes. P. SCHEFFER-BOICHORST, K. Friedrichs I. letzter Streit mit der Kurie (1866) und K. WENCK, Die röm. Päpste zwischen Alexander III. und Innocenz III., in: Papsttum u. Kaisertum (Festschr. f. P. F. Kehr 1926), S. 415 ff.; F. J. HEYEN, Über die Trierer Doppelwahlen von 1183 und 1242, Arch. f. mittelrhein. KiG. 2 (1969).

[4] Die von J. HALLER, K. Heinrich VI. u. die röm. Kirche, MIÖG 35 (1914), S. 414 ff. (Ndr. 1962), und zuletzt Papsttum [2]3, S. 255 ff., vertretene Anschauung, daß Lucius III. dieses Verlöbnis selbst vermittelt habe, bleibt hypothetisch, dagegen H. KAUFFMANN, s. o. Anm. 2, S. 36; vgl. auch G. FASOLI, Rex ille magnificus, Siculorum Gymnasium, Rassegna ... della facoltà di lettere ... dell'Università di Catania, NS 8 (1955).

[5] W. OHNSORGE, Das Mitkaisertum in der abendl. Gesch. des früheren MA, ZRG GA 67 (1950), auch in: ders., Abendland und Byzanz (1958).

Kapitel 44
Letzte Kämpfe in Deutschland. Kreuzzug und Tod Friedrichs I.

Die *Opposition*, die sich während der Abwesenheit des Kaisers in Deutschland gebildet hatte, war deshalb besonders bedrohlich, weil Erzbischof Philipp von Köln auch mit Frankreich Beziehungen anzuknüpfen versuchte. Auch König Knut IV. von Dänemark, dessen Schwester von Friedrich I. wegen Nichtleistung der versprochenen Mitgift bei ihrer Heirat mit Friedrich von Schwaben nach Dänemark zurückgeschickt worden war, nahm eine feindselige Haltung an. So war es für den Kaiser ein wichtiger Erfolg, daß er schon auf dem Reichstag zu Gelnhausen im November 1186 Philipp von Köln isolieren konnte. Die Mehrheit des deutschen Episkopats stellte sich hinter ihn. Ebenso nutzte der Kaiser den Gegensatz zwischen England und Frankreich aus, um im Mai 1187 ein *Bündnis mit Philipp II.* (Augustus) zu schließen[1], der seit 1180 in Frankreich regierte und sich aus der Umklammerung durch das anglonormannische Reich befreien wollte. Philipp von Köln war damit auch seiner außenpolitischen Stütze beraubt und mußte sich schließlich im März 1188 unterwerfen. Schon vorher war am 19. X. 1187 Urban III., der durch die Diplomatie Friedrichs I. immer mehr in die Enge getrieben war, gestorben. Nach einem kurzen Pontifikat des versöhnlichen Gregor VIII. wählten die Kardinäle in *Clemens III.* (1187–1191) eine Persönlichkeit zum Papst, deren Bemühungen ganz auf den Ausgleich mit dem Reich gerichtet waren. Die Trierer Streitfrage wurde dadurch gelöst, daß an Stelle der beiden zunächst gewählten Erzbischöfe der königliche Kanzler Johannes erhoben wurde. Der Kernpunkt der Verhandlungen mit der Kurie blieb die Frage des Kirchenstaats, den Heinrich VI. immer noch besetzt hielt. Durch den *Straßburger Vertrag* vom April 1189 wurde er dem Papst zurückgegeben, jedoch unter dem Vorbehalt der Reichsrechte und gegen das Versprechen, Heinrich VI. zum Kaiser zu krönen. Die grundsätzlichen territorialen Streitfragen wegen des mathildischen Gutes wurden vertagt. Der Papst verzichtete auf die Durchführung des Friedens von Venedig, der Kaiser auf eine ausdrückliche Anerkennung seines Besitzstandes; er behielt aber die Besitzungen damit tatsächlich in der Hand[2].

Die Ausgleichsverhandlungen dieser Jahre hatten stark unter dem Eindruck der jüngsten *Ereignisse in Palästina* gestanden. Unter Führung des Sultans Saladin hatten die türkischen Seldschuken ihre Angriffe auf die Kreuzfahrerstaaten erneuert, im Juli 1187 ein christliches Ritterheer bei Hattin am See Genezareth geschlagen und noch im Oktober des gleichen Jahres *Jerusalem* und die übrigen heiligen Stätten der Christenheit erobert. Die Nachricht von diesen Ereignissen ließ im Abendland die Kreuzstimmung erneut aufflammen. Der Kaiser selbst stellte sich an die Spitze. Auf einem Mainzer Reichstag im März 1188, der geradezu als ›*Hoftag Jesu Christi*‹ bezeichnet wurde, nahmen Friedrich I., sein ältester gleichnamiger Sohn (Herzog von Schwaben) und zahlreiche Große das Kreuz. Der Beginn der *Kreuzfahrt* wurde auf das Frühjahr 1189 gelegt. Wenn Friedrich sich zu diesem Schritt nach reiflicher Überlegung entschloß, so tat er es nicht nur aus religiösem Eifer, sondern in dem Bewußtsein, daß dem Kaiser als dem Haupt der Christenheit die Pflicht obliege, das Schwert gegen die Ungläubigen zu führen. Die Befreiung des Heiligen Grabes sollte sein Lebenswerk krönen.

Voraussetzung für den Kreuzzug war jedoch die endgültige *Befriedung Deutschlands*. Auf einem Hoftag zu Goslar im August machte der Kaiser Heinrich dem Löwen den Vorschlag, entweder auf eigene Kosten am Kreuzzug teilzunehmen oder auf einen Teil seiner Besitzungen endgültig zu verzichten, wenn ihm die übrigen zurückerstattet würden, oder aber erneut auf drei Jahre in die Verbannung zu gehen. Heinrich entschied sich für das letzte und begab sich im April 1189 wiederum nach England. In Deutschland wurde während der Abwesenheit des Kaisers Heinrich VI. als Regent eingesetzt. Sein jüngerer Bruder Konrad, ein Jahr vorher mit Berengaria, der Tochter König Alfons' VIII. von Kastilien vermählt[3], erhielt die jetzt rothenburgischen Besitzungen der Staufer, der vierte Kaisersohn Otto Burgund; der jüngste Sohn Philipp war zum Geistlichen bestimmt, damals bereits Dompropst in Aachen. Auch Heinrich II. von England und Philipp II. von Frankreich nahmen 1188 das Kreuz; doch verzögerte der Wiederausbruch des englisch-französischen Krieges, der erst im Sommer 1189 kurz vor dem Tod Heinrichs II. beigelegt wurde, das englisch-französische Kreuzzugsunternehmen. Erst 1190 begannen König Richard Löwenherz, der Sohn und Nachfolger Heinrichs II., und König Philipp die Kreuzfahrt.

Barbarossa hatte den Kreuzzug politisch und militärisch gut vorbereitet. Im Mai 1189 brach das Heer von Regensburg auf und kam durch Ungarn ziehend ins byzantinische Reich, wo es unter mannigfachen Schwierigkeiten mit dem neuen Kaiser Isaak II. Angelos überwinterte. Im nächsten Frühjahr konnte es nach Kleinasien übersetzen und den Zug durch das Innere des Landes antreten. Der Vormarsch ging unter schweren Verlusten nur langsam weiter. Bei Ikonium wurde im Mai ein türkisches Heer geschlagen. Schon war das kilikische Vorgebirge überschritten und Armenien erreicht, als der *Kaiser* am 10. VI. 1190 im Flusse Saleph den *Tod* fand. Während ein Teil der Ritter umkehrte, zog das übrige Heer unter Führung Herzog Friedrichs von Schwaben weiter. Doch wurde der junge Herzog wenige Monate später vor den Toren Akkons von einer Seuche hingerafft. Dadurch verlor der Kreuzzug seinen Charakter als ein vornehmlich deutsches Unternehmen. Französische und englische Ritter, die unter Philipp II. und dem neuen englischen König Richard Löwenherz auf dem Seeweg zum Kreuzfahrerheer stießen, gewannen bei der *Belagerung von Akkon*, das erst im Juli 1191 fiel, das Übergewicht. Das letzte Ziel, Jerusalem, wurde nicht erreicht. In einem dreijährigen Waffenstillstand zwischen König Richard und Saladin wurde den Kreuzfahrern nur ein schmaler Küstenstreifen überlassen und den Pilgern freier Zugang nach Jerusalem gewährt[4].

Die Bildbüste, die Barbarossa zusammen mit einer Silberschale – vermutlich 1156 – seinem Taufpaten Otto von Cappenberg schenkte und die Porträtähnlichkeit erkennen läßt, und mehrere zeitgenössische Schilderungen geben uns eine gute Vorstellung von der äußeren Erscheinung und dem Wesen des Kaisers[5]. Wegen seines rotblonden Haares gab man ihm in Italien den Beinamen Barbarossa. In seiner Gestalt und seiner Persönlichkeit verkörpert er das ritterliche Ideal der Zeit. Sein Tod auf der Kreuzfahrt verklärte ihn für die Nachwelt. Kein Wunder, daß er späteren Geschlechtern ein Symbol hoffender Sehnsucht wurde. Die deutsche Kaisersage, die Erwartung künftiger Wiederkehr, die ursprünglich an die Gestalt seines Enkels Friedrichs II. anknüpfte, wurde seit Beginn des 16. Jh. auf Friedrich I. bezogen.

Auch in der neueren Geschichtsschreibung galt das Zeitalter Barbarossas lange als der Höhepunkt der deutschen Kaiserzeit. Demgegenüber hat man in jüngster Zeit seine Regierung als »anachronistisch« und »rückständig« bezeichnet, da er sich den neuen geistigen Kräften seiner Zeit entgegengestellt und dadurch die Tragödie des heiligen Reiches heraufbeschworen habe[6]. Dieses Urteil wird seiner Leistung nicht gerecht. So stark Friedrich I. auch in der traditionellen Ideenwelt des deutschen Königtums wurzelte, so war er doch kein Reaktionär, dem es nur um die Wiederherstellung einer überholten politischen Ordnung zu tun gewesen wäre. Die Wege, die er bei der Verwirklichung des Programms einer »reformatio Imperii« einschlug, wiesen sowohl in Deutschland wie in Italien in vieler Hinsicht in die Zukunft. Nur lag es nicht in seinem Willen oder in seiner Macht, die rechtlichen oder sozialen Verhältnisse seiner Zeit grundlegend umzugestalten.

[1] A. Cartellieri, Das dt.-franz. Bündnis von 1187 und seine Wandlungen, HV 27 (1932).

[2] Die Aktenstücke dieses Vertrags Const. 1 n. 322 ff. Über die kuriale Politik seit 1187 P. Zerbi, Papato, Impero e »Res publica Christiana« 1187–1198 (1955).

[3] Dazu P. Rassow, Der Prinzgemahl, ein Pactum matrimoniale aus dem Jahre 1188 (1950).

[4] Lit. zum dritten Kreuzzug bei H. E. Mayer, Bibliographie (s. zu Kap. 15), n. 2066 ff. Letzte zusammenfassende Darstellungen: ders., Gesch. der Kreuzzüge ([2]1968), S. 129 ff.; A History of the Crusades, hg. v. K. M. Setton, Bd. 2: The later Crusades 1189–1311 ([2]1969).

[5] H. Grundmann, Der Cappenberger Barbarossakopf, s. o. Kap. 33, Anm. 1; dazu H. Fillitz, Der Cappenberger Barbarossa, Münchener Jb. f. bildende Kunst, 3. Folge 14 (1963).

[6] So F. Heer, Die Tragödie des hl. Reiches (1952), dazu vor allem Th. Mayer, Größe und Untergang des hl. Reiches, HZ 178 (1954), auch W. v. d. Steinen, Schweiz. Zs. f. Gesch. 4 (1954). Eine ausgewogenere Beurteilung bei G. Barraclough, Friedrich Barb. und das 12. Jh., s. o. Kap. 33, Anm. 1.

Kapitel 45
Die Anfänge Heinrichs VI.

Heinrich VI. war 23 Jahre alt, als er im Sommer 1189 die Regentschaft für seinen Vater übernahm. Schon äußerlich unterschied er sich durch seine kleine, zarte Gestalt von ihm und den früheren Staufern. Aber auch in seinem Wesen hob er sich in vieler Hinsicht von Friedrich I. merklich ab. Seine geistig hochbegabte, vielseitige Persönlichkeit hat etwas Zwiespältiges. Vielleicht ein Dichter tief empfundener Minnelieder, war er auf dem Feld der Politik und Diplomatie eine harte, gelegentlich sogar grausame Natur, die auch vor Treulosigkeit nicht zurückschreckte[1].

Bereits die ersten Monate seiner Regierung stellten ihn vor eine schwierige Aufgabe. Im Oktober 1189 kehrte *Heinrich der Löwe* unter dem Bruch seiner Versprechungen *nach Sachsen zurück*, um hier seine alte Machtstellung wieder aufzurichten. Er fand dabei nicht nur in den welfischen Gebieten um Braunschweig und Lüneburg, sondern auch bei Erzbischof Hartwig II. von Bremen und in Nordelbingen Unterstützung. Da Graf Adolf III. von Holstein, ein Anhänger des Kaisers, das Land verlassen hatte, um am Kreuzzug teilzunehmen, konnte Heinrich die Mehrzahl der festen Plätze des Landes rasch in seine Hand bringen. Auch Lübeck mußte kapitulieren, nur Segeberg konnte sich halten. Links der Elbe fiel Bardowick in die Hände des Welfen und wurde zerstört. Heinrich VI. sagte dem Herzog als Reichsfeind auf einem Reichstag zu Merseburg im Oktober die Heerfahrt an; doch verhinderte der Winter einen Erfolg. Erst im Frühjahr 1190 wurden die Kämpfe der Gegner des Welfen vor Lübeck und Segeberg vom Glück begünstigt.

Mitten in diesen Wirren schuf der *Tod Wilhelms II. von Sizilien* (18. XI. 1189) eine neue, unerwartete Situation. Da er keine Kinder hinterließ, hatte seine Tante Konstanze mit ihrem Gemahl Heinrich VI. den rechtmäßigen Erbanspruch auf das Königreich. Auf dem Festland erklärten sich die apulischen Großen auf einem Reichstag zu Troja für den neuen Herrscher; dagegen erhob sich in Sizilien eine Nationalpartei, die den Grafen *Tankred von Lecce*, einen Halbbruder des verstorbenen Königs von umstrittener Ebenbürtigkeit, zum König erkor. Der Kurie mußte dieses »nationale« Königtum sehr erwünscht sein, bot es doch die Möglichkeit, die für das Papsttum gefahrvolle Verbindung des sizilischen Reiches mit dem deutsch-römischen König- und Kaisertum zu verhindern. Papst Clemens III. entband deshalb alle sizilischen Großen vom Treueid; mit seiner Zustimmung krönte der Erzbischof von Palermo im Januar 1190 Tankred zum König[2].

Heinrich VI. war nicht gewillt, auf die Erbansprüche seiner Gemahlin zu verzichten. Der *Kampf um Sizilien* war damit unvermeidlich. Der König entschloß sich deshalb zu einem vorläufigen *Ausgleich mit dem Welfen*. Da auch Heinrich der Löwe nach den Rückschlägen seines Anhangs zu einer Versöhnung bereit war, kam durch Vermittlung der Erzbischöfe von Mainz und Köln im Juli 1190 der Frieden zu Fulda zustande. Heinrich der Löwe erhielt die Hälfte der Reichseinkünfte in Lübeck als königliches Geschenk, während die andere Hälfte dem Grafen Adolf III. von Holstein verblieb. Dafür mußten aber die Befestigungen der Städte Braunschweig und Lüneburg niedergelegt werden; ferner mußte der Herzog dem König seine Söhne Heinrich und Lothar als Geiseln stellen; Lothar starb bald, der junge Heinrich hat den König auch auf dem Italienzug begleitet.

Die Nachricht vom Tod Friedrichs I. machte den sofortigen *Aufbruch nach Italien* unmöglich. Erst im Januar 1191 traf Heinrich VI. mit seinem Heer in der Lombardei ein. Inzwischen hatte Tankred seine Stellung im Königreich Sizilien weiter festigen können. Angriffe der kaiserlichen Legaten auf Süditalien im Sommer 1190 waren erfolglos gewesen. Im September 1189 landeten der englische König Richard Löwenherz und Philipp II. von Frankreich auf der Fahrt nach dem Orient mit ihren Kreuzfahrern in Sizilien und überwinterten in Messina. Richard Löwenherz, Schwager des verstorbenen sizilischen Königs, schien anfangs die Gelegenheit dazu wahrnehmen zu wollen, sich in Sizilien festzusetzen, entschloß sich aber später, mit Tankred ein Schutz- und Trutzbündnis einzugehen (November 1190). Durch dieses Bündnis mit England war Tankred so gestärkt, daß er im April 1191 seinerseits gegen Apulien vorgehen konnte, um hier die Großen des Landes zu unterwerfen und den Kampf gegen den Staufer aufzunehmen.

Heinrich VI. hatte zunächst die oberitalienischen Städte für sich gewonnen und zog im Februar über den Apennin nach Süden weiter, um zunächst die Kaiserkrone zu erlangen, die ihm Papst Clemens zugesichert hatte. Da starb im März 1191 der Papst, zu seinem Nachfolger wurde der fast neunzigjährige *Cölestin III.* gewählt, der älteste der Kardinäle. Er war ein Gegner der sizilischen Politik Heinrichs VI. und hat mit zäher Unnachgiebigkeit ihm gegenüber den Standpunkt der Kurie gewahrt, ohne es doch zu einem offenen Kampf kommen zu lassen[3]. Er verfolgte die Politik des Hinhaltens. Um der Krönung Heinrichs VI. auszuweichen, schob er vielleicht seine eigene Konsekration hinaus. Aber Heinrich verständigte sich mit den Römern, denen er die kaiserlich gesinnte Stadt Tusculum, die Gegnerin Roms, preisgab und erzwang seinen Willen. Am Ostersonntag (14. IV. 1191) ließ sich Cölestin konsekrieren, am Tag darauf *krönte er Heinrich VI.* zum *Kaiser*, Tusculum wurde von der kaiserlichen Besatzung geräumt und von den Römern zerstört. Diese Preisgabe der mit ihm verbündeten Stadt war bezeichnend für Heinrichs oftmals skrupellose Politik[4].

Entgegen der Mahnung des Papstes setzte jetzt der Kaiser den *Marsch nach Süden* fort. Im Mai begann er mit der Belagerung Neapels, das gleichzeitig von der See aus durch eine Flotte der Pisaner blockiert wurde, aber sich halten konnte. Mit der steigenden Sommerhitze ergriffen Krankheiten das deutsche Heer. Als der Kaiser selbst schwer erkrankte, verließ der junge Welfe Heinrich, der Sohn Heinrichs des Löwen, heimlich das Heer und kehrte mit der Nachricht, der Kaiser sei gestorben, nach Deutschland zurück. Im August mußte der Kaiser die Belagerung Neapels abbrechen und seine Truppen in die Lombardei zurückführen. In Mailand traf er mit Philipp II. von Frankreich auf dessen Rückkehr aus dem Heiligen Land zusammen und erneuerte das staufisch-kapetingische Bündnis (Kap. 44). Dann zog er Ende 1191 nach Deutschland zurück. Der mit so großen Erwartungen begonnene Feldzug in Italien war gescheitert. Die Kaiserin Konstanze war sogar in Salerno in Tankreds Hände gefallen. Jetzt trat auch Papst Cölestin aus seiner anfänglichen Reserve heraus. Er erkannte Tankred an, belehnte ihn mit Sizilien und schloß mit ihm ein für die Kurie günstiges Konkordat.

[1] Das urkundliche Quellenmaterial zur Gesch. Heinrichs VI. ist jetzt zusammengestellt in den Reg. Imp. IV 3, bearb. von G. Baaken (1972), der auch die längst überholte Darstellung von Th. Toeche, K. Heinrich VI. (1867), durch eine Neubearbeitung der Jahrbücher (Habil.-Schr. Tübingen 1966) ersetzt. Kurze Würdigung: H. M. Schaller, NDB 8; früher J. Haller, HZ 113 (1914), auch in: Reden u. Aufsätze z. Gesch. u. Politik (^{2}1942). Zu Einzelfragen: ders., K. Heinrich VI. und die röm. Kirche, MÖIG 35 (1914, selbst. Ndr. 1962), in Einzelheiten jedoch nicht haltbar; ders., War K. Heinrich VI. ein Minnesänger?, Neue Jbb. f. klass. Altert. 24 (1921), auch in: Abhh. z. Gesch. des MA (1944), will die drei unter dem Namen ›Kaiser Heinrich‹ überlieferten Minnelieder nicht Heinrich VI., sondern seinem Enkel Kg. Heinrich (VII.) zuschreiben, s. Bd. 5, Kap. 11. A. Wallner, Verf.-Lex. 2, S. 283 ff., hält den Dichternamen überhaupt für fiktiv; H. de Boor, Gesch. d. dt. Lit. 2 (1955), S. 250, sieht in dem Kaiser den Dichter, ebenso G. Jungbluth, Die Lieder K. Heinrichs, Beitrr. z. Gesch. d. dt. Sprache u. Lit. 85 (Tübingen 1963).

[2] P. F. Palumbo, Gli atti di Tancredi e Guiglielmo III di Sicilia, in: Atti del convegno internaz. di studi Ruggeriani 2 (1953); D. Clementi, The Circumstances of Count Tancred's Accession to the Kingdom of Sicily, Duchy of Apulia and the Principality of Capua, Mélanges Marongiu (1967).

[3] Das Urteil der älteren Forschung, Cölestin sei eine schwächliche Persönlichkeit gewesen, wurde revidiert von J. Haller, Papsttum ^{2}3, S. 273 ff., und P. Zerbi, s. o. Kap. 44, Anm. 2, ferner V. Pfaff, Die Kardinäle unter P. Coelestin III., ZRG KA 41 (1955) u. 52 (1966); ders., Pro posse nostro, Die Ausübung der Kirchengewalt durch P. Coelestin III., ebd. 43 (1957); ders., P. Coelestin III., ebd. 47 (1961), s. auch H. Grundmann, Kirchenfreiheit u. Kaisermacht um 1190 in der Sicht Joachims von Fiore, DA 19 (1963), S. 379 ff.

[4] Zur Italienpolitik Heinrichs: G. Deibel, Die finanzielle Bedeutung Reichsitaliens für die staufischen Herrscher im 12. Jh., ZRG GA 54 (1934); W. Wohlfarth, K. Heinrich VI. und die oberital. Städte (1939); D. v. d. Nahmer, Die Reichsverwaltung in Toscana (1965), s. o. Kap. 36, Anm. 8.

Kapitel 46
Die Kämpfe in Deutschland 1192–1194

Bei seiner Rückkehr nach Deutschland fand der Kaiser eine schwierige Lage vor, die sich weiterhin noch verschärfte. Auf die Nachricht vom angeblichen Tod des Kaisers waren die *Kämpfe in Sachsen* im Sommer 1191 wieder ausgebrochen. Mit Erzbischof Wichmann von Magdeburg, der im Sommer 1192 starb, verlor der Kaiser seine beste Stütze in diesem Gebiet. Sein herrisches Auftreten führte manche seiner Anhänger, auch Herzog Bernhard von Sachsen, in das Lager seiner Gegner.

Eine nicht minder gefährliche *Gegnerschaft* entstand damals *am Niederrhein.* Auch hier schuf sich der Kaiser durch sein schroffes Vorgehen bei der Neubesetzung mehrerer Bistümer zahlreiche Feinde[1]. In Köln erteilte er zwar dem vom Domkapitel erwählten Erzbischof Bruno von Berg die Investitur, obwohl der ursprünglich dafür ausersehene Lothar von Hochstaden ihm genehmer war. Dagegen setzte er bei einem *Wahlstreit im Bistum Lüttich* seinen Willen um so rücksichtsloser durch. Zwei Parteien, die hennegauische und die brabantische, standen sich hier gegenüber. Die Majorität des Kapitels hatte den Erzdiakon Albert, den Bruder Herzog Heinrichs I. von Brabant, zum Bischof gewählt, eine Minderheit den Propst Altern aus dem Haus Hennegau. Als sich beide Parteien an den Kaiser wandten, fällte dieser auf einem Reichstag zu Worms im Januar 1192 einen unerwarteten Spruch, indem er beide Wahlen verwarf und das Bistum an Lothar von Hochstaden übertrug. Albert von Brabant legte gegen den Spruch des Kaisers schärfste Verwahrung ein, begab sich zum Papst und wurde von Cölestin III. als Bischof bestätigt. Er konnte aber sein Bistum nicht wieder betreten, mußte beim Erzbischof von Reims Zuflucht suchen, wurde aber dort von deutschen Rittern ermordet[2].

Die Schuld dieser Mordtat gab man zu Unrecht dem Kaiser. Dieser leistete zwar einen Reinigungseid; da er aber die Mörder nicht streng bestrafte, blieb der Verdacht an ihm hängen. Die Folgen waren verhängnisvoll. Fast alle Fürsten am Mittel- und Niederrhein, vor allem die Erzbischöfe von Mainz und Köln, die Herzöge von Brabant und Limburg, aber auch zahlreiche Grafen schlossen sich gegen ihn zusammen. Sogar der Herzog von Zähringen und Ottokar I. von Böhmen traten diesem *antikaiserlichen Bündnis* bei. Auch in Bayern kam es zu Unruhen.

Auf seiten Heinrichs VI. stand eigentlich nur noch das Herzogtum Schwaben, das nach dem Tod Friedrichs von Schwaben auf dem Kreuzzug an dessen und Heinrichs jüngeren Bruder Konrad gekommen war, sowie Herzog Leopold von Österreich und die staufische Reichsministerialität. Demgegenüber fanden seine Gegner nicht nur an England und Sizilien, sondern auch an der Kurie Rückhalt.

So war Heinrichs Lage zu Beginn des Jahres 1193 sehr gefährdet, als ihn ein unerwarteter Glücksfall aus aller Bedrängnis rettete. König Richard Löwenherz war wegen seines Auftretens auf dem dritten Kreuzzug bei der Belagerung Akkons in scharfen Gegensatz zu Philipp II. von Frankreich, seinen Lehnsherrn, geraten. Bei der Mailänder Zusammenkunft Heinrichs VI. und Philipps im Jahr 1191 (Kap. 45) war deshalb die *Gefangennahme des englischen Königs* verabredet worden, wenn er aus dem Heiligen Land zurückkehrte. Auch Leopold von Österreich war mit dem englischen König verfeindet, da dieser das Banner des Babenbergers hatte niederreißen lassen, das dieser nach der Kapitulation Akkons im Lager vor der Stadt aufgepflanzt hatte, um seinen Anspruch an der Beute zu sichern. Auf seiner Heimreise aus dem Heiligen Lande versuchte Richard, da ihm die französischen Häfen versperrt waren, trotz aller Bedenken den Weg über Deutschland zu nehmen. Dabei strandete er in Aquileja und geriet nach mancherlei Verfolgungen im Dezember 1192 in der Nähe von Wien in die Hände Herzog Leopolds, der ihn auf seiner Burg Dürnstein in Haft setzte und mit dem Kaiser über die Auslieferung verhandelte. Nachdem ihm die Hälfte des zunächst auf 100000 Mark festgesetzten Lösegeldes zugesichert war, übergab Leopold dem Kaiser seinen Gefangenen, der jetzt auf der Burg Trifels festgehalten wurde. Durch das Druckmittel, ihn sonst an Philipp von Frankreich auszuliefern, nötigte der Kaiser den englischen König, dieses Lösegeld zu bewilligen. Außerdem mußte sich Richard verpflichten, dem Kaiser im Kampf gegen Tankred Hilfe zu leisten. Als sich das Eintreffen des Lösegeldes verzögerte, wurde in weiteren Verhandlungen die Summe um 50000 Mark erhöht, dafür aber dem König die persönliche Teilnahme an einem Feldzug gegen Sizilien erlassen. Jetzt wollte nicht nur Philipp von Frankreich, sondern auch Richards eigener Bruder Johann dessen Freilassung verhindern. Der Kaiser konnte deshalb seine Forderung noch erhöhen und von Richard das Zugeständnis erreichen, daß er das englische Königreich gegen einen Jahreszins von 5000 Pfund von ihm zu Lehen nahm und ihm den Lehnseid ablegte. Erst nach vollständiger Zahlung des Lösegeldes wurde Richard am 4. II. 1194 freigelassen und konnte nach England zurückkehren[3].

Die Gefangennahme des englischen Königs beraubte die deutsche Opposition ihres wichtigsten außenpolitischen Rückhalts. Vor allem aber war Richard selbst während seiner einjährigen ehrenvollen Haft in Deutschland bemüht, einen Ausgleich zwischen dem Kaiser und seinen Gegnern herbeizuführen. Die niederrheinische Opposition wurde immer mehr isoliert und brach schließlich zusammen.

Anfang 1194 kam es mit dem Welfenhaus auch zu einer *Aussöhnung*. Heinrich von Braunschweig, der älteste Sohn Heinrichs des Löwen, vermählte sich heimlich mit Agnes, der Tochter des staufischen Rheinpfalzgrafen Konrad. Der Kaiser, der vorher geglaubt hatte, durch eine Ehe seiner Base Agnes mit Philipp II. von Frankreich das staufisch-französische Bündnis festigen zu können, gab schließlich nach und erteilte dieser Ehe zwischen dem jungen Welfen und der Angehörigen des staufischen Hauses seine Zustimmung. Damit verloren zwar die Staufer die Aussicht, die rheinische Pfalzgrafschaft in ihrem Geschlecht zu behalten, andererseits war damit die Grundlage für eine Verständigung zwischen beiden Geschlechtern gegeben. Im März 1194 traf Heinrich VI. zu Tilleda am Kyffhäuser mit Heinrich dem Löwen zusammen und schloß mit ihm Frieden. Ein Jahr später ist der Herzog im Alter von 66 Jahren am 6. VIII. 1195 zu Braunschweig gestorben[4]. Noch im gleichen Jahr wurde sein Sohn Heinrich nach dem Tod seines Schwiegervaters Konrad von Staufen Herr der rheinischen Pfalzgrafschaft.

[1] J. Heinrich, K. Heinrich VI. u. die Besetzung der dt. Bistümer von der Kaiserkrönung bis zur Eroberung Siziliens, RQs 54 (1956).

[2] R. H. Schmandt, The Election and Assassination of Albert of Louvain, Bishop of Liège 1191/92, Speculum 42 (1967).

[3] G. Bullinger, Kg. Richard Löwenherz u. K. Heinrich VI. (Diss. Ms. Tübingen 1947); H. Fichtenau, Akkon, Zypern und das Lösegeld für Richard Löwenherz, AÖG 125 (1966). Zu Kg. Richard: Ph. Henderson, Richard Coeur de Lion (1958); J. T. Appleby, England without Richard (1965).

[4] Zur Frage, ob man 1935 bei den Ausgrabungen im Braunschweiger Dom die Gebeine Heinrichs gefunden hat, E. Fischer, Heinrichs d. L. sterbliche Überreste, WaG 12 (1952); M. Hackenbroch u. W. Holtzmann, Die angeblichen Überreste Heinrichs d. L., DA 10 (1953/54); F. Bock, Um das Grab Heinrichs d. L. in St. Blasien in Braunschweig, Niedersächs. Jb. 31 (1959).

Kapitel 47
Die Eroberung des sizilischen Reiches. Heinrich VI. auf dem Höhepunkt seiner Macht

Nach dem Triumph des Kaisers über seine deutschen Gegner und Richard Löwenherz war die *Eroberung Siziliens* das nächste Ziel der kaiserlichen Politik. Die englischen Zahlungen ermöglichten eine umfassende Vorbereitung dieses Italienzuges, zu dem der Kaiser im Mai 1194 aufbrach. Die Lage in Italien hatte sich dadurch für ihn günstiger gestaltet, daß König Tankred am 20. II. 1194 in Palermo gestorben war. Da sein ältester Sohn Roger gleichzeitig starb, hinterließ Tankred nur einen unmündigen Sohn Wilhelm, der unter der Vormundschaft seiner Mutter zum König ausgerufen wurde, für Heinrich aber kein gefährlicher Gegner sein konnte. Nach kurzem Aufenthalt in Oberitalien, wo weitere Truppen zum kaiserlichen Heer stießen, konnte er im Sommer den Marsch nach Süden antreten. In raschem Siegeszug fiel das Festland in seine Hand. Salerno wurde wegen der verräterischen Gefangennahme der Kaiserin (Kap. 45) zerstört. Dank der Unterstützung durch eine genuesisch-pisanische Flotte unter dem Befehl des Reichstruchseß Markward von Annweiler konnte man auch die Hauptstadt des Landes, Palermo, bald erobern. Am 20. XI. 1194 hielt der Kaiser hier seinen Einzug. Nachdem Tankreds Witwe Sibylle und ihr Sohn die Krone und den unermeßlichen Normannenschatz ausgeliefert hatten, wurde Heinrich in feierlicher Weise am Weihnachtstag im Dom zu Palermo zum König von Sizilien gekrönt. Einen Tag später, am 26. XII., gebar seine damals vierzigjährige Gemahlin Konstanze in Jesi in der Mark Ancona, wo sie zurückgeblieben war, einen Sohn, der anfangs Konstantin genannt wurde, bei der Taufe aber die Namen seiner beiden Großväter Friedrich und Roger erhielt. Heinrich VI. stand auf dem Höhepunkt seiner Macht. In dem langersehnten Thronerben schien die Vereinigung der beiden Reiche gesichert zu sein, wenn es gelang, das dynastische Erbprinzip des sizilischen Normannenstaates auch in Deutschland durchzusetzen.

Als wenige Tage nach der Krönung in Palermo eine Verschwörung aufgedeckt wurde, verbannte Heinrich die Familie Tankreds und ihre wichtigsten Anhänger nach Deutschland, der sizilische Thronschatz wurde auf den Trifels gebracht. Auf einem großen Reichstag zu Bari im März 1195 wurden die *Verhältnisse des Königreichs Sizilien neu geordnet*[1]. Konstanze wurde zur

Regentin des Landes eingesetzt; als Statthalter stand neben ihr Konrad von Urslingen, der Angehörige eines schwäbischen edelfreien Geschlechts, den bereits Barbarossa 1177 zum Herzog von Spoleto erhoben hatte. Das Schwergewicht der deutschen Herrschaft lag nach wie vor in Mittelitalien. Heinrichs jüngster Bruder Philipp, der 1193 seiner geistlichen Würde entsagt hatte, wurde auf dem Reichstag zu Bari zum Herzog von Tuszien und zum Verwalter des mathildischen Gutes bestellt. Noch stärker als sein Vater gründete Heinrich VI. seine Machtstellung in Italien auf die *deutschen Ministerialien*. Der Reichstruchseß Markward von Annweiler wurde zum Markgrafen von Ancona und zum Herzog der Romagna erhoben; der Kaiser vertraute ihm auch seinen jungen Sohn Friedrich an. Ebenso wurden andere staufische Reichsministeriale, wie der Marschall Heinrich von Kalden, der Schenk Heinrich von Lautern und Konrad von Lützelbach mit wichtigen Ämtern betraut und im normannischen Reich auf den Gütern des widerspenstigen Adels eingesetzt[2].

In gleicher Weise war Heinrich bestrebt, die *staufische Hausmacht in Deutschland* auszubauen. Nach dem Tod Welfs VI. (15. XII. 1191) war das welfische Erbe in Süddeutschland in seinen Besitz gekommen (s. o. Kap. 42). Er übergab es seinem Bruder Konrad, dem Herzog von Schwaben. Als dieser 1196 starb, übertrug Heinrich das Herzogtum Schwaben seinem jüngsten Bruder Philipp. Auch im mitteldeutschen Osten versuchte Heinrich, die Königsmacht zu stärken. Bereits 1190 wollte er, nachdem der Landgraf Ludwig III. von Thüringen auf dem Kreuzzug gestorben war, dessen Land als heimgefallenes Reichslehen einziehen. Dieser Versuch war damals am Widerstand von Ludwigs Bruder Hermann gescheitert. Dagegen gelang es dem Kaiser, nach dem Tod des Markgrafen Albrecht von Meißen (1195) dessen Markgrafschaft zunächst für das Reich einzubehalten.

Heinrichs Ziele gingen aber über Deutschland und Italien hinaus. Immer deutlicher zeichnen sich in jenen Jahren die Pläne ab, eine *Oberhoheit des Imperiums gegenüber anderen Staaten* durchzusetzen[3]. Von »Weltherrschaftsplänen« wird man zwar auch bei Heinrich VI. kaum sprechen können. Wie aber *England* ein Lehen des Reiches geworden war, so versuchte er auch *Frankreich* in ein gewisses Abhängigkeitsverhältnis zu bringen, ohne hierbei an eine Lehnsherrlichkeit denken zu können. Schon der (nicht verwirklichte) Plan, den gefangenen englischen König mit dem Königreich Burgund zu belehnen, trug eine deutliche Spitze gegen Frankreich. Auch später hat der Kaiser nichts unterlassen, um König Richard von England zu weiteren Kämpfen gegen Philipp II. anzustacheln und diesen dadurch zu einer Anlehnung an das Reich zu nötigen. Die Annahme, daß der Kaiser auch versucht habe, das Königreich *Aragon* in seinen Herrschaftsbereich zu ziehen, trifft dagegen nicht zu. Da die 1188 geschlossene Ehe zwischen Heinrichs Bruder Konrad und Berengaria von Kastilien 1191 wegen zu naher Verwandtschaft der beiden Gatten aufgelöst wurde, verloren die Staufer auch jeden Einfluß auf *Kastilien*. Als Nachfolger der normannischen Könige konnte Heinrich jedoch Anspruch auf die von diesen unterworfenen Gebiete von *Tunis* und *Tripolis* erheben. Die Gelegenheit dazu war günstig, da der almohadische Kalif Al Mansur von den Almoraviden schwer bedrängt wurde und sich deshalb entschloß, die Oberhoheit des Kaisers durch eine Tributzahlung anzuerkennen. Vor allem aber schienen sich ihm im Osten ganz neue Möglichkeiten zu eröffnen. Bereits zu Pfingsten 1194 unterwarf sich ihm Leo von *Kleinarmenien*, ein Vasall des oströmischen Kaisers, und erbat von ihm die Belehnung und die Königskrone. Seine Gesandten wurden von Heinrich mit Gebieten in *Syrien* belehnt. Ebenso suchte und erhielt Amalrich von Lusignan, der König von *Cypern*, im folgenden Jahr durch Gesandte vom Kaiser die Belehnung mit seinem Reich.

Noch wichtiger war, daß die Verhältnisse in *Byzanz* selbst einen Anlaß zum Eingreifen boten. Bei der Einnahme Palermos durch den Staufer (1194) befand sich dort Irene, die Tochter des byzantinischen Kaisers Isaak Angelos, die mit Tankreds verstorbenem Sohn Roger verlobt gewesen war. Heinrich VI. verlobte sie mit seinem Bruder Philipp und erwarb damit für die Staufer Erbansprüche in Byzanz. Die Blendung und Vertreibung Isaaks durch seinen Bruder Alexios III. gab dem Kaiser neue Gründe, gegenüber dem Usurpator des oströmischen Kaiserthrones als Wahrer der Rechte Philipps und seiner künftigen Gemahlin Irene aufzutreten. Auf dem Reichstag zu Bari erklärte er, er wolle endlich für die früheren Umtriebe Kaiser Manuels gegenüber dem Reich Rache nehmen. Einige Wochen vorher (31. III. 1195) hatte er feierlich das Kreuz genommen. Durch diesen *Kreuzzugsplan* glaubte er zu einer Verständigung mit Papst Cölestin III. kommen zu können. Der Kreuzzug sollte aber nicht nur der Befreiung des Heiligen Landes dienen; dahinter standen die alten normannischen Expansionspläne im östlichen Mittelmeer und wohl auch das Ziel, durch die Eroberung des oströmischen Reiches die Einheit des alten römischen Imperiums wiederherzustellen[4]. Ehe er aber diese weitreichenden Ziele verwirklichen konnte, mußte die Erbfolge seines Hauses gesichert sein. Zu diesem Zweck kehrte Heinrich im Juni 1195 noch einmal nach Deutschland zurück.

[1] D. Clementi, Some Unnoticed Aspects of the Emperor Henry VI's Conquest of the Norman Kingdom of Sicily, Bull. John Rylands library 36 (1953/54); dies., Calendar of the Diplomas of the Hohenstaufen Emperor Henry VI concerning the Kingdom of Sicily, QFItA 35 (1955); E. Jamison, Admiral Eugenius of Sicily (1957).

[2] Über die Rolle der Reichsministerialität bei der Verwaltung Italiens: K. Bosl, Reichsministerialität, S. 588 ff.; Th. C. van Cleve, Markward of Annweiler and the Sicilian Regency (1937); K. Pfisterer, Heinrich v. Kalden, Reichsmarschall der Stauferzeit (Diss. Heidelberg 1937).

[3] Zur Lehnspolitik des Kaisers zusammenfassend I. Scheiding-Wulkopf, Lehnsherrl. Beziehungen der fränk.-dt. Könige zu anderen Staaten (1948), S. 91 ff., u. Kirfel, s. o. Kap. 36, Anm. 4.

[4] Lit. zum Kreuzzugsplan: H. E. Mayer, Bibliographie, n. 2116 ff.

Kapitel 48
Der Erbreichsplan Heinrichs VI. Der Tod des Kaisers

Der letzte, einjährige *Aufenthalt Heinrichs VI. in Deutschland* (Juli 1195 bis Juni 1196) stand ganz im Zeichen der Vorbereitung der *Kreuzfahrt* und der *Sicherung der Nachfolge* im Reich. Die Kreuzzugspredigt päpstlicher Legaten, die mit dem Kaiser nach Deutschland gekommen waren, fand starken Widerhall. Auf zwei Reichstagen zu Gelnhausen (Oktober 1195) und Worms (Dezember 1195) nahmen zahlreiche Fürsten das Kreuz; der Beginn der Fahrt wurde auf Weihnachten 1196 festgelegt. Auf dem Wormser Reichstag versuchte der Kaiser auch die Wahl seines damals noch nicht einjährigen Sohnes Friedrich zum deutschen König zu erreichen, stieß dabei aber auf den Widerstand der Fürsten. Daraufhin trat er wenige Monate später auf einem Hoftag zu Mainz (Ende Februar 1196) mit einem sehr viel umfassenderen Vorschlag vor die Fürsten. Durch einen *Erbreichsplan* sollte die Verbindung Deutschlands mit dem sizilischen Königreich für alle Zeiten sichergestellt werden. Das deutsche Königtum sollte durch Reichsgesetz erblich werden. Dafür bot Heinrich den weltlichen Fürsten die Erblichkeit ihrer Reichslehen in männlicher und weiblicher

Linie und im Falle des Fehlens direkter Erben den Übergang ihrer Lehen an Seitenlinien an. Die geistlichen Fürsten sollten durch den Verzicht des Königs auf das Spolienrecht entschädigt werden. Für das Reich besaß der Vorschlag unleugbar beträchtliche Vorteile; eine größere Stetigkeit der Reichspolitik wäre durch die Erblichkeit des Königtums erreicht worden. Andererseits hätte die Annahme des Planes für die deutschen Fürsten den Verzicht auf jenes Vorrecht bedeutet, um das sie seit dem Investiturstreit immer wieder gekämpft hatten, die entscheidende Mitwirkung bei der Nachfolge im Reich. Trotzdem gelang es dem Kaiser, auf einem Reichstag zu Würzburg im April 1196 die Mehrheit der Fürsten für den Plan zu gewinnen. Dagegen versagte sich eine Gruppe niederrheinischer und westfälischer Fürsten unter der Führung des Erzbischofs Adolf von Köln dem Vorschlag des Kaisers. Ihr Widerstand war auch auf einem neuen Reichstag zu Mainz nicht zu überwinden.

Heinrich, der den Plan trotz dieser Gegnerschaft als angenommen betrachtete, brach deshalb im Sommer 1196 die Verhandlungen in Deutschland zunächst ab und begab sich *nach Italien*, um mit der Kurie zu einer Einigung zu kommen. Während seiner Abwesenheit war es auf der Halbinsel zu neuen Wirren gekommen. In der Lombardei hatten neue Kämpfe zwischen einzelnen Städten von neuem begonnen. Vor allem aber erhob die Kurie Klage wegen der Übergriffe der Reichsverwaltung in Mittelitalien gegenüber dem Kirchenstaat und wegen der Eigenmächtigkeit der Kirchenpolitik in Sizilien. Nachdem Heinrich bis zum September in Oberitalien geweilt hatte, ohne jedoch die Streitigkeiten zwischen den Städten endgültig beilegen zu können, begann er im November *Verhandlungen mit dem Papst*, um ihn zur Anerkennung des Erbplanes und zur Taufe und Krönung seines Sohnes Friedrich zum römischen König zu überreden. Cölestin verlangte in diesen Verhandlungen, die sich lange hinzogen, zunächst die Anerkennung der päpstlichen Lehnshoheit für Sizilien und die Ableistung des Lehnseides. Beides lehnte der Kaiser ab, machte aber nach eigenen Worten ein außerordentlich hohes Angebot, wie es keiner seiner Vorgänger bisher einem Papst gemacht habe. Worin dieses *Angebot an die Kurie* bestanden hat, läßt sich nicht mit Sicherheit sagen. Nach einer Nachricht des englischen Geistlichen Giraldus Cambrensis in seinem ›Speculum ecclesiae‹ bot Heinrich eine finanzielle Sicherstellung des Papstes und der kurialen Geistlichkeit an. An allen bischöflichen Kirchen des Reiches sollte dem Papst bzw. den Kardinälen jeweils die beste Pfründe zur Verfügung stehen. Dafür sollte die Kurie auf alle strittigen Besitzungen außerhalb des Kirchenstaats verzichten. Die Annahme, daß Heinrich damals den viel weitergehenden Vorschlag gemacht habe, das Kaisertum in Form der Investitur mit dem Reichsapfel vom Papst zu Lehen zu nehmen, findet in den Quellen keine sichere Stütze.

Trotz dieses günstigen Angebotes lehnte Cölestin III. den Vorschlag des Kaisers und den Erbreichsplan ab. Die Durchführung hätte die Umklammerung des Kirchenstaates durch die staufische Großmacht im Norden und Süden verewigt und damit die staatliche Selbständigkeit des Papsttums vernichtet. Vor allem aber hätte das Papsttum fortan jede Einflußmöglichkeit auf die deutsche Thronfolge verloren und damit eines jener Ziele aufgegeben, an dem die Päpste seit den Tagen Heinrichs IV. unablässig festgehalten hatten. In dieser ablehnenden Haltung wurde Cölestin noch dadurch bestärkt, daß in Deutschland die Gegnerschaft gegen den Erbreichsplan in den Reihen der Fürsten zunahm und daß sich ein Fürstentag im Oktober 1196 gegen ihn aussprach. So mußte sich der Kaiser entschließen, das Projekt ganz zurückzuziehen und die Fürsten von ihrer auf dem Würzburger Reichstag gegebenen Zusage zu entbinden. Dafür konnte er jetzt sogar durchsetzen, daß die Fürsten im Dezember 1196 seinen fast zweijährigen *Sohn Friedrich zum deutschen König wählten*. Der Plan des Kaisers, dem Reich eine neue staatsrechtliche Ordnung zu geben, war am Widerstand der Fürsten und der Kurie gescheitert[1].

Die Wahl des jungen Friedrich schuf eine wichtige Vorbedingung für den Kreuzzug. Sein Antritt wurde jedoch durch einen *Aufstand in Sizilien* verzögert. Unzufriedenheit mit der deutschen Herrschaft und harter Steuerdruck ließen in den Reihen der normannischen Barone den Plan reifen, den Kaiser zu ermorden und an seiner Stelle einen einheimischen Großen auf den Thron zu erheben. Auch die Kurie und selbst die Kaiserin Konstanze waren vielleicht in das Komplott eingeweiht. Als der Aufstand im Mai 1197 ausbrach, war der Kaiser, der sich in Messina aufhielt, gewarnt und entging so dem Mordanschlag. Mit Hilfe Markwards von Annweiler und Heinrichs von Kalden warf er die Bewegung nieder und verhängte ein grausames Strafgericht über die Verschwörer[2].

Die weiteren *Vorbereitungen zum Kreuzzug* nahmen inzwischen einen guten Fortgang. Heinrichs Bruder Philipp vollzog Pfingsten 1197 zu Augsburg seine Vermählung mit Irene. Eine kaiserliche Gesandtschaft nötigte den Kaiser Alexios III., sich durch einen jährlichen Tribut von 16 Talenten den Frieden zu erkaufen. Der Kreuzzug selbst wurde sehr sorgfältig vorbereitet. Bischof Konrad von Hildesheim und der Reichsmarschall Heinrich von Kalden sollten die Führung übernehmen, alle seefahrenden Staaten Italiens unterstützten das Werk. In diesem Augenblick, als schon die ersten Kreuzfahrerschiffe in See gegangen waren, brach mit dem *Tod des Kaisers* eine schwere Katastrophe herein. Er trug seit 1191 den Keim der Krankheit in sich; an der Malaria ist er am 28. IX. 1197 in Messina gestorben, noch nicht 32 Jahre alt. Im Dom zu Palermo fand er neben Roger II. seine Ruhestätte.

Angesichts des Todes hat der Kaiser erkannt, daß seine bisherige Politik unter seinem unmündigen Sohne Friedrich nicht fortgeführt werden konnte. Deshalb gab er seinem getreuen Markward von Annweiler für weitere Verhandlungen mit der Kurie die Weisung, daß seine Gattin Konstanze und Friedrich dem Papst für Sizilien huldigen sollten, wie es die früheren normannischen Könige getan hatten. Um für Friedrich die Nachfolge im Kaisertum zu sichern, sollte man dem Papst weitere Zugeständnisse machen und ihm das mathildische Gut und die besetzten Teile des Kirchenstaats herausgeben. Markward selbst, der anscheinend für den minderjährigen Friedrich als Regent eingesetzt wurde, sollte für die von ihm verwalteten Gebiete von Ravenna und Ancona dem Papst ebenfalls die Lehnshuld ablegen. So hoffte Heinrich durch weitgehendes Entgegenkommen gegenüber der Kurie auch nach seinem Tod die Verbindung des Reiches mit Sizilien retten zu können. Die Ereignisse nach seinem Ableben haben diese Pläne des sterbenden Kaisers undurchführbar gemacht[3].

Bereits die Zeitgenossen haben empfunden, welche Gefahren der plötzliche Tod Heinrichs VI. für das Reich heraufbeschwor. Es war die schwerste Katastrophe in der Geschichte des deutschen Mittelalters, verhängnisvoller als der frühe Tod Ottos II. und Heinrichs III. Auf der Bahn seines Vaters voranschreitend hat er die staufische Königsmacht in Deutschland weiter gefestigt und das abendländische Kaisertum auf eine Höhe geführt, die bis dahin noch nie erreicht worden war. Wohl machten sich überall schon Widerstände geltend, doch hatte sie der Kaiser noch mit starker Hand gemeistert. Sein Werk hat aber nicht ausreifen können, es beruhte noch ganz auf seiner überragenden Herrscherpersönlichkeit, als ihn die Krankheit dahinraffte. Sein Tod ließ jene Kräfte emporsteigen, die in Deutschland und im Abendland eine neue politische Ordnung herbeiführen sollten. So ist das Jahr 1197 das entscheidende Wendejahr in der Geschichte der deutschen Kaiserzeit geworden.

[1] E. Perels, Der Erbreichsplan Heinrichs VI. (1927); V. Pfaff, K. Heinrichs VI. höchstes Angebot an die röm. Kurie (1927). Gestützt auf eine Bemerkung in der sog. Deliberatio Innocenz' III. von 1200/01, RNI n. 29 (s. u. Bd. 5, Kap. 3) hat J. Haller, K. Heinrich VI. und die röm. Kirche, MIÖG 35, S. 648 ff. (selbst. Ndr. 1962, S. 173 ff.), behauptet, Heinrich VI. habe dem Papst angeboten, bei Anerkennung des Erbreichsplans das Imperium von ihm zu Lehen zu nehmen; doch ist dieser These, an der Haller trotz vielfachen Widerspruchs festhielt (Papsttum ²3, S. 287 ff. und 524 ff.), durch die Verbesserung des Textes der Deliberatio nach dem erhaltenen Originalregister die Grundlage entzogen, dazu H. Mitteis, Die dt. Königswahl (²1944), S. 133, Anm. 412; F. Kempf in seiner Register-Ausgabe (s. Bd. 5, Kap. 3), S. 76; C. E. Perrin, Les négociations de 1196 entre l'empereur Henri VI et le pape Célestin III, in: Mélanges L. Halphen (1951); P. Zerbi, Un momente oscuro nella incoronazione di Enrico VI (1191), in: Miscell. G. Belvederi (1954); G. Baaken, Die Verhandlungen zwischen Kaiser Heinrich VI. und Papst Coelestin III. in den Jahren 1195–1197, DA 27 (1971).

[2] F. Giunta, Sul »furor theutonicus« in Sicilia al tempo di Enrico VI, in: Atti di convegno internaz. di studi Ruggeriani 2 (1955).

[3] Das nur bruchstücksweise in den Gesta Innocenz' III. überlieferte Testament in Const. 1 n. 379. Die von V. Pfaff, Die Gesta Innocenz' III. und das Testament Heinrichs VI., ZRG KA 50 (1964), vertretene Ansicht, daß dieses Testament sowohl von der Kurie wie auch von Markward von Annweiler verfälscht sei, ist nicht haltbar. Nur handelt es sich dabei nicht um ein rechtsgültiges Testament, sondern um eine Anweisung für Markward zu Verhandlungen mit der Kurie, so schon Hampe-Baethgen, Kaisergesch. (¹⁰1945), S. 235, Anm. 2.

Kapitel 49
Deutsches Geistesleben in frühstaufischer Zeit. Die Anfänge der ritterlichen Kultur im 12. Jahrhundert

War für das geistige Leben im Zeitalter des Investiturstreits eine krisenhafte Unruhe kennzeichnend gewesen, so gibt dem 12. Jh. eine *geistige Vielgestaltigkeit* ganz allgemein das Gepräge[1]. Die lateinisch bestimmte Kultur des abendländischen Mittelalters zeigt noch einmal einen vielfältigen Reichtum. Daneben erwächst zum erstenmal seit dem Ausgang der Antike im Abendland eine Laienkultur, die am Ende des Jahrhunderts in den verschiedenen volkssprachigen Literaturen zur vollen Entfaltung kommt. Bei den geistigen Bewegungen der Zeit spielt die romanische Welt weitgehend eine führende Rolle. Auf vielen Gebieten sind die starken Anregungen zu erkennen, die von Frankreich und Italien, teilweise aber auch von England aus nach Deutschland ausstrahlen. Doch sind auf deutschem Boden auch ganz eigenständige Leistungen entstanden, für die diese Einflüsse keine oder nur eine geringe Rolle gespielt haben.

Die Geschichtsschreibung erreicht in den Werken des aus dem Hause der Babenberger stammenden Bischofs *Otto von Freising* (ca. 1111/12–1158) ihren Höhepunkt. Seine 1146 vollendete ›Chronica sive Historia de duabus civitatibus‹ ragt über die Gattung der Weltchronistik, in die sie gehört, weit hinaus und stellt im Mittelalter die in sich geschlossenste Deutung der Weltgeschichte dar. Bei der Frage nach dem Sinn der Geschichte findet er in der Lehre Augustins von den beiden »civitates« den Schlüssel zum Verständnis des historischen Prozesses. Unter dem Eindruck der düsteren Ereignisse während der Abfassungszeit des Werkes glaubt er, daß die Endzeit bevorstehe. In den 1157 begonnenen ›Gesta Friderici‹ ist dieser Pessimismus einer optimistischen Grundstimmung gewichen[2].

Ottos Landsmann *Gerhoh von Reichersberg* (ca. 1093–1169) wurzelt noch ganz im Gedankengut der kirchlichen Reformbewegung, deren Programm er auch unter den veränderten Zeitverhältnissen verwirklichen will. In zahlreichen Schriften und als langjähriger Propst eines Stiftes kämpft er deshalb leidenschaftlich gegen die Verweltlichung des Klerus und gegen die Mißstände in der Kirche. Aus seiner konservativen Dogmatik ergibt sich seine Gegnerschaft gegen die Frühscholastik, zu deren Vertretern im bayerisch-österreichischen Raum etwa Petrus von Wien gehört. Den Distinktionen der Dialektiker stellt er sein spekulatives Lehrgebäude entgegen, in dem er sich mit dem exegetischen Symbolismus seiner Zeit berührt[3].

Dieser deutsche Symbolismus des 12. Jh. wird vor allem durch *Hildegard von Bingen* (1098–1179) repräsentiert. In ihren Visionen gibt die »prophetissa teutonica« geheimnisvolle Bilder von der Schöpfung der Welt und den Kräften des Weltalls; in der Menschwerdung Christi ist für sie die Ordnung des Kosmos, die durch dämonische Gewalten bedroht war, wiederhergestellt. Hildegards medizinische und naturwissenschaftliche Schriften lassen erkennen, daß sie mit dieser Kraft einer visionären Schau eine tiefe Einsicht in die Erscheinungen der Natur und in die körperlichen und psychischen Vorgänge im Menschen verbindet. Mit dieser Weite des Blickfelds gehört sie zu den bedeutendsten Gestalten im deutschen Geistesleben des 12. Jh.; doch wird in ihrem Werk zugleich deutlich, daß Deutschland damals noch in einem vorwissenschaftlichen Weltbild lebte[4].

Träger der neuen *Laienkultur*, die neben der kirchlichen Welt, aber in enger Verbindung mit ihr, im 12. Jh. erwächst, wird zunächst das *Rittertum*. Zum Ritterstand gehörte jeder, der Roßdienst in schwerer Rüstung leistete. Es bildete sich ein neuer Dienstadel aus, der die ursprünglich landrechtlich geschiedenen Stände der Edelen und der Ministerialen umfaßte und zu einem neuen Stand mit besonderen Vorrechten und Ansprüchen wurde. In Deutschland wird erstmalig unter Lothar III. vom »ordo equester maior et minor« gesprochen. Um zum Ritter gezählt zu werden, genügte aber nicht die Zugehörigkeit zu einem ritterlichen Geschlecht höherer oder niederer Ordnung und die Ausübung des ritterlichen Berufes; es bedurfte dazu eines besonderen Aktes, der Ritterweihe in Form der Schwertleite. Die ritterliche Lebensform erforderte nicht so sehr die Fortführung der kriegerischen Lebensweise, sie schloß vor allem die Ausübung eines mit der Standesehre unvereinbaren Berufes aus.

Der *Ritterstand* war eine *gemein-abendländische Erscheinung*, wenn auch seine rechtliche und soziale Lage in den einzelnen Ländern unterschiedlich war. Entscheidend für seine Entstehung war die Verchristlichung des kämpferischen Lebens, wie sie die Kreuzzugsbewegung des 11. Jh. mit der Idee des heiligen Krieges bedeutete. Wichtig für die Ausbildung der ritterlichen Kultur wurde aber vor allem die Berührung mit der Welt des Orients in den Kreuzzügen selbst. Sie brachten nicht nur eine Weitung des Gesichtskreises, sondern auch die Bekanntschaft mit den verfeinerten Lebensformen des Ostens. Der Vergleich des christlichen Glaubens mit den Religionen des Orients mußte den Gedanken der Toleranz wecken, die später in der Gestalt des »edlen Heiden« ihren deutlichsten Ausdruck fand.

Von Südfrankreich, dessen Adel in den Kämpfen gegen den Islam auf spanischem Boden zuerst die Möglichkeit hatte, das Ideal des »miles christianus« zu verwirklichen, nahm diese neue Lebenskultur ihren Ausgangspunkt. Nach Deutschland kam sie über Flandern und Brabant, aber auch durch Burgund und

Schwaben. Die großen Höfe wurden die Mittelpunkte dieses ritterlichen Lebensstils. Das erste in Deutschland bekannte Turnier wurde 1127 von den staufischen Herzögen Friedrich und Konrad vor den Toren Würzburgs ausgetragen (Otto v. Freising, Gesta I 18)[5].

Das neue Lebensideal ließ eine eigene *ritterliche Ethik* entstehen. Wenn man auch nicht von einem festen ritterlichen Tugendsystem im Sinne einer strengen Normenethik sprechen kann, so galt es doch, bestimmte Kardinaltugenden zu verwirklichen. Dazu gehört vor allem »mâze«, die weise Selbstbeschränkung, »staete«, die Treue gegenüber sich selbst und seiner Pflicht, während »zucht« als ein beide umfassender Begriff die ganze Harmonie des inneren und äußeren Menschen bezeichnet. Der Ritter soll aber auch »êre«, »triuwe«, »recht« und »milte« beweisen; der »hohe muot« ist das Kennzeichen aller wahren Ritterlichkeit. Ausdruck der ritterlichen Gesinnung ist der Frauendienst, die Verehrung einer verheirateten Frau als der Herrin; in der »hohen minne« wird die Frau aus dem Alltagsleben herausgehoben und in fast kultische Ferne gerückt, gleichsam verköniglicht[6].

Dieses ritterliche Ideal gibt der *deutschen Dichtung* seit der Mitte des 12. Jh. ihr Gepräge. Hatte sie bis dahin stark im Zeichen der Weltabgewandtheit gestanden, so beginnt mit der ›Kaiserchronik‹ eines Regensburger Geistlichen und dem Alexanderroman des Pfaffen Lamprecht (beide um 1150 vollendet) ein deutlicher Umschwung. Die Kaiserchronik ist in ihrer Anlage noch ganz ein geistliches Werk, aber ihr Gegenstand ist ein weltlicher Stoff, die Geschichte des römischen Reichs, des letzten der vier Weltreiche. Mit dem Alexanderroman setzt die Eindeutschung französischer Versromane ein, zunächst in der Form bloßer Übersetzung. Sichtbarer wird die ritterliche Welt schon im ›König Rother‹, der zum Heldenepos umstilisierten Brautwerbungsgeschichte Rogers II.; bald nach 1150 ist das Werk in der normannenfreundlichen Umgebung Welfs VI. entstanden. In noch stärkerem Maße ist das ›Rolandslied‹, das der »Pfaffe« Konrad, ein Kaplan Heinrichs des Löwen, in Regensburg um 1170 nach dem Vorbild des französischen ›Chanson de Roland‹ dichtete, von ritterlichem Geist erfüllt, wenn auch dieses Ritterbild noch stark mönchisch gefärbt ist. An der Wende dieser frühhöfischen zur hochhöfischen Zeit steht die Gestalt Heinrichs von Veldecke aus der Nähe von Limburg am Niederrhein, der mit seiner nach einem französischen Aeneas-Roman geschaffenen ›Eneit‹ (erste Fassung 1174) der Begründer der höfischen Epik wurde. Gleichzeitig erschloß Eilhard von Oberg, ein welfischer Ministeriale aus der Gegend von Hildesheim, mit seinem ›Tristant‹ der deutschen Dichtung die Welt der bretonischen Liebesromane. Auf Veranlassung Heinrichs des Löwen sammelten Braunschweiger Geistliche im ›Lucidarius‹ in deutscher Prosa nach der Art der mittelalterlichen Summa das Wissen der Zeit. Seit 1160 setzte mit den Gedichten des Kürenbergers und Dietmars von Aist die ritterliche Liebeslyrik ein, doch fehlt ihr noch der Frauenkult der späteren Minnedichtung. Friedrich von Hausen, der auf dem dritten Kreuzzug den Tod fand, wird der erste Vertreter des höfischen Minnesangs[7].

Für die *bildende Kunst* ist in Deutschland im 12. Jh. noch ganz die Romanik bestimmend. Im Kirchenbau hat sich die Wölbung durchgesetzt. In Norddeutschland wurde der Gewölbebau zum erstenmal bei der von Lothar III. gestifteten Kirche von Königslutter (1135) in einzelnen Teilen durchgeführt. Der Dom zu Braunschweig, dessen Bau Heinrich der Löwe nach 1170 begann, wurde die erste einheitlich gewölbte Kirche Niedersachsens, Vorbild für die gleichzeitigen Dome in Lübeck und Ratzeburg. Neben dem Kirchenbau gewinnen Profanbauten, vor allem Kaiserpfalzen und Ritterburgen, wachsende Bedeutung. In den ersten Jahren seiner Regierung ließ Friedrich I. Hagenau zu einem Kaisersitz ausgestalten; in den 70er und 80er Jahren wurde mit dem Bau der Pfalzen in Kaiserswerth, Eger, Wimpfen und Gelnhausen begonnen; ältere Staufertesten, wie der Trifels und Nürnberg, wurden umgebaut. Ebenbürtig neben diesen Kaiserpfalzen steht die Burg Dankwarderode, die Heinrich in Braunschweig errichtete. Vom herzoglichen Hof gingen starke Anregungen für das künstlerische Schaffen Niedersachsens aus. Der nach dem Vorbild italienischer Löwendenkmäler geschaffene Braunschweiger Löwe (1166) ist die eindrucksvollste Leistung der Plastik in frühstaufischer Zeit, das erste frei im Raum stehende Monument in Deutschland. Seit dem Beginn des 12. Jh. wird das Kloster Helmarshausen an der Weser ein wichtiges Zentrum der Buchmalerei in Deutschland. Die hier im Auftrag Heinrichs des Löwen entstandenen Werke, zwei Psalter und ein Evangeliar, lassen nordfranzösische und englische Einflüsse erkennen. Auf Heinrich gehen auch wertvolle Reliquien des Welfenschatzes zurück[8].

[1] P. Lehmann, Die Vielgestalt des 12. Jh., HZ 178 (1954), auch in: ders., Erforschung des MA 3 (1960).

[2] Die umfangreiche Lit. zu Otto v. Fr. ist in den Einleitungen zu den neuen lat.-dt. Ausgaben seiner beiden Werke durch W. Lammers und F. J. Schmale (s. o. S. 87) zusammengestellt.

[3] D. van den Eynde, L'œuvre littéraire de Géroch de Reichersberg (1957); E. Meuthen, Kirche und Heilsgeschichte bei Gerhoh v. R. (1959); P. Classen, Gerhoh v. R., eine Biographie (1960) mit weiterer Lit.; dazu ergänzend ders., Aus der Werkstatt G.s v. R., DA 23 (1967).

[4] M. Schrader und A. Führkötter, Die Echtheit des Schrifttums der Hl. Hildegard v. B. (1956); J. Koch, Der heutige Stand der Hildegardforschung, HZ 186 (1958), dort auch eine Zusammenstellung der neueren Übersetzungen von einzelnen Werken der H.; A. Führkötter, Hildegard v. B., Briefwechsel (1965).

[5] Rittertum u. höfische Kultur: H. Naumann, Dt. Kultur im Zeitalter des Rittertums, in: Hdb. d. Kulturgesch. (1938, Ndr. 1949); A. Borst, Das Rittertum im HochMA, Saeculum 10 (1959); J. M. van Winter, Rittertum. Ideal und Wirklichkeit (1969).

[6] Gegen die Aufstellung eines solchen Systems durch G. Ehrismann, Die Grundlagen des ritterlichen Tugendsystems, Zs. f. dt. Altertum 56 (1919), wendet sich E. R. Curtius, Das »ritterliche Tugendsystem«, DVLG 21 (1943); ders., Europäische Literatur und lat. MA ([5]1965), S. 506 ff.; dazu E. Neumann, Der Streit um das »ritterliche Tugendsystem«, in: Erbe der Vergangenheit (Festgabe f. K. Helm 1951); ders., Zum »ritterlichen Tugendsystem«, Wirkendes Wort, 1. Sonderheft (1953). Diese und andere Aufsätze zu dieser Frage jetzt in dem Sammelband Ritterliches Tugendsystem, hg. v. G. Eifler (1970).

[7] Zur deutschen Dichtung der Zeit s. die in Kap. 24, Anm. 4 genannten Werke von H. de Boor und F. Neumann. Zur Kaiserchronik E. E. Stengel, Die Entstehung der Kaiserchronik und der Aufgang der staufischen Zeit, DA 14 (1958), auch in: ders., Abhh. u. Unters. zur mal. Gesch. (1960); F. Neumann, Wann entstanden Kaiserchronik u. Rolandslied?, Zs. f. dt. Altertum 91 (1961/62). Die Datierung des Rolandsliedes ist bis in jüngste Zeit strittig geblieben; doch hat der Ansatz »um 1170« die größte Wahrscheinlichkeit für sich, so zuletzt D. Kartschoke, Die Datierung des Rolandsliedes (1965). Zur Interpretation J. Nöther, Die geistlichen Grundgedanken im Rolandslied und in der Kaiserchronik (Diss. Hamburg 1970); H. A. Myers, The Concept of Kingship in the »Book of Emperors« (Kaiserchronik), Traditio 27 (1971). Zu Eilhard v. Oberg und der Lokalisierung des Tristant: L. Wolff, Welfisch-braunschw. Dichtung der Ritterzeit, Niederdt. Jb. 71/73 (1950). Zu Friedrich v. Hausen: H. J. Rieckenberg, Leben und Stand des Minnesängers Fr. v. H., AKG 43 (1961).

[8] Zu den Kaiserpfalzen: W. Hotz, Staufische Reichsburgen am Mittelrhein (1937); ders., Kaiserpfalzen und Ritterburgen in Franken und Thüringen (1940); L. Bruhns, Hohenstaufenschlösser (1941); W. Meyer, Die dt. Burg (1963). Zur welfischen Kunst: G. Swarzenski, Aus dem Kunstkreis Heinrichs d. L., Städel-Jb. 7/8 (1932); F. Jansen, Die Helmarshäuser Buchmalerei z.Z. Heinrichs d. L. (1933); K. Jordan u. M. Gosebruch, 800 Jahre Braunschweiger Burglöwe (1967).

Stammtafel der Staufer und Welfen

Die Namen der Könige (Kaiser) sind kursiv gedruckt

Welfen

- Welf IV., Hg. v. Bayern † 1101
  - Welf V., Hg. v. Bayern † 1120
    ∞ Mathilde v. Tuscien
  - Heinrich d. Schwarze, Hg. v. Bayern † 1126
    ∞ Wulfhild Billung
    - Heinrich d. Stolze † 1139,
      Hg. v. Bayern und Sachsen
      ∞ Gertrud v. Süpplingenburg
      - Heinrich d. L., Hg. v. Sachsen und Bayern, 1142 (1156)–1180, † 1195
        ∞ 2. Mathilde v. England
        - Pfgf. Heinrich resigniert 1213, † 1227
          ∞ Agnes v. Staufen
        - K. *Otto IV.*
          1198–1218
        - Wilhelm
          - Otto d. Kind
            Hg. v. Braunschweig und Lüneburg 1235–1252
            - spätere Welfen
    - Welf VI. † 1191
      - Welf VII. † 1167

Staufer

- Friedrich v. Büren † vor 1094
  - Friedrich I., Hg. v. Schwaben † 1105
∞ Agnes, Tochter Heinrichs IV.
    - Friedrich II., Hg. v. Schwaben † 1147 — ∞ Judith
      - K. *Friedrich I.* Barbarossa 1152–1190
∞ 2. Beatrix v. Burgund
        - Friedrich, Hg. v. Schwaben † 1191
        - K. *Heinrich VI.* 1190–1197
∞ Konstanze v. Sizilien
          - K. *Friedrich II.* 1212–1250
∞ 1. Konstanze v. Aragon
∞ 2. Isabella v. Jerusalem
∞ 3. Isabella v. England
            - Kg. Heinrich (VII.) 1220–1235, † 1242
            - Enzio † 1272
            - Friedrich v. Antiochien † 1256
            - Kg. *Konrad IV* 1237–1254
              - Konradin † 1268
            - Manfred † 1266
            - Margarete ∞ Albrecht v. Thüringen-Meißen
              - Friedrich d. Freidige 1257, † 1323
        - Konrad v. Schwaben † 1196
        - Otto v. Burgund † 1200
        - Kg. *Philipp v. Schwaben* 1198–1208
    - Kg. *Konrad III.* 1138–1152
      - Heinrich † 1150
      - Friedrich v. Rothenburg † 1167

Hilfsmittel, Quellensammlungen und allgemeine Darstellungen zur Geschichte des deutschen Mittelalters

Bibliographien: Dahlmann-Waitz, Quellenkunde der deutschen Geschichte, 9. Aufl. hg. v. H. Haering (1932, Register-Bd. 1932 = DW⁹), 10. Aufl. hg. im Max-Planck-Inst. f. Gesch. v. H. Heimpel u. H. Geuss (1965 ff. = DW¹⁰, Bd. 1 abgeschl. 1969, Bd. 2 abgeschl. 1971); Jahresberichte für dt. Gesch., hg. v. A. Brackmann u. F. Hartung (für 1925 bis 1939 15 Bde. 1927–1942), Neue Folge ab 1949 (1952 ff.); für die Zwischenzeit: Die dt. Geschichtswissenschaft im II. Weltkrieg, Bibliogr. des histor. Schrifttums dt. Autoren 1939–1945, hg. v. W. Holtzmann u. G. Ritter (1951); fortlaufend für 1926–1939 u. 1947 ff.: Internationale Bibliographie der Geschichtswissenschaften 1–14 u. 16 ff. (1928 bis 1941, 1949 ff.); International Medieval Bibliography (IMB), hg. v. R. S. Hoyt u. P. H. Sawyer (Leeds 1968 ff.); Österreichische Histor. Bibliographie, hg. v. E. H. Boehm u. F. Fellner, bearb. v. H. Paulhart (1968 ff.); gute Jahres-Bibliogr. in Revue d'hist. ecclés. (seit 1900). – G. Franz, Bücherkunde zur dt. Gesch. (1951); ders., Bücherkunde zur Weltgesch. (1956); W. Trillmich, Kleine Bücherkunde zur Gesch.wiss. (1949); W. Baumgart, Bücherverz. z. Dt. Gesch. (1971); G. M. Dutcher, A Guide to Historical Literature (³1949); E. M. Coulter u. M. Gerstenfeld, Historical Bibliographies (1935); P. Caron u. M. Jaryc, World List of Historical Periodicals and Bibliographies (²1939); Bibliographie histor. Zeitschriften 1939 bis 1951, bearb. v. H. Kramm (3 Hefte 1952/53).

Zur Einführung: DW¹⁰ Bd. 1, Abschn. 1; J. G. Droysen, Historik, Vorlesungen über Enzyklopädie und Methodologie der Gesch., hg. v. R. Hübner (³1958); E. Bernheim, Lehrbuch der histor. Methode u. der Geschichtsphilosophie (⁶1908, Ndr. 1961); W. Bauer, Einführung in d. Studium der Gesch. (²1928, Ndr. 1961); E. Keyser, Die Geschichtswissenschaft, Aufbau u. Aufgaben (1931); R. Lorenz, Grundriß der Geschichtslehre (1945); H. Nabholz, Einführung in das Studium der mittelalterl. u. der neueren Gesch. (1948); P. Kirn, Einführung in die Geschichtswiss. (Slg. Göschen ⁴1963); L. Halphen, Indroduction à l'histoire (²1948); ders., Initiation aux études d'histoire du moyen âge (³1952); L'histoire et ses méthodes, hg. v. Ch. Samaran (Encyclopédie de la Pléiade 1961); H. Quirin, Einführung in das Studium der mittelalterl. Gesch. (³1964); L.-E. Halkin, Initiation à la critique historique (Cahiers des Annales 6, 1963); G. Fasoli, Guida allo studio della storia medievale, moderna, contemporanea (²1967); Th. Schieder, Gesch. als Wissenschaft, Eine Einführung (1965); marxist.: W. Eckermann u. H. Mohr (Hg.), Einführung in d. Studium der Gesch. (1966).

Historisch-biographische Lexika und Sammelwerke: Allgemeine Deutsche Biographie (= ADB), hg. durch die Histor. Kommission bei d. Bayer. Akad. d. Wissensch. (56 Bde. 1875–1912), wird ergänzt bzw. ersetzt durch: Neue Deutsche Biographie (= NDB, 1953 ff.); H. Rössler u. G. Franz, Biograph. Wörterbuch zur dt. Gesch. (1952); Die Großen Deutschen, hg. v. W. Andreas u. W. v. Scholz (5 Bde. 1935 bis 1937), hg. v. H. Heimpel, Th. Heuss u. B. Reifenberg (5 Bde. ²1956/57); Meister der Politik, hg. v. E. Marcks u. K. A. v. Müller (3 Bde. ²1923/24); Landesgeschichtl. Biographien s. DW⁹ S. 988 ff. – E. Haberkern u. J. F. Wallach, Hilfswörterbuch f. Historiker (²1964, auch als Taschenbuch, 2 Bde.); H. Rössler u. G. Franz, Sachwb. z. dt. Gesch. (1958, Ndr. 1970); K. Fuchs u. H. Raab, dtv-Wörterbuch zur Gesch. (2 Bde. 1972); E. Bayer, Wb. z. Gesch. Begr. u. Fachausdr. (1960); O. Meyer (Hg.), Clavis mediaevalis, Kleines Wb. zur MA-Forschung (1962). – Reallexikon der Vorgeschichte, hg. v. M. Ebert (15 Bde. 1924–1932); Reallex. der german. Altertumskunde, hg. v. J. HOOPS (4 Bde. 1911–1919; ²1968 ff.); Realenzyklopädie der class. Altertumswissenschaft, hg. v. A. PAULY, G. WISSOWA u. a. (1893 ff., noch unvollst.); dtv-Lexikon der Antike (13 Bde. 1969–1971); Reallex. für Antike u. Christentum, hg. v. TH. KLAUSER (1950 ff.); Realenzykl. für protestant. Theologie u. Kirche (= PRE), begr. v. J. J. HERZOG, hg. v. A. HAUCK (24 Bde. ³1896–1913); Die Religion in Geschichte und Gegenwart (= RGG), hg. v. K. GALLING (6 Bde. ³1957–1962); Lexikon für Theologie u. Kirche (= LThK), hg. v. M. BUCHBERGER (10 Bde. 1930 bis 1938), hg. v. J. HÖFER u. K. RAHNER (10 Bde. u. Register, ²1957–1965); Dictionnaire de théologie catholique, hg. v. A. VACANT u. a. (30 Bde. 1930–1950); Dictionnaire d'hist. et de géographie ecclésiastiques, hg. v. A. BAUDRILLART u. a. (1922 ff., unvollst.); Dictionnaire de spiritualité . . ., hg. v. M. VILLER (1937 ff.); Handwörterbuch des dt. Aberglaubens, hg. v. H. BÄCHTOLD-STÄUBLI (10 Bde. 1927–1942). – Hdwb. der Soziologie, hg. v. A. VIERKANDT (1931); Hdwb. der Staatswissenschaften, hg. v. L. ELSTER (9 Bde. ⁴1923–1929), neu bearb. als Hdwb. der Sozialwiss., hg. v. E. BECKERATH u. a. (12 Bde. 1956–1965); Deutsches Rechtswb., hg. v. R. SCHRÖDER u. E. FRHR. v. KÜNSSBERG (1932 ff.); Hdwb. zur dt. Rechtsgesch., hg. v. A. ERLER u. W. KAUFMANN (1964 ff.); Dictionnaire de droit canonique, hg. v. N. NAZ (1935 ff.). – Deutsches Städtebuch, Hdb. städtischer Gesch., hg. v. E. KEYSER (bisher 4 Bde. 1939 ff.); Österreich. Städtebuch, hg. v. A. HOFFMANN (1968 ff.); Hdb. der histor. Stätten Deutschlands (Kröners Taschenausg. 1958 ff.), Übersicht (auch für Österreich) s. in Bd. 13, vor Kap. 1; G. DEHIO, Hdb. d. dt. Kunstdenkmäler, 5 Bde., bearb. v. E. GALL (²1949 ff.), Neue Folge 1964 ff. ebd.; Reallex. zur dt. Kunstgesch., hg. v. O. SCHMITT u. a. (1937 ff.); Reallex. d. dt. Literaturgesch., hg. v. P. MERKER u. W. STAMMLER (4 Bde. 1925–1931), hg. v. W. KOHLSCHMIDT u. W. MOHR (²1955 ff.); Deutsche Philologie im Aufriß, hg. v. W. STAMMLER (3 Bde. u. Reg.-Bd. ²1957, Ndr. 1966–1969); Die dt. Lit. im MA, Verfasserlexikon, hg. v. W. STAMMLER u. K. LANGOSCH (5 Bde. 1933–1955).

Historische Hilfswissenschaften: A. v. BRANDT, Werkzeug des Historikers, Eine Einführung in die hist. Hilfswiss. (⁶1971); Grundriß der Geschichtswissenschaft, hg. v. A. MEISTER (1906 ff. in 15 Einzelbänden); H. BRESSLAU, Hdb. der Urkundenlehre für Dtld. u. Italien (Bd. I ²1912, Bd. II 1 1915, II 2 hg. v. H.-W. KLEWITZ 1931, ³1958 bis 1960 mit Register); L. SANTIFALLER, Urkundenforschung. Methoden, Ziele, Ergebnisse (1937); O. MEISNER, Urkunden- u. Aktenlehre der Neuzeit (1950); K. LÖFFLER, Einführung in d. Handschriftenkunde (1929); H. FOERSTER, Abriß der lat. Paläographie (1949). B. BISCHOFF, Paläographie, in: Dt. Philol. im Aufriß 1 (²1957); Monumenta Palaeographica, Denkmäler der Schriftkunst des MA, hg. v. A. CHROUST (1902–1940, Tafelwerk); Hdb. der Bibliothekswissenschaft, hg. v. F. MILKAU u. G. LEYH (4 Bde. ²1950–1957). – K. STRECKER, Einführung in das Mittellatein (³1939); K. LANGOSCH, Lat. Mittelalter, Einleitung in Sprache u. Literatur (1963). – H. GROTEFEND, Zeitrechnung des dt. MA u. der Neuzeit (2 Bde. 1891–1898); ders., Taschenbuch der Zeitrechnung des dt. MA u. d. NZ (¹⁰1960; H. LIETZMANN u. K. ALAND, Zeitrechnung der röm. Kaiserzeit, des MA u. der NZ (Slg. Göschen ³1956). – O. LORENZ, Lehrbuch der gesamten wissensch. Genealogie (1898); E. HEYDENREICH, Lehrbuch der prakt. Genealogie (2 Bde. 1913); O. FORST DE BATTAGLIA, Wissenschaftl. Genealogie, Eine Einführung in die wichtigsten Grundprobleme (1948); W. K. PRINZ v. ISENBURG, Histor. Genealogie (1941); ders., Stammtafeln zur Gesch. der europ. Staaten, hg. v. E. FREYTAG v. LORINGHOVEN (²1953–1957). – H. HASSINGER, Geograph. Grundlagen der Gesch. (²1953); H. OESTERLEY, Histor.-geograph. Wörterbuch des dt. MA (1881–1883); J. G. TH. GRAESSE, Orbis latinus, Verzeichnis der wichtigsten lat. Orts- u. Ländernamen (³1922, Neubearbeitung v. H. PLECHL im Druck). Geschichts-Atlanten: K. v. SPRUNER u. TH. MENKE, Handatlas für d. Gesch.

des MA u. der neueren Zeit (⁸1880); G. DROYSEN, Allgem. histor. Handatlas (1886); F. W. PUTZGER, Histor. Schulatlas, hg. v. A. HANSEL u. W. LEISERING (⁸⁸1965); Großer histor. Weltatlas, hg. v. Bayer. Schulbuchverlag (3 Tle. 1953 ff.); Westermanns großer Atlas zur Weltgesch., hg. v. H.-E. STIER u. a. (1966); dtv-Atlas zur Weltgesch. (2 Bde. 8/7 1972). – K. HEUSSI, Atlas zur Kirchengesch. (³1937). – Geschichtl. Handatlas Niedersachsens, hg. v. G. SCHNATH (1939); W. FABRICIUS u. a., Geschichtl. Atlas d. Rheinprovinz (1894 ff.); Geschichtl. Handatlas der dt. Länder am Rhein, hg. v. J. NIESSEN (1950); Pfälzischer Geschichtsatlas (1935); Bayerischer Geschichtsatlas, hg. v. M. SPINDLER (1969); Histor. Atlas der österreich. Alpenländer (1906 ff.); Histor. Atlas der Schweiz, hg. v. H. AMMANN u. K. SCHIB (1951); Geschiedkundige Atlas van Nederland, hg. v. A. A. BEEKMAN (1912 ff.); über weitere Geschichts-Atlanten s. G. FRANZ, Historische Kartographie (²1962).

Handbücher: Hdb. für den Geschichtslehrer, hg. v. O. KENDE, Bd. III: F. SCHNEIDER, MA bis z. Mitte d. 13. Jh. (1929, Ndr. 1967), Bd. IV 1: B. SCHMEIDLER, Das spätere MA (1937, Ndr. 1962), Bd. V 1: F. HARTUNG, Neuzeit von d. Mitte d. 17. Jh. bis 1789 (1932, Ndr. 1965); Hdb. d. dt. Gesch., begr. v. O. BRANDT, fortgef. v. A. O. MEYER, neu hg. v. L. JUST (4 Bde. 1936 ff., unvollst.), dazu Bd. 5: Athenaion-Bilderatlas zur Dt. Gesch., hg. v. H. JANKUHN, H. BOOKMANN u. W. TREUE (1968); Deutsche Gesch. im Überblick, hg. v. P. RASSOW (²1962); marxist.: Deutsche Gesch., hg. v. J. STREISAND u. a. (3 Bde. ²1967). – Hdb. d. Kulturgesch., hg. v. H. KINDERMANN (1934 ff.), neu hg. v. E. THURNHER (1960 ff.).

Gesamtdarstellungen und Weltgeschichten: L. v. RANKE, Weltgesch. (9 Bde. bis 15. Jh., 3/4 1896/98 u. ö.); H. DELBRÜCK, Weltgesch. (5 Bde. 1923–1928); Propyläen-Weltgesch., hg. v. W. GOETZ (10 Bde. u. Register 1930–1933); Neue Propyläen-Weltgesch., hg. v. W. ANDREAS (nur Bd. 1–3 u. 5, 1940/43); Propyläen Weltgesch., hg. v. G. MANN u. a. (12 Bde. 1961–1965); Historia mundi, hg. v. F. KERN u. F. VALJAVEC (10 Bde. 1952–1961); Hdb. der Weltgesch., hg. v. W. v. RANDA (1956); Saeculum Weltgesch., hg. v. H. FRANKE u. a. (7 Bde. 1965 ff.); Fischer-Weltgesch. (35 Tbb. 1965 ff.); H. FREYER, Weltgesch. Europas (2 Bde. 1949); The Cambridge Medieval History (8 Bde. 1911–1936, Ndr. 1964); E. W. PREVITÉ-ORTON, The Shorter Cambr. Medieval Hist. (2 Bde. 1952); The Cambr. Modern Hist. (13 Bde. u. Atlas. 1902–1912); The New Cambr. Modern Hist. (1957 ff.); Histoire générale, hg. v. L. LAVISSE u. A. RAMBAUD (12 Bde. ³1922–1924); Hist. générale, hg. v. G. GLOTZ (20 Bde. 1929 ff., bisher nur MA); Peuples et civilisations, Hist. gén., hg. v. L. HALPHEN u. PH. SAGNAC (20 Bde. 1929–1945, ²1946 ff.); Hist. gén. des civilisations, hg. v. M. CROUZET (7 Bde. 1953–1957); Collection Clio, Introduction aux études hist. (10 Bde. 1934 ff.); Storia universale, hg. v. E. PONTIERI (8 Bde. 1959–1963); Weltgesch. in 10 Bänden, hg. v. d. Akad. d. Wiss. der UdSSR (dt. 1961–1968). – Histoire des relations internationales, hg. v. P. RENOUVIN, Bd. 1: F. L. GANSHOF, Le moyen âge (1953), Bd. 2/3: G. ZELLER, Les temps modernes (1953–1955). – Hdb. der Europ. Gesch., hg. v. TH. SCHIEDER (7 Bde. 1968 ff.); C. J. H. HAYES, M. W. BALDWIN, CH. W. COLE, Hist. of Europe (2 Bde. ²1954–1956); H. A. L. FISHER, A Hist. of Europe (2 Bde. ²1952, dt.: Die Gesch. Europas, 1951); J. BOWLE, The Unity of European Hist., A Political and Cultural Survey (1949); E. KESSEL, Zeiten der Wandlung. Hauptepochen abendländ. Gesch. (1950).

Kirchengeschichte: A. HAUCK, KiG Deutschlands (nur MA, 5 Bde. 3/4 1911–1929, Ndr. 1953 u. ö.); Histoire de l'Eglise, hg. v. A. FLICHE u. V. MARTIN u. a. (1934 ff., bisher 21 Bde.); Hdb. der KiG, hg. v. H. JEDIN (1966 ff.), Die Kirche in ihrer Gesch.; Ein

Hdb., hg. v. K. D. Schmidt u. E. Wolf (4 Bde., 1961 ff. in Einzellieferungen); Gesch. der Kirche, hg. v. L. J. Rogier u. a. (5 Bde. 1965/66 ff.); K. Heussi, Abriß der KiG (^{5}1957); K. Bihlmeyer, KiG, neu besorgt v. H. Tüchle (2 Bde. ^{18}1966/68); J. Lortz, Gesch. der Kirche in ideengesch. Betrachtung (2 Bde. ^{21}1962–1964); Atlas z. KiG, hg. v. H. Jedin u. K. S. Latourette (1969). – J. Haller, Das Papsttum, Idee u. Wirklichkeit (5 Bde. ^{2}1950–1953); F. X. Seppelt, Gesch. der Päpste (5 Bde. ^{2}1954–1959); ders. u. G. Schwaiger, Gesch. d. Päpste von d. Anfängen bis z. Gegenwart (^{6}1964); G. Barraclough, The Medieval Papacy (1968).

Jahrbücher der deutschen Geschichte, hg. durch die Histor. Kommission bei der Bayer. Akad. d. Wiss. (1862 ff.), eingehendste Darstellung von d. Anfängen der Karolinger bis 1158, 1190–1233 u. 1298–1308, nach Regierungszeiten gegliedert, mit Anführung aller Quellen, doch z. T. veraltet, wird fortgesetzt (z. T. Ndr.; s. zu den einzelnen Herrschern). – Nützliche Quellenzusammenstellung nach Jahren bis 1137: G. Richter u. H. Kohl, Annalen der dt. Gesch. im MA (4 Bde. 1873–1897).

Neuere Darstellungen deutscher Landesgeschichten (s. Bd. 13: Die dt. Territorien; vgl. DW ^{9}1826 ff.); G. W. Sante (Hg.), Gesch. der dt. Länder (Territorien-Ploetz, 1964); M. Spindler (Hg.), Hdb. der bayerischen Gesch. (4 Bde. 1967 ff.), B. Hubensteiner, Bayer. Gesch. (^{5}1967). – J. Schultze, Die Mark Brandenburg (5 Bde. 1961–1969); M. Braubach, Der Aufstieg Brandenburg-Preußens (1933); H. Herzfeld u. G. Heinrich, Gesch. Berlins u. der Mark Br. (bisher nur Bd. 3, 1968). – R. Wackernagel, Gesch. des Elsaß (1919); H. Büttner, Gesch. d. Elsaß 1 (1939). – K. E. Demandt, Gesch. des Landes Hessen (1959). – M. Hamann, Gesch. Mecklenburgs (1969). – R. Lehmann, Gesch. der Niederlausitz (1963). – H. Lübbing, Oldenburgische Landesgesch. (1953). – K. u. M. Uhlirz, Hdb. der Gesch. Österreichs u. seiner Nachbarländer Böhmen u. Ungarn (4 Bde. 1927–1944, Bd. 1 ^{2}1961); A. Huber u. O. Redlich, Gesch. Österreichs (7 Bde. bis 1740, 1888–1938, Bd. I 1 neu bearb. v. A. Lhotsky 1967); H. Hantsch, Die Gesch. Österreichs (2 Bde. ^{3}1962); E. Zöllner, Gesch. Österreichs (^{3}1966). – J. König, Verwaltungsgesch. Ostfrieslands bis zum Aussterben s. Fürstenhauses (1955). – B. Schumacher, Gesch. Ost- u. Westpreußens (^{2}1957 u. ö.). – R. Kötzschke u. K. Kretzschmar, Sächsische Gesch. (2 Bde. 1935). – Gesch. Schlesiens, hg. v. H. Aubin u. a. (^{2}1961, nur Bd. 1 bis 1526). – O. Brandt, Gesch. Schleswig-Holsteins (^{4}1949); Gesch. Schl.-Holsteins, hg. v. V. Pauls u. a. (4 Bde. 1934 ff., noch unvollst.). – K. Weller, Gesch. des schwäbischen Stammes bis z. Untergang der Staufer (1944). – K. S. Bader, Der dt. Südwesten in seiner territorialstaatl. Entwicklung (1950). – H. Patze u. W. Schlesinger, Gesch. Thüringens (1967 ff., bisher Bd. 1 u. 3); F. Schneider u. A. Tille, Einführung in die thüring. Gesch. (1931). – H. Rothert, Westfälische Gesch. (bis 1815, 3 Bde. 1949–1951, erg. v. K. A. Hömberg, ^{2}1962–1969). – A. Dehlinger, Württembergs Staatswesen in s. gesch. Entwicklung 1 (1951).

Quellenkunde und Historiographie: A. Potthast, Bibliotheca historica medii aevi, Wegweiser durch die Geschichtswerke des europ. MA bis 1500 (2 Bde. ^{2}1896, Ndr. 1957), wird ersetzt durch: Repertorium fontium historiae medii aevi (seit 1962, bisher 3 Bde.); U. Chevalier, Répertoire des sources hist. du moyen-âge, 1: Bio-Bibliographie (2 Bde. ^{2}1905–1907, Ndr. 1959), 2: Topo-Bibliographie (2 Bde. 1894–1903, Ndr. 1960). – W. Wattenbach, Dtlds. Geschichtsquellen im MA bis z. Mitte d. 13. Jh. (Bd. 1 ^{7}1904, Bd. 2 ^{6}1894), Neubearbeitung: Vorzeit u. Karolinger, bearb. v. W. Levison u. H. Löwe (4 Hefte 1952–1963, Heft 5 in Vorb.; Beiheft: R. Buchner, Die Rechtsquellen, 1953); dass., Deutsche Kaiserzeit, hg. v. R. u. W. Holtzmann (4 Hefte bis 1125, 1938–1943), Neuausgabe v. F.-J. SCHMALE (1967); O. LORENZ, Dtlds. Gesch.quellen im MA seit d. Mitte d. 13. Jh. (2 Bde. ²1886/87); M. JANSEN u. L. SCHMITZ-KALLENBERG, Historiographie u. Quellen der dt. Gesch. bis 1500 (²1914); H. VILDHAUT, Hdb. d. Quellenkunde zur dt. Gesch. (2 Bde., Bd. 1 ²1906, Bd. 2 1900; größtenteils veraltet); K. JAKOB, Quellenkunde der dt. Gesch. im MA ⁶1 (Karolinger) u. ⁵2 (Kaiserzeit), bearb. v. J. HOHENLEUTNER (Slg. Göschen 1959–1961), 3 (SpätMA) v. F. WEDEN (ebd. 1952, unzulänglich). A. LHOTSKY, Quellenkunde zur mittelalterl. Gesch. Österreichs (1963); ders., Österreich. Historiographie (1962); R. C. VAN CAENEGEM u. F. L. GANSHOF, Kurze Quellenkunde des Westeurop. MA (dt. 1964); H. GRUNDMANN, Geschichtsschreibung im MA (1965), aus: Dt. Philol. im Aufriß 3 (²1957), ebd. H. GOLLWITZER, Neuere dt. Geschichtsschreibung; G. WOLF, Quellenkunde der dt. Reformationsgesch. (3 Bde. 1915–1923); F. SCHNABEL, Dtlds. geschichtliche Quellen und Darstellungen in der Neuzeit 1: Das Zeitalter der Reformation (1931, Ndr. 1969); E. FUETER, Gesch. der neueren Historiographie (³1936, Ndr. 1968); H. v. SRBIK, Geist u. Geschichte vom dt. Humanismus bis zur Gegenwart (2 Bde. 1950/51, Ndr. 1964); G. v. BELOW, Die dt. Geschichtsschreibung von d. Befreiungskriegen bis zu unseren Tagen (²1924); G. P. GOOCH, History and Historians in the 19th Century (²1952); J. W. THOMPSON u. B. J. HOLM, A History of Historical Writing (2 Bde. 1942, Ndr. 1950); F. WAGNER, Geschichtswissenschaft (1951).

Quellensammlungen: Monumenta Germaniae Historica (= MGH), seit 1826 hg. von der Gesellschaft für ältere dt. Geschichtskunde (gegr. 1819 vom Frhr. vom Stein), 1875 umgewandelt in die (ksl.) Zentraldirektion, 1935 in das Reichsinstitut für ält. dt. Gesch., 1946 in das Dt. Inst. für Erforschung des MA, vgl. H. BRESSLAU, Gesch. der MGH (NA 42, 1921); H. GRUNDMANN, Mon. Germ. Hist. 1819–1969 (1969). – Hauptabteilungen der MGH: 1. *Scriptores:* Auctores antiquissimi (15 Bde. 4°), Scriptores rerum Merovingicarum (7 Bde. 4°), Script. rer. Langobardicarum (1 Bd. 4°), Script. rer. Germanicarum (= SS), Hauptreihe 30 Bde. 2°, 2 Bde. 4°, dazu Nova series (=n. s., bisher 13 Bde. 8°) und sogen. Schulausgaben (Script. rer. Germ. in usum scholarum, bisher 62 Bde. 8°), Deutsche Chroniken (6 Bde. 4°); Libelli de lite imperatorum et pontificum saec. XI et XII (= L. d. L., 3 Bde. 4°), Gesta pontificum Romanorum (1 Bd. 4°). – 2. *Leges* (= LL), 5 Bde. 2°, zumeist überholt durch: Leges nationum Germanicarum (bisher 6 Bde. 4°); Capitularia regum Francorum (2 Bde. 4°); Formulae Merovingici et Carolini aevi (1 Bd. 4°); Concilia (2 Bde. u. Suppl. 4°); Constitutiones et acta publica imperatorum et regum (= Const.), Bd. 1–6, 1 u. 8 in 4°; Fontes iuris Germanici antiqui, n. s. (5 Bde. in 8°), Fontes . . . in us. schol. (10 Bde. in 8°). – 3. *Diplomata* (= DD), 1 Bd. 2° (DD Merovingorum, unzulängl.), sonst 4°. Die Urkunden der Karolinger (= DD Karol., Bd. 1 u. 3), Die Urk. der deutschen Karolinger (4 Bde. für 829–911), Die Urk. der burgund. Rudolfinger 888–1032 (im Druck), Die Urk. der dt. Könige u. Kaiser = DD K. I., DD H. I. usw. (8 Bde. für 911–1106 u. 1152, Urk. Barbarossas in Vorb.), Die Urk. Heinrichs d. Löwen (1 Bd. gr. 8°). – 4. *Epistolae* (= Epp.): Register Gregors I. (2 Bde. 4°), Epp. Karolini aevi (bisher 6 Bde. 4°), Epp. saec. XIII e regestis pontificum Rom. selectae (3 Bde. 4°), Die Briefe der Deutschen Kaiserzeit (Bd. 1–3 u. 5 in gr. 8°), Epp. selectae (5 Bde. 8°). – 5. *Antiquitates* in 4°: Poetae latini medii aevi 1–6; Necrologia Germaniae (5 Bde.), Libri confraternitatum (1 Bd.), Libri memoriales (Bd. 1 im Druck). – Neue Reihen: Staatsschriften des späteren MA (bisher 4 Teilbde. in gr. 8°); Quellen zur Geistesgesch. des MA (bisher 6 Bde. 8°); Deutsches MA, krit. Studientexte der MGH (4 Hefte 8°); Schriften der MGH (bish. 23 Bde.). – Übersetzungen: Geschichtsschreiber der deutschen Vorzeit (= GdV, 3. Gesamtausg. 103 Bde. kl. 8°). – Texte mit Übersetzungen: Ausgewählte Quellen zur dt. Gesch. des MA u. der Neuzeit, hg. v. R. BUCHNER (Freiherr-vom-Stein-Gedächtnisausgabe 1955 ff.).

An MG Const. schließt an, 1376 beginnend: Deutsche Reichstagsakten (= RTA), hg. durch die Histor. Kommission bei d. Bayer. Akad. d. Wiss., Ältere Reihe (1868 ff., bisher 19 Bde. bis 1454); Jüngere Reihe (1893 ff., Bd. 1–4 für 1519–1524, Bd. 7 u. 8 für 1527–1530).

Die MG SS werden ergänzt durch: Die Chroniken der deutschen Städte vom 14. bis ins 16. Jh., hg. durch die Histor. Kommission bei d. Bayer. Akad. d. Wiss. (37 Bde. 1862–1968, Ndr. ält. Bde. seit 1961).

Ältere, noch unentbehrliche Quellensammlungen: J. F. Böhmer, Fontes rerum Germanicarum (4 Bde. 1843–1868); Ph. Jaffé, Bibliotheca rerum Germanicarum (6 Bde. 1864–1873); J. F. Böhmer, Acta imperi selecta (1870); E. Winkelmann, Acta imperii inedita (2 Bde. 1880–1885). – Für Kirchengeschichte: MIGNE, Patrologiae cursus latinus (= MPL) bis 1216, 221 Bdc. 1844–1864; wird neubearb. u. ergänzt in: Corpus Christianorum, Series latina (1954 ff.); Acta Sanctorum (= AA. SS.), bisher 68 Bde. (1643 ff., Ndr. seit 1854); G. D. Mansi, Sacrorum conciliorum nova et amplissima collectio (31 Bde. 1759–1798, Ndr. 60 Bde. 1900–1927). – Für Italien: L. A. Muratori, Scriptores rerum Italicarum (25 Bde. 1723–1751, seit 1900 Neubearbeitung im Gang); ders., Antiquitates Italicae medii aevi (6 Bde. 1738–1741, Indices 1889–1892); Fonti per la storia d'Italia, hg. vom Istituto stor. Ital. (seit 1887). – Für Frankreich: M. Bouquet, Recueil des historiens des Gaules et de la France (24 Bde., neu hg. v. L. Delisle seit 1869); Collection de textes pour servir à l'étude et à l'enseignement de l'histoire (seit 1886); Collection de documents inédits sur l'hist. de France (seit 1835); Les classiques de l'hist. de France au moyen-âge (seit 1923, mit Übersetz.). – Für England: Rerum Britannicarum medii aevi scriptores (in Einzelausgaben seit 1858). – Andere Quellensammlungen vollständig im Repertorium fontium historiae medii aevi 1 (1962).

Urkunden-Bücher und -Regesten: H. Oesterley, Wegweiser durch die Literatur der Urkundensammlungen (2 Bde. 1885/86); DW[9] 1289 f. – Reichsregesten: J. F. Böhmer, Regesta imperii (= RI), zuerst 1831, sind oder werden neu bearbeitet, s. zu den einzelnen Herrschern. Für die Regesten der Kaiserurkunden des 12. Jh. noch unentbehrlich K. Stumpf, Die Reichskanzler, Bd. 2 (1879 = St.). Papst-Regesten: Ph. Jaffé, Regesta pontificum Romanorum ab condita ecclesia ad annum 1198, hg. v. S. Loewenfeld (2 Bde. 1885/88 = JL), chronologisch; P. F. Kehr, Regesta pont. Rom. (bis 1198, nach Empfängergruppen geordnet): Italia pontificia, hg. v. P. F. Kehr u. W. Holtzmann (9 Bde. 1906 ff.); Germania pontificia, hg. v. A. Brackmann (4 Bde. 1906 ff., wird fortgeführt im Max-Planck-Inst. f. Gesch., Göttingen); d'A. Potthast, Regesta pontificum Romanorum 1198–1304 (2 Bde. 1874/75). Die päpstl. Register des 13./14. Jh. werden hg. in d. Bibliothèque des écoles franç. d'Athènes et de Rome, 2. sér. (1884 ff., noch unvollst., s. zu den einzelnen Päpsten). Deutschland betreffende Auszüge aus den päpstl. Registern seit 1378: Repertorium Germanicum (bisher 4 Bde. 1897 ff.). Nuntiaturberichte aus Dtld., 1. Abt. 1533–1559, hg. v. Preuß. bzw. Dt. Histor. Inst. in Rom (bisher 14 Bde. bis 1554, 1892–1965, 2 Erg.Bde. für 1530–1532, 1963–1969); 2. Abt. 1560–1572, hg. v. d. Histor. Kommission d. österreich. Akad. Wien (8 Bde. bis 1572, 1897–1967); 3. Abt. 1572–1585, hg. v. Preuß. Hist. Inst. Rom (bisher 5 Bde. für 1573–1584, 1892–1909), 1585–1592, hg. v. d. Görres-Gesellsch. (bisher 6 Bde. bis 1592, 1895–1969); 4. Abt. XVII. Jh. (bisher 3 Bde. für 1603–1606 u. 1628/29, 1895–1913); La nunziatura di Praga di Cesare Speciano 1592–1598 (5 Bde. 1966–1967); Nuntiaturberichte aus der Schweiz seit d. Concil v. Trient (3 Bde. für 1579–1581, 1906–1929, Einleitungsbd. 1910). – Urkunden- und Regestensammlungen für einzelne deutsche Bistümer, Klöster, Territorien, Dynastien u. Länder s. DW[9] 1311 ff.

Die deutschen Inschriften, hg. v. den dt. Akademien (1942 ff., bisher 10 Bde.), dazu

Hilfsmittel, Quellensammlungen und allgemeine Darstellungen

R. M. KLOOS, DA 15 (1959) u. 23 (1967). – P. E. SCHRAMM, Herrschaftszeichen und Staatssymbolik (Schriften der MGH 13, 1–3, 1954–1956); ders. u. F. MÜTHERICH, Denkmale der dt. Könige u. Kaiser (1962).

A. SCHULTE, Der deutsche Staat. Verfassung, Macht u. Grenzen 919–1914 (1933); P. KIRN, Politische Gesch. der dt. Grenzen (⁴1958).

Übersicht der Taschenbuchausgabe des Gebhardt

Die erste Auflage des ›Handbuchs der deutschen Geschichte‹, herausgegeben von dem Berliner Realschullehrer Bruno Gebhardt (1858–1905) in Zusammenarbeit mit elf Gymnasiallehrern, Bibliothekaren und Archivaren, erschien 1891/92 in zwei Bänden. Von der zweiten bis zur siebenten Auflage wurde das Handbuch unter seinen Herausgebern Ferdinand Hirsch, Aloys Meister und Robert Holtzmann unter immer stärkerer Heranziehung von Universitätslehrern jeweils nach dem erreichten Forschungsstand überarbeitet und ergänzt und fand im wachsenden Maße bei Lehrenden und Lernenden an den Universitäten Verwendung. Nach dem Zweiten Weltkrieg nahm Herbert Grundmann mit neuen Autoren eine völlige Neugestaltung des ›Gebhardt‹ in Angriff, und auf diese in den Jahren 1954 bis 1960 in vier Bänden erschienene achte Auflage geht die nun vorliegende, wiederum überarbeitete und ergänzte, 1970 bis 1973 erschienene neunte Auflage zurück.

Um das bewährte Studien- und Nachschlagewerk vor allem den Studenten leichter zugänglich zu machen, haben sich der Union Verlag und der Deutsche Taschenbuch Verlag im Einvernehmen mit den Autoren zu dieser Taschenbuchausgabe entschlossen. Das Handbuch erscheint ungekürzt und, von kleinen Korrekturen abgesehen, unverändert in folgender Bandaufteilung:

1. Ernst Wahle: Ur- und Frühgeschichte im mitteleuropäischen Raum
2. Heinz Löwe: Deutschland im fränkischen Reich
3. Josef Fleckenstein und Marie Luise Bulst-Thiele: Begründung und Aufstieg des deutschen Reiches
4. Karl Jordan: Investiturstreit und frühe Stauferzeit (1056 bis 1197)
5. Herbert Grundmann: Wahlkönigtum, Territorialpolitik und Ostbewegung im 13. und 14. Jahrhundert (1198–1378)
6. Friedrich Baethgen: Schisma- und Konzilszeit, Reichsreform und Habsburgs Aufstieg
7. Karl Bosl: Staat, Gesellschaft, Wirtschaft im deutschen Mittelalter
8. Walther Peter Fuchs: Das Zeitalter der Reformation
9. Ernst Walter Zeeden: Das Zeitalter der Glaubenskämpfe (1555–1648)
10. Max Braubach: Vom Westfälischen Frieden bis zur Französischen Revolution
11. Gerhard Oestreich: Verfassungsgeschichte vom Ende des Mittelalters bis zum Ende des alten Reiches
12. Wilhelm Treue: Wirtschaft, Gesellschaft und Technik in Deutschland vom 16. bis zum 18. Jahrhundert
13. Friedrich Uhlhorn und Walter Schlesinger: Die deutschen Territorien
14. Max Braubach: Von der Französischen Revolution bis zum Wiener Kongreß
15. Theodor Schieder: Vom Deutschen Bund zum Deutschen Reich
16. Karl Erich Born: Von der Reichsgründung bis zum Ersten Weltkrieg
17. Wilhelm Treue: Gesellschaft, Wirtschaft und Technik Deutschlands im 19. Jahrhundert.

Es ist vorgesehen, die Taschenbuchausgabe in angemessenem zeitlichen Abstand nach Erscheinen des vierten Bandes des Handbuchs, der die deutsche Geschichte seit 1914 behandelt, weiterzuführen.

Namen- und Sachregister